协和医学院系列规划教材
医院领导力及管理系列教材

医疗保险管理

（供卫生管理、医疗管理专业使用）

主　编　杨燕绥
副主编　毛　瑛
编　者　（以姓氏笔画为序）
于　淼（清华大学医学院）
毛　瑛（西安交通大学公共政策与管理学院）
李超凡（山东大学公共卫生学院）
杨燕绥（清华大学医院管理研究院）
张　卿（中国政法大学法与经济学研究院）
张　强（清华大学医院管理研究院）

中国协和医科大学出版社
北　京

内容简介

《医疗保险管理》是“医院领导力及管理系列教材”之一。医疗保险管理在中国的实践与发展尚处于探索阶段，作为中国高等医学院校的教材，编者一方面对近年来医疗保险管理领域专家学者的理论进行了梳理，对医疗保险管理的理论体系进行了构建；另一方面系统总结了行业的实践经验。编者用医院管理者和医务人员读得懂的语言，针对医药机构的医疗保险管理工作需求，并基于医疗保险与医疗保障体系的基本原理；中国政策、法律和案例；国际经验与案例编写教材。主要内容包括：医疗保险原理、医疗保障政策与法律、医疗保障国际比较与案例分析三个部分。本教材主要供卫生管理、医疗管理专业教学使用，也可供临床及相关专业人员参考使用。

图书在版编目（CIP）数据

医疗保险管理 / 杨燕绥主编. — 北京：中国协和医科大学出版社，2022.7
（医院领导力及管理系列教材）
ISBN 978-7-5679-1927-3

Ⅰ.①医…　Ⅱ.①杨…　Ⅲ.①医院—医疗保险—管理—中国—教材　Ⅳ.①F842.684

中国版本图书馆CIP数据核字（2022）第112519号

医院领导力及管理系列教材
医疗保险管理

主　　编：杨燕绥
责任编辑：李丹阳
封面设计：许晓晨
责任校对：张　麓
责任印制：张　岱

出版发行：中国协和医科大学出版社
（北京市东城区东单三条9号　邮编100730　电话010-65260431）
网　　址：www.pumcp.com
经　　销：新华书店总店北京发行所
印　　刷：三河市龙大印装有限公司

开　　本：787mm×1092mm　1/16
印　　张：15.5
字　　数：290千字
版　　次：2022年7月第1版
印　　次：2022年7月第1次印刷
定　　价：74.00元

ISBN 978-7-5679-1927-3

医院领导力及管理系列教材

建设指导委员会

Introduction

出版说明

随着我国医药卫生体制改革的深入，卫生事业对医院的要求在不断提高。医疗管理工作是医院建立正常医疗秩序、提高医疗服务质量的重要保证。医院的管理系统非常复杂，发展极其迅速，且面临不断深化的改革要求，这对医疗管理人才提出了更高的要求。目前，我国医院的管理干部，大部分为医务人员转型而来，虽具有精深的专业知识，但仍缺乏系统、全面的管理知识。随着公立医院整体进入转型发展期，我国亟须培养高素质的职业化卫生管理及医疗管理人才队伍。

教材作为承载知识的重要载体，对于培养高素质人才发挥着重要作用。党的十八大以来，党中央高度重视和关心教材建设。在我国高等教育体系中，教材建设是提高高校教学水平、丰富教学内容以及促进教学方法改革的基础性工作；是发展高等教育，培养综合型人才、创新型人才的基础。

为适应卫生管理及医疗管理的新要求，培养适应新时代卫生管理及医疗管理的相关人才，中国协和医科大学出版社深入贯彻《关于推动公立医院高质量发展的意见》《关于建立现代医院管理制度的指导意见》及《关于加强公立医院运营管理的指导意见》等文件精神，在中国医学科学院北京协和医学院的支持下，开创性地组织了本套医院领导力及管理系列教材的编写工作。编委会集结了二百余名业内知名专家、学者、教授及一线教学老师，在鲜可借鉴同专业方向教材编写经验的情况下，对医疗管理理论、方法、人才培养机制等进行探索研究，悉心编撰。

本套教材涵盖卫生管理、医疗管理专业课程共计17门，定位清晰、特色鲜明，具有如下特点：

一、建设成体系的卫生管理、医疗管理专业教材，引领学科发展步伐

本套教材作为成体系的卫生管理、医疗管理专业教材，充分研究论证相关专业方向人才素质要求、学科体系构成、课程体系设计和教材体系规划，代表了卫生管理、医疗管理学科的发展方向。

二、引入国际最新理念和方法，与时俱进

教材紧密结合卫生管理及医疗管理专业培养目标、高等医学教育教学改革的需要和卫生管理及医疗管理专业人才的需求，引入国际最新医院管理理念及方法，内容与时俱进、开拓创新。

三、融入经典管理案例，突出实践性教学

教材内容对接医疗管理职业标准和岗位要求，将国际最新案例融入其中，重视培养学生理论联系实际、实践操作和独立思考的能力。

四、纸数融合，使学习更便捷更轻松

教材采用纸数融合形式出版，即在纸质教材内容之上，配套数字化资源，通过图片、动画、视频、课件等多种媒体形式将内容进行呈现，以优化教学内容，丰富教学资源。读者可以直接扫描书中二维码，阅读与教材内容相关联的课程资源，从而丰富学习体验，使学习更加便捷。

希望本套教材的出版，能够推进高质量卫生管理及医疗管理专业人才的培养，促进我国卫生管理、医疗管理学科或领域的教材建设与教育发展，为引领我国医疗卫生机构管理走向科学化、规范化、标准化与现代化作出积极贡献。

Preface

前　言

《医疗保险管理》是“医院领导力及管理系列教材”之一。医疗保险管理在我国的实践与发展尚处于探索阶段，作为我国高等医学院校的教材，《医疗保险管理》以经济学、管理学、法学等理论为基础，借鉴国际医疗保险发展过程中的经验，以我国20年来医疗保险制度改革实践为素材，提炼了中国特色社会主义医疗保险理论，初步构建起具有中国特色的、科学完整的医疗保险理论体系，为我国深化医改，践行医疗保险管理的可持续发展之路提供了前行方案。本教材的出版，将对进一步推动医疗保险学科建设、培养高等医学院校医疗保险专业人才、科学规范医疗保险行业管理作出积极的贡献。

医疗保险是建立社会医疗保险基金或者商业医疗保险基金，分担参保患者医药费用和补偿医药服务机构的制度安排。根据我国大健康发展战略对医疗保险管理中的医疗、医保、医药机构的联动性工作需求，教材的编写一方面对近年来医疗保险管理领域专家学者的理论进行了梳理，对医疗保险管理的理论体系进行了构建；另一方面系统总结了行业的实践经验。本书基于医疗保险与医疗保障体系的基本原理，对我国政策、法律和国际经验加以梳理整合，系统介绍了医疗保险管理学科的基础理论和基本知识，以及我国医疗保险、多层次医疗保障建设管理体系中各项制度、计划和项目的内容，并在阐释医疗保障法治和监管机制的基础上对医疗保障筹资基准和待遇清单、医疗保障基金管理、医疗保障服务协议、医疗保障药物管理、医保补偿与现代医院管理，以及我国医疗保障的法律建设进一步编写了专门的篇章予以详述。于此，全书共分为十二章。

医疗保险制度是维护人民健康、促进社会发展的社会保障制度。中国特色医疗保障制度应当坚持以人民为中心的发展思想，在充分尊重医保制度客观规律和我国基本国情的条件下，将提高医保制度保障能力、促进医保制度公平普惠摆在优先位置。当前，随着医疗改革的深化，我国覆盖全民的基本医保制度已全面建立，并正沿着高质量、精细化的轨道不断前行。但是，由于我国医疗保险的系统性研究与实践起步较晚，有关医疗保险的运营模式、保障策略、管理措施等仍在探索过程中。本书的编写根据教育部、国务院学位委员会关于学科、课程体制改革与建设规划，以及此套“医院领导力及管理系列教材”的编写大纲要求，将培养医学生在掌握基本理论的前提下，能够借鉴有关医疗保险的实践经验、教训，紧密联系我国医药卫生体制改革的实际，拓展科学践行的创新能力作为预期目标，以期培养出可以推动我国医疗体制改革高质量发展的医药卫生管理人才。

在本书的编写过程中，各位编委作出了富有成效的贡献。中国协和医科大学出版社对教材编写和出版工作给予了大力支持。在教材的统稿工作中，清华大学医院管理研究院、清华大学精准医学研究院、清华大学公共管理学院的部分研究生和工作人员，在内容的规范、文字校对等方面付出了辛勤的劳动。在此，对关心和支持本书编写和出版的各位同仁致以衷心的感谢。尽管力臻完善，但难免存在疏漏与不足之处，请广大读者与同仁批评指正，以便不断修正与提高。

编　者

2022年5月

Contents

目　录

第一章　医疗保险的基本原理

学习目标

1. 掌握　医疗保险的内涵、特征、功能、基本原则和制度安排。
2. 熟悉　典型国家医疗保险改革与发展的主要政策和行动计划。
3. 了解　医疗保险的起源、发展、改革与创新的历史阶段和本质变化。

第一节　医疗风险的定义、特征和管理

一、医疗风险的来源

风险来自不确定的事件及其所造成的损害，发生在人们生活的方方面面。医疗风险来自人们有病求医过程中存在的三个不确定性（图 1-1）。

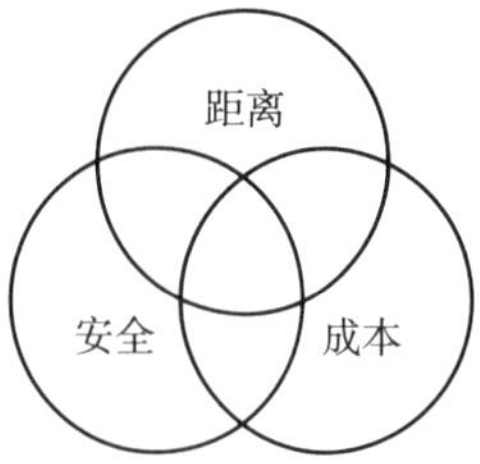

图 1-1　医疗风险来源

1. 医护服务可及吗?　患者与医生的距离有多远。优质的医护资源具有稀缺性，伴随经济社会发展有一个从患者找医生（see doctor）看病难，到以居民为中心构建基本保健（primary care）服务体系（health service），实现医护服务可及性的过程。

2. 医护质量可信吗?　诊断治疗结果的不确定性导致患者缺乏安全性。受到认知能力、技术措施、管理水平、医生素质等多种因素影响，医疗安全性是一个不断突破和改善，从不伤害到有利于患者的过程。

3. 医疗成本可付吗?　大多数人的支付能力不足。医药科技的高投入和高昂的医疗人力资本决定医护服务是昂贵的。

二、医疗风险的主要特征

1. 社会属性 医护水平与国家经济社会发展相适应。人类从被动生存到适应自然界和改造自然界，并逐渐认识自己并找到维护健康的方法，需要经历一个漫长的过程。医疗是个伦理问题、哲学问题，需要伴随社会进步系统发展。

2. 技术属性 医护安全与国家医护科技水平相适应。疾病可能威胁人的健康甚至生命，其救治是否及时、诊断是否准确、治疗方案是否有效均具有不确定性。患者对自己疾病状况的感知和医生的认知是个复杂的、不断循证的过程。

3. 制度属性 医护质量和医护成本是矛盾。医疗成本高且具有奢侈品属性，改变这种状态需要基于人类经济社会发展，特别是社会文明和社会伦理的发展作出相应制度安排，通过社会互济的第三方付费分担医药成本，将奢侈品转化为必需品。1948年，世界卫生组织（World Health Organization，WHO）在其组织宪章中，将各国联合行动以建立公共卫生和疾病防控制度作为主要职责。1952年，国际劳工组织通过的《社会保障最低标准公约》提出工伤和医疗的最低保障的原则和标准。1977年，WHO《阿拉木图宣言》提升了基本保健内涵，即在社区里由个人和家庭全程参与，用合适的药物和技术，提供与国家经济社会发展水平相适应的基本保健，是各国政府的责任。

三、医疗风险管理的三角价值链

卫生经济学定义价值为每单位成本的保健产出。健康权是许多国际法文件确认和保障的一项重要的人权。世界卫生组织宪章首次倡导对健康权实施保护，并成为其成员国的法定义务。医疗市场不会自动承认健康权，需要国家和政府介入、需要公共选择和公共政策、社会契约与社会治理，通过第三方支付与约束，以国民健康为中心，建立有管理的医护医药体制和机制，兼顾医护服务的可及性（access）、安全性（quality）和可支付性（cost），做出平衡三个相互游离的变量的价值取向和制度安排（图1-2）。因此，在全球形成一轮又一轮的医疗体制改革。

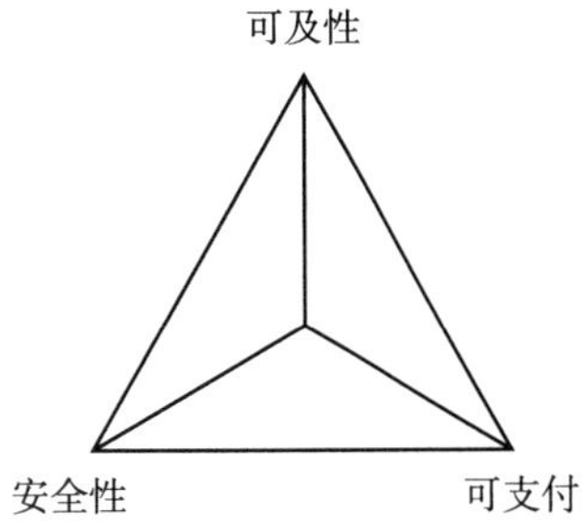

图1-2　三角价值链

1. 可及性 患者及时获得合理的医护服务。及时体现为距离，如心脑血管猝发急症的患者需要在15分钟内获得急救。合理体现为对健康的维护。居民与家庭医生团队签约后，可以通过健康档案管理、首诊和慢病管理提供基本保健，发生重症再通过转诊去大型医院治疗。

要求国家建设全专融合的首诊、急诊、住院、康复、护理服务体系，针对流行病一防、二控、三救治的，医防融合、平战结合的优质高效的卫生医护体系。

2. 安全性　狭义医疗安全即指减少伤害。避免患者发生法律和法规允许范围以外的心理、肌体结构或功能损害、障碍、缺陷或死亡。广义医疗安全包括医护质量。医疗质量是衡量医务人员诊疗水平的制度安排，一般包括医务人员的技术水平、医疗效果和工作质量等方面。常用的指标有治愈率、病死率、生存率、平均住院日、病床使用率、病床周转率以及各种诊断工作质量指标。还可以涵盖患者满意度、工作效率（投入产出关系）以及医护的连续性、系统性和绩效等，也称医院（医护）服务质量。

3. 可支付性　建立第三方支付制度是必然选择。在欧美国家医生收入是教师和公务员的2~3倍，一般工薪家庭均难以支付医药费用。1883年德国颁布《雇员医疗保险法》，第三方支付成为国家的法律制度。伴随医药产业科技进步和国民医护需要不断提高，医疗的质量和成本同时上升，提质增效逐渐成为国家医疗保障事业持续发展和医院管理的核心问题，对政府治理和医疗保险支付方式提出了挑战。

综上所述，医药机构、医护人员和患者等不同利益相关人具有不同的价值取向。在国家立法和政府介入的条件下，出现了有管理的、契约化的医药服务市场，包括公共品体制下的公益医护机构间的竞争和私人品体制下的商业医药机构间的市场竞争，经过各方价值取向的博弈最终逐渐达成共识。2007年，美国医疗保健改善研究所（Institute for Healthcare Improvement，IHI）的唐·贝里克（Don Berwick）、汤姆·诺兰（Tom Nolan）和约翰·惠廷顿（John Whittington），基于三角价值链提出优化卫生系统绩效的“三重目标”及其评估框架，即改善人口健康状况、改善患者就医体验和控制人均医护成本。

第二节　医疗保险的定义、起源与创新发展

一、医疗保险的定义、功能和基本原则

（一）医疗保险的定义

1. 医疗保险的定义　保险由风险储蓄、理赔合同和基金收支平衡三个部分构成，是降低风险损失的制度安排。保险制度安排包括投保人根据合同约定，向保险人

支付保险费，保险人对于合同约定的可能发生的事故所造成的财产损失承担赔偿保险金责任，或者当被保险人死亡/伤残/疾病或达到约定的年龄/期限时给付保险金等内容。

医疗保险是分担医药费用的制度安排，包括参保范围、缴费基准、待遇清单、支付制度、监督机制。医疗保险的支付发生在就医之后，疾病保险和疾病损害保险在发生疾病后即进行理赔。职工基本医疗保险即用人单位和职工依法参保缴费，建立专用医疗保险基金，按照相关法律、政策和协议的规定，为参保患者分担医疗费用和补偿医药机构服务的制度安排，包括医疗社会医疗保险（也称基本医疗保险、法定医疗保险）、商业医疗保险等。

《中华人民共和国社会保险法》第二条规定："国家建立基本医疗保险，保障公民在年老、疾病、工伤、失业、生育等情况下依法从国家和社会获得物质帮助的权利。"第二十三条："职工应当参加职工基本医疗保险，由用人单位和职工按照国家规定共同缴纳基本医疗保险费。"第二十八条："符合基本医疗保险药品目录、诊疗项目、医疗服务设施标准以及急诊、抢救的医疗费用，按照国家规定从基本医疗保险基金中支付。"第六十五条规定："社会保险基金通过预算实现收支平衡。县级以上人民政府在社会保险基金出现支付不足时，给予补贴。"

2. 医疗保险的主要特征

（1）基于劳动关系产生：德国雇员医疗社会保险立法是统治者和资本家对工人运动的妥协，社会医疗保险的参保人主要是用人单位和职工。

（2）社会互济性：通过大数法则筹集资金，依法约束健康者帮助患病者分担昂贵的医药费用。有些国家依法实行用人单位为职工代扣代缴，进入互联网社会以后，伴随平台经济和灵活就业的发展，个人直接参保和实现社会互济性的医疗保险计划开始普及。

（3）团体采购优势：社会医疗保险和商业健康保险在定价、采购、支付和监督等方面均可以发挥团购优势，保护参保人利益。受法律授权、参保人员规模和信息使用权限等因素的影响，社会医疗保险的团购优势更加突出。

（4）需要专业性管理：医疗保险补偿的标的是复杂的医护过程和患者的适应证情况，涉及病案质量、临床路径、药品和卫生材料及器械的质量等；医疗风险事件和当事人具有个性特征，发生时点、周期、状况和费用的差异较大，由此导致风险预测、保费测算和平衡基金收支相对困难，寿险和财险精算师的作用受到限制。其管理和操作难度超过其他保险项目，读懂社会医疗保险政策和商业健康保险合同是一件很难的事情。

医疗服务涉及众多利益相关人，筹资基准具有多样性，甚至对贫困人口实行免费

（德国）、低费率（美国）和资助参保（中国）；赔付涉及医务人员医院管理，药品研发与生产药品卫生材料医疗器械的研发与生产，其管理机制需要辅之以质量评价、平等协商、协议管理、行政监督等措施。医疗保险赔付具有短期性和经常性，通常以年度为财务单位，但是在年内可能多次急诊、住院，门诊更是频频发生，还可能在异地发生。

（二）医疗保险的功能

医疗保险具有两个功能：一是分担参保患者的医药费用，如50%~70%，患者则自付剩余的30%~50%，即补需方，将医护服务从奢侈品转化为必需品涉及民生保障问题。二是将分担的资金补偿给提供医药服务的机构，即补供方，涉及产业发展问题。医疗保险作为第三方付费者，代表参保人以团购者身份，监督医药服务质量与安全，谈判价格和集中采购；通过支付方式改革引导医护资源合理配置，实现医护服务的可及性。

在欧美国家，同年、同地、同资质的医生收入是教师收入的两倍或者三倍、是公务员收入的三倍。1929年，美国得克萨斯州达拉斯贝勒大学医院创立了蓝十字会，建立基金为个人支付医生费用。20世纪30年代后期，美国内科医生协会开办了蓝盾计划，建立基金为参保者支付住院手术费用。1883年，德国俾斯麦政府颁布的《雇员医疗保险法》标志着正规社会医疗保险制度的产生。

（三）医疗保险的基本原则

1. 全覆盖、保基本　基于公共伦理、国家义务和政府责任，基本医疗保险应当坚持全覆盖、保基本的原则，建立筹资基准、待遇清单、补偿机制和监督机制。响应世界卫生组织提出的倡议，21世纪让人人享有基本保健，过上体面的、有质量的生活。商业健康保险具有一定的排他性，可在基本医疗保险待遇清单之外建立补充性待遇清单。

2. 公益性、持续性　坚持以人民健康为中心，医疗保险作为第三方付费者，需要与医药服务提供者和参保患者之间建立良好的治理关系。医护机构以公益为主，药物供给准市场化，建立公平的协商与定点，谈判与定价和采购的运行机制。

3. 准公共品、共付制　公共卫生属于公共产品，基本保健属于准公共产品。公民应当依法履行参保缴费的义务。①参加基本医疗保险，在患病时由社会统筹基金分担医药费用（约70%）后，由个人支付剩余的医药费用。②购买商业健康保险，分担基本医疗保险支付范围以外的医药费用和享有个性化医护服务。③社会救助属于公共产品。一是为那些为国家和人民做出牺牲和奉献的荣誉国民提供体面的医护保障；二是为贫困人口提供兜底性服务，避免发生因病贫困的问题。

4. 政府责任、社会治理 一方面，国家和政府是建立基本医疗保险制度的发起人和监督者。国家依法规范政府的预算、经办和监督责任。另一方面，国家和政府还要坚持以人民健康为中心，为医、患、保等利益相关人建立社会治理机制，包括长期合作机制和利益共赢机制。例如，建立医疗保险基金与医护机构之间的协议管理制度。再如，建立医疗保险基金与药品、医用器材供应商之间的协商谈判、定价与采购机制。

二、医疗保险的起源与发展

在中世纪欧洲出现了近代产业队伍。由于工作环境恶劣，流行疾病、职业病和工伤事故不断发生，工人群体产生了医护需求，依靠工资难以支付医疗费用，许多工人便自发地组织起来筹集资金用于分担医药费用。1883年，德国建立了世界上第一个雇员医疗保险法，被称为“俾斯麦医疗保险模式”。二战之后，社会医疗保险进入快速发展时期。

（一）早期医疗互助

早在古希腊古罗马时代，就有专为平民和军人治病的国家公职人员。在中世纪欧洲，在德国出现的基尔特（Guild）制度，从业者基于互助精神建立了互助基金和救济计划。英国在基尔特制度的基础上发展成立了互济社，对相互救济事项的范围和社员缴纳费用都有了明确的规定。1601年，英国政府颁布了《伊丽莎白济贫法》对残疾救助做了相关规定。同时，教会开办的慈善医院对患病者和疫情感染者实施收容与救治。在此期间，民间出现了开业医生。但是，这种民间行动缺乏稳定性和广泛性，筹资和支付能力很低。

（二）社会医疗保险

1883年，俾斯麦政府在镇压了社会民主运动后，为了安抚劳工和维护社会稳定，通过了世界上第一部《雇员医疗保险法》，开启了第三方付费的先河。主要特征如下：①国家立法、政府主导，承担部分预算和监督责任；②基本劳动关系建立，强制雇主、雇员依法参加和履行缴费义务；③覆盖全社会，实行雇员一人参保保全家的扩面政策；④社会治理、制度碎片，医疗保险基金由行业协会或者工会具体经办，包括厘定费率、制定待遇清单和具体经办管理，全国同时存在几百个基金，进入21世纪以后建立了国家医疗保障局，情况有所改善（见第七章德国案例分析）。

知识链接 / 德国雇员医疗保险法

医疗保险的保费来自雇主、雇员和政府补贴。该法规定，参保人看病在13周内可以按照当地平均工资的50%领取病假工资，住院26周和使用处方药，后来在处方上加价10%，由个人支付药师费用。该制度的覆盖人口从起初的2%~4%到15%，每千人中的死亡人数从1885年的27人降至1913年的17人，下降幅度约为40%。

此后，比利时、奥地利、法国、英国、荷兰等国家纷纷效仿德国，建立和实施了社会医疗保险制度。此期间各种类型的医疗保险、医疗互助、医疗救助计划在欧美国家兴起，由此形成医疗保险乃至医疗保障制度建设阶段。

（三）医疗保险普及发展

第二次世界大战结束后，医疗保障领域发生了三件大事。①1948年，建立了世界卫生组织（World Health Organization，WHO）；②1948年，英国建立了国家基本保健服务体系；③1952年，国际劳工组织通过的《社会保障最低标准公约》包括工伤救治与抚恤、基本保健付费制度。

1. 各国纷纷制定相关法律　在政府主导和推动下建立了社会医疗保险制度，覆盖范围逐渐扩大到全体职工和居民。到20世纪70年代，医疗保险制度已经发展到80多个国家，其中半数是工业化国家。同期，在经济相对落后的拉美和亚洲国家，医疗保险制度也有了一定的发展，覆盖人口不到30%，但覆盖范围在不断扩大。

2. 逐渐实现了广覆盖，保基本的目标　德国人口覆盖率为90%、法国为98%、意大利为91%、荷兰为76%、奥地利为92%、瑞士为89%。在欧美国家，个人医疗费率支出在国家卫生总费用中的占比降至15%以下。

3. 第三方付费制度多样化　包括英国国家医疗体系（National Health-care System，NHS），德国雇员医疗保险制度（Employee Social Insurance，ESI），美国老遗残社会医疗保险和雇员商业健康保险双轨制，新加坡的公积金和家庭医疗储蓄账户等。20世纪末期，WHO已有191个成员国家，其中140多个国家建立了不同模式的医疗保障制度，选择医疗保险模式的约占64%，选择国民公费医疗的约占35%，选择家庭储蓄账户的不足1%。

综上所述，20世纪40—70年代是社会医疗保险的快速发展时期。无论一个国家选择哪种模式，其制度建设的主要目标是扩大覆盖范围、稳定筹资渠道、规范待遇清单、建设定点医护机构、改革支付制度，实现医疗保障基金收支平衡。

第三节　医疗保险的改革与创新

一、医疗保险改革的社会背景

20世纪70年代以后，面对国民基本保健需求快速增长，科技进步成果转化和人口老龄化的三大挑战，需要平衡基本保健的质量和成本。卫生经济学应运而生，继而嵌入了公共政策学，推动了管理式医疗（managed care）的发展。

1971年，兰德医疗保险实验项目启动并历时15年，由哈佛大学纽豪斯教授（Newhouse JP）主持，耗资数百万美元。基于美国1940—1990年的数据研究医疗费用增长的原因。其研究成果显示，有5个可定量的影响因素，包括人口老龄化（4%）、医疗保险制度普及（17%）、国民收入增加（7%）、医生数量增加（0）和医疗产业发展（12%），剩余归为科技进步。

基本保健水平伴随着国家的经济发展不断提高。1948年7月4日，WHO的组织宪章规定，以推动全球母婴保健、预防疾病领域的合作为主旨。1977年，OECD国家人均GDP普遍超过1万美元，健康长寿和抑制疾病致贫成为民生的主要问题。WHO在第三十届世界卫生大会上提出“2000年人人享有卫生保健，让所有人过上有社会地位和经济富裕的生活”的目标。1977年，WHO和联合国儿童基金会在《阿拉木图宣言》提出：“依靠切实可行的、学术上可靠又受社会欢迎的方法和技术，通过社区和自我全程参与，提供国家负担得起的基本保健。”1968年，Andersen首次提出医疗服务可及性概念。Margolis从经济学“消费—产出”的视角界定可及性是个体对保健服务的及时使用及其可以实现的最优产出。美国医学研究院（Institute of Medicine，IOM）委员会进一步诠释初级保健为“临床医生提供综合的、可及的卫生保健服务，解决大量的个人医疗需求，与患者建立持续的伙伴关系，并在家庭和社区的环境中执业”。

升级版的初级保健具有三个特征：①建立个人健康守门人制度。从居民个人、家庭医生团队和社区医护机构的合作做起。②维护居民健康成为地方政府责任。国家要根据经济发展水平建设可及、安全和成本可控的，正三角形卫生医护和健康促进服务体系。③整合就医模式。以全生命周期健康管理为本，提供连续的、全面的、无缝对接的整合式医疗。因此，在全科诊所和专科医院之间出现了1~2级社区医院，促使卫生支出预算、医务人员、医药设备和医保基金逐渐下沉进入社区，送至居民和患者身边。区域整合式医护体系趋于完善，包括以患者为中心的家庭医疗模式，各类联合诊所和医疗集团、诊断成像中心、个案管理师和绿色转诊通道。人们无须重复排队挂号和多次检查检验，可以获得全科、专科和专家组合式医护服务，住院和手术患者的院前工作在社区医院完成，三级医院不再通过门诊等候患者。有数据显示，在一个报销年度内，75%~85%的人只需要社区保健服务，10%~12%的人需要短期二级专科医护，5%~10%的人需要三级医疗专家干预。因此，家庭医生团队和慢性病管理成为医保支付的重点。伴随高龄老年人的增加，需要长期照护的人口将增加。

二、医疗保险改革的三国案例

（一）德国案例

1. 社会经济背景　2020年，德国人口约8316万，是仅次于俄罗斯的欧洲第二人口大国；人均GDP 45 723.64美元，位列欧盟第7位，经济合作与发展组织（简称经合组织）第13位。65岁以上人口占总人口的21.9%。1992年以来GDP年均增长率约1.6%。

到2020年，法定医疗保险覆盖总人口的87%，其中74%是自愿成员及其被供养人口，另有10%的人口参加了商业健康保险，剩余是享受免费医疗服务的警察、士兵、从事其他社区服务的人员和难民。2016年起，德国社会医疗保险统一缴费率为14.6%，雇主和雇员各承担7.3%。长期护理险缴费率从1%提高到3.05%，雇员和雇主各承担1.525%；23岁以上无子女者需多付0.25%，即1.775%。此外，各疾病基金统一征收的附加费为工资的1.1%左右（2020年）。德国患者自付费用占卫生总费用的13%左右，自付上限不超过家庭年总收入的2%，严重慢性病患者为1%。

在管理体制上，联邦政府和各州政府将决策和管理权下放给以参保成员为基础的社会自治组织，如疾病基金和医师协会等。医疗服务提供方以公益医院为主，基层诊所以私人为主。20世纪70年代初以来，德国公益医院和私营医院均实行“双重筹资原则”（dual funding principle），大部分来自社会医疗保险或商业健康保险的补偿，少部分由患者自付。3年以上的资本投资如基建与装修、大中型设备购买等由政府补贴，主要来自州政府。

20世纪90年代，两德统一后社会医疗保险覆盖人数骤然上升，加之石油危机后经济增速放缓，以及人口老龄化、保健需求增长和医疗技术进步造成的保健费用增长，原有社会医疗保险效率低、成本高的弊病日益凸显。为提质增效，德国社会医疗保险实施了一系列改革。

2. 改革创新措施

（1）给予参保人选择疾病基金的权利：1993年颁布的《医疗服务结构改革法》自

1996年开始实施，除了海员、农民、矿工等少数行业的参保人外，所有参保人可选择任一疾病基金参保，18个月后可自由转保。疾病基金有接收的义务，不得以健康状况不佳为由拒绝参保人，但可以自行调整缴款率。从此，消除了一个世纪以来的职业身份隔离，建立了参保人和疾病基金经办机构之间的合同关系，在各个疾病基金之间建立了内部竞争机制。各个疾病基金可以征收附加管理费用或退还保费。1992年，德国还有1300多家疾病基金，到2020年仅剩105家。

（2）通过制度整合提高效率：2009年，根据《医疗服务结构改革法》建立了国家医疗保险局，统一厘定费率和征缴医疗保险费（代征养老保险费）。同时引入风险结构平衡机制，从性别、年龄和残疾状况等事前风险评估，转变为基于发病率的前瞻性的再分配。风险调解机制仅限于80种“严重”或“代价高昂和慢性”的疾病，由风险调整科学专家咨询委员会按照疾病的性质和医疗费用价格水平对疾病进行甄选，并可根据疾病每年的发病率情况进行修正。采用了最合适的分层条件类别（hierarchical conditional category，HCC）模型对选定疾病进行分类。德国联邦医疗保险局每年9月会发布下一年的疾病目录、分类模型和计算方法，以一年为单位根据经验和最新数据对模型进行修订。修订的重点在于改善风险人群的同质性，并对高成本疾病进行更好的风险分层。2002年实施的疾病管理计划，旨在提升对慢性病患者的服务质量与效率，实质上是对新风险调剂机制的补充。该计划引导各疾病基金关注长期慢性病患者的参保和服务。

（3）支付方式改革：1996年之前，住院实行按床日付费，各医院付费率相同。1996—2003年，采用混合付费方式，75%的病例按有差别的床日付费，25%按病例付费（case-based payments）。2004年至今，全面实施按疾病诊断相关组（diagnosis related groups，DRG）付费，患者住院每日只需支付10欧元。定价标准由代表保险的疾病基金联盟、私人医疗保险联盟（Association of PHI），代表医生的社会医疗保险医师联盟（Associations of SHI Physicians），代表医院的德国医院联合会（Deutsche Krankenhaus Gesellschaft，DKG）博弈协商决定，并依法成立专门的法人组织——医院支付体系研究所（Institute for the Payment System in Hospital，InEK），负责DRG价格体系的维护和发展。此后又进一步立法规定所有的医院（无论是公立还是私立医院）均要采用DRG付费体系。目前大约有1700家医院（占医院数的80%，占病历的97%）按DRG支付。

（4）控制药品费用：住院采取三种手段：一是严格控制药品目录；二是限制医生开具处方的价值量；三是实行药费共付机制。参保人购买药品时，个人至少要承担10%费用，且每一盒药品自付部分在5~10欧元之间。同时，医保机构以参保人税前收入的2%为标准设置了自费部分最高限额，超过了最高限额则可免付，有利于减轻慢病患者的经济压力。

（5）控制成本和增加服务。2000年开始，在成本控制作为总体目标下，效率和质量成为核心价值，增加了大量新药物和新技术、姑息治疗和临终关怀等服务。1994年，建立长期护理保险制度。

（6）引入商业健康保险。2007年《加强法定医疗保险竞争法》规定：商业保险公司有义务采用法定医保费率（Basistarif），提供与法定医保相当的服务。在法定费率项目之外仍然经营差异化业务，吸引不同需求的参保人。大大释放了商业健康保险的发展空间。2017年，商业健康保险支付占医疗卫生总费用的8.4%。

商业健康保险住院有三种类型：①综合医疗保险是法定医疗保险的替代型产品，高收入者可以选择不参加法定保险项目而投保私人保险，以获得更广泛的治疗选择和更高水平的服务；②补充医疗保险对社会医保参保人提供补充保障，通常用于支付社会医保的自付部分、牙医等的额外费用、私立医院房费等；③长期护理保险是购买商业医疗保险时必须同时购买的，遵循"护理保险遵从医疗保险"原则，私人护理保险的保障范围和水平不得低于法定护理保险。为了鼓励发展私营保险，弥补社会长期护理保险筹资方面的缺口，2013年，德国政府开始为自愿购买合格计划下的私人长期护理保险提供补贴。

商业医疗保险按风险评估计算保费，一旦承保，公司即不得单方面解约。投保人在各个年龄段缴纳的保费保持不变，避免年龄增长导致保费提高。2018年6月，德国有41家替代性私人健康保险公司，其中25家为营利性公司，为10%以上的人口提供保障。《社会法典》第五编不直接规范私人健康保险，后者依据适用于一般保险市场的《保险合同法》《保险监督法》等法律和条例进行监管，并由联邦金融监管局下设的联邦保险监督局执行。卫生部"掌舵而不划桨"，对市场几乎没有直接控制。在法律框架下，行业高度自治，医疗基金协会（Gerner Kronick Valcarcel，GKV）扮演着行业自律、沟通交流、培训教育、数据统计的角色，维护全行业健康发展。

（二）法国案例

1. 社会经济背景 2020年，法国人均GDP38 625.07美元，在经合组织中排名第16位。65岁以上人口占总人口的20.6%，高于经合组织平均水平，但生育率仍位居欧盟第一（2019年为1.87）。

法国雇主和雇员共同缴费的医疗互助协会（mutual aid societies）历史悠久。21世纪初，法国对《互助保险法》进行修订以满足欧盟要求，互助机构进入市场整合进程。2014年，法国共有私人健康保险机构573家，互助协会的数量和营业额份额分别为79%和53%。

1930年颁布实施《社会医疗保险法》。1945年颁布实施《社会健康保险法》，强制所有工薪劳动者、退休人员和其雇主参保缴费，公务员、铁路工人等除外。互助协会或消失，或成为补充医疗保险。

2. 改革创新措施 1999年《全民医疗保险法》实现了全覆盖，全民健康保障基金为贫困人口提供基于经济状况调查的参保补贴或免费医疗。2016年《全民医疗保险法》简化了参保资格证明，法定医疗保险人口覆盖率达到99.9%。总分担比例为75%，其中门诊分担70%、化验分担60%、住院分担80%、药品费用分担15%~100%不等。

2009年以前实行项目付费。此后推广全科医生签约服务制（Individual Contracts for Professional Practice Quality Improvement，CAPI），鼓励全科医生注重疾病预防、改善慢性病治疗和追踪，尽量以低价的仿制药代替昂贵的原研药。有16个指标评估全科医生在以上三方面的表现，如居民疫苗接种率、某类仿制药使用比例等。根据评估结果，全科医生最高奖励可得5000欧元（相当于法国全科医生年平均营业额的7%）。2012年，CAPI合同被推向所有全科医生，签约率达到97%。

（三）美国案例

1. 社会经济背景 2020年，美国人口为3.3亿，人均GDP为63 543.58美元，在经合组织中排名第5位。65岁以上人口占总人口的16.2%。

二战期间美国实行工资管制，雇主不能提高工资，遂转向提供医疗保险等福利吸引人才。1954年，美国对企业为其雇员购买医疗保险的费用实行免税，雇主成为雇员和家庭获得医疗保险的主渠道。1964年，美国联邦通过了《老遗残社会医疗保险法》（Medicare）和《医疗救助法》（Medicaid），后者主要由州政府制定政策和做出预算。Medicare 覆盖了65岁以上的老年人，约占美国人口的 17%，其支付占美国医疗总费用的 22%。Medicare、Medicaid、退伍军人医保和儿童健保三个社会保障制度的市场份额为33%。有研究报告显示，美国各地区商业保险的门诊支付标准是Medicare的1.5倍以上，多数超过2倍；住院支付标准则是2.5倍以上，相当部分地区超过3倍。

2. 改革创新措施

（1）商业健康保险管理式医疗。管理式医疗主要指介入第三方支付的医疗和医院管理。第三方包括财政预算、社会医疗保险、商业健康保险等模式，从付费、控费到综合治理。1910年，美国华盛顿州的西部诊所，创立了第一个健康维护组织（Health Maintenance Organization，HMO），标志着美国管理式医疗的诞生，成为美国商业保险的雏形。

管理式医疗的主要特征：①组织参保人形成团购市场。为参保人提供一系列高质量的医疗服务，并引入健康管理、风险管控、健康干预，降低客户的疾病风险；②保险机构介入医疗管理。各类保险机构与医药机构建立直接或者间接的合作关系，逐渐改变了医护体系和医药市场。

主要有三类管理式医疗组织。一是HMO。1973年，尼克松总统颁布《健康维护组织法》（Health Maintenance Organizations Act，HMOs Act），其目标是通过健康管理提高投保人的整体健康水平，从而减少医疗费用。HMO为会员提供免费的年度体检、疫苗注射、女性乳房检查等，提供一位基本保健医生（primary care physician），参保患者就医必须去指定的医生处首诊，保健医生成为保险公司的看门人（gatekeeper）。保险公司对初级诊疗医生实施按人头包干支付费用（capitation），医生签约人越多收入就越多。保健医生比较熟悉参保人的整体健康状况，能够协调治疗，但患者就医选择性少。二是优选提供组织（Preferred Provider Organization，PPO）。PPO不为投保人指定初级诊疗医生，允许参保患者到网络之外的医疗机构就诊，但自付比例较高（约40%）。三是定点服务组织（Point-of-Service，POS）。比HMO有更多选择性，比PPO的费用更低。POS有自己的医疗保健网络，为POS会员指定基本保健医生，选择基本保健医生首诊的自付比例低，选择POS网络外就诊的自付比例高。近年来,美国出现了健康储蓄账户计划，投保人就医选择不同其保费也不同。

（2）老遗残医疗保险和医疗救助支付方式改革。1983年，美国导入疾病诊断分组付费（Diagnosis Related Groups，DRG），代替了按服务项目的事后补偿方式，使得医院拥有了预算能力和规划能力，但失去了定价和收费的自主权。

（3）奥巴马平价医疗法案。2010年，美国国会参议院通过了《患者保护与平价医疗法案》。主要措施包括：①保护消费者权利；②限制保险公司随意提高保费；③减免小企业税收；④26岁及以下的成年人如果无法通过自己的雇主获得保险，可继续参加父母的保险计划；⑤为企业和个人提供一站式的保险产品交易平台；⑥强制要求购买商业健康保险。

（4）推行责任医疗组织（Accountable Care Organization，ACO）。鼓励提供医疗服务的个人、医疗机构、健康组织展开合作，探索新型服务模式，提供整合式医护服务，减少不必要的开支。ACO的成立坚持自愿原则，向美国联邦医疗保险和医疗救助服务中心（Centers for Medicare and Medicaid Services，CMS）递交申请需要满足如下要求：合同期不得少于3年、指定服务人群不得少于5000人，按CMS相关规定定期报告医疗服务质量与医疗费用的相关数据等。奥巴马医改法案的激励措施如下：与Medicare签约的ACO组织成本低于预算费用的可以结余留用，但必须披露Medicare项目下的详细服务质量信息。

三、全球医疗保险改革经验总结

20世纪70年代以前，医疗保险的主要功能是分摊参保患者的医药费用和促进基本保健供给增长，将个人医药费用支出占比控制在20%~30%的水平上，可谓管理医疗保险基金的“出纳角色”。

20世纪70年代以后，医疗保险更加关注基本保健服务的质量和成本，由此形成总额预算管理和抑制过度医疗与激励维护健康的补偿战略（图1-3），实现医疗保险和医疗机构协同发展，优化资源配置，确保医疗保险制度的持续发展和参保人的合法权益。

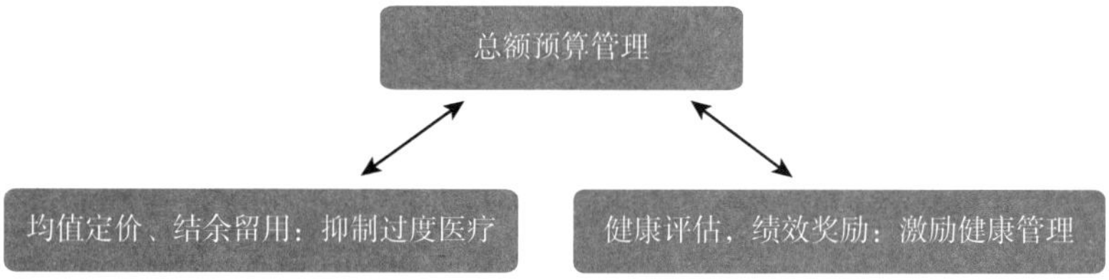

图1-3　医保抑制－激励两维补偿战略

1. **总额预算即做蛋糕**　按照以收定支、收支平衡、略有结余的原则建立总额预算管理制度，即做蛋糕。预算总额包括当期医疗保险基金总支出和增长率。当期医疗保险总支出包括在住院、门诊和社区医疗机构（含诊所）的合理分布。医疗保险基金支出增长率应当与当地经济发展水平和医疗保险费的征缴情况相关联。

2. **一次分配约束过度医疗**　对急性治疗实行随机病组分值付费、结余留用。引导医疗机构合理定位、合理接诊，提高质量、控制成本，抑制过度医疗和提高临床数据质量。

3. **二次分配激励维护健康**　门诊和急性后期治疗试行人头加权预算，基于临床数据实施健康绩效评估，结余留用和绩效奖励，通过提高居民健康素质和减少患者提高医药机构和医务人员的收入。

案例讨论

【案例】美国凯撒医疗集团管理模式的价值取向

2015年凯撒医疗集团的医疗成本费用相比其他医院降低了17%。

【讨论】美国实行商业健康保险和社会医疗保险双轨制，凯撒模式在美国难以推广。反之，中国基本医疗保险地市统筹具有闭环管理的体制优势。

本章小结

本章主要介绍了医疗风险的定义、特征和管理，以及德国、法国、美国等国家医疗保险改革与发展的主要政策和行动计划。针对医疗风险特征，运用消费弹性理论，描述医疗保险的分担参保患者医院费用和补偿医药服务机构的核心功能。回顾20世纪70年代以后医疗保险从补需方到补供方的深化改革，引导学生了解医疗保险的起源、发展、改革与创新的历史阶段和本质变化，特别是涉及医疗体制三角价值链。

（杨燕绥）

第二章　中国医疗保险制度

学习目标

1. 掌握　中国医疗保险的目标、基本原则和制度安排。
2. 熟悉　中国医疗保险创建与发展的相关政策和行动计划。
3. 了解　中国医疗保险创建、改革与发展的几个阶段。

第一节　劳动医疗保险

我国宪法确定了人民当家做主和保护劳动者权益的宗旨。1951年，基于工业化、城镇化和财政预算能力非常低的国情，中国选择从职工的生育、工伤救治与抚恤做起，建立社会互济的医疗保险制度。《中华人民共和国劳动保险条例》的颁布实施使工人群众有了当家做主人的体验，迸发出极大的生产积极性。1954年中国第一部《宪法》第93条规定："劳动者在年老、疾病或丧失劳动能力时，有获得物质帮助的权利。国家举办社会保险、社会救助和群众卫生事业，并且逐步扩大这些设施，以保证劳动者享有这些权利"。国家根据《宪法》规定建立了城镇职工基本医疗保险、农村合作医疗和社会医疗救助制度。

一、城镇公费医疗和劳保医疗

我国城镇职工基本医疗保险制度发展可分为起源期（1949年之前）、创建期（1949—1955年）、发展期（1956—1966年）和动乱期（1966—1978年），1978年之后开始探索社会医疗保险制度。

（一）公费医疗

1. 定义与特征　公费医疗是为国家机关与事业单位工作人员、革命伤残军人和高校师生提供免费医疗、预防保健服务的医疗保障制度。医疗卫生费用由财政预算拨付，卫生部门统一管理和分配，一般按人均标准划拨到各单位包干使用。保障范围包括门诊和住院诊疗费、床位费、手术费和药费等，享受公费医疗的人员在指定医疗机构就诊时发生的合规医疗费用，可以从公费医疗经费中报销。

公费医疗的主要特征：①覆盖范围小。主要覆盖政府、党派和团体等国家工作人员、事业单位工作人员、革命残疾军人和高校师生。1952年全国公费医疗覆盖人数为400万人，1953年和1957年分别增加到529万人和740万人。②福利性强。公费医疗费用来源于国家财政预算拨付，无需个人缴纳保险费。支付范围包括门诊、住院的诊疗费、手术费、药费等，患者只需负担膳食费和路费，如有困难，可由机关行政经费补助。③浪费超支严重。一是享受公费医疗待遇对象范围快速扩大，覆盖对象数量高速增长；二是"重医疗、轻预防"，就诊人次快速增加；三是支付范围广泛，缺乏起付线、封顶线和自付比例等约束机制；四是缺乏对医疗服务供方的约束和监管机制，医疗机构过度提供医疗服务，滥用贵重药品、补养药品等现象严重。

2. 政策与制度建设　1929年，中国共产党劳动组书记部在拟订"劳动法大纲"时就提出了建立劳动保险法案，把工人的健康权放在重要位置。1948年，东北解放区开始实行劳动保险，维护劳动者权益。同时，对干部和军人实行免费医疗，对医院实行定额包干付费。1952年，中央政府政务院颁布了《关于全国各级人民政府、党派、团体及所属事业单位国家工作人员实行公费医疗预防的指示》，标志着公费医疗在新中国第一次以法规的形式被正式确立。同年8月，卫生部颁布了《公费医疗预防实施办法》，从适用范围、管理体制、经费收支等方面进一步细化，明确了公费医疗制度内容。

1957年9月中共八届三中全会《关于劳动工资和劳保福利问题的报告》指出，公费医疗等福利事业存在两大缺点。一是步伐快、项目多、待遇过高，与人口多、底子穷、广大农民生活水平还比较低的现状不相适应；二是公费医疗中的严重浪费充分说明福利方面存在项目混乱、制度不合理、管理不善、监管宽松、苦乐不均和严重浪费并存的缺点。针对以上问题，提出对门诊、住院和药品实行少量收费，取消一切转地治疗由医院开支路费、住院患者外出由医院开支车费等陋规，节约经费开支等具体措施。1965年卫生部、财政部出台的《关于改进公费医疗管理问题的通知》规定，公费医疗的待遇享受者个人支付门诊挂号费和出诊费，自费支付营养滋补药品。

（二）劳保医疗

1. 定义与特征　劳保医疗即指根据1951年《劳动保险条例》建立的企业职工基本保健制度。主要特征：①福利性强。一是免费参保，由企业出资和在税前列支（1969年停止），在职和退休职工均无需缴费；二是覆盖全家，覆盖对象不仅包括单位职工，也包括职工供养的直系亲属；三是保障范围广泛，包括疾病、伤残、生育的基本保健和抚恤制度；四是待遇水平高，职工医疗费用全额报销，供养直系亲属的费用报销50%。②缺乏约束机制。医疗费用由企业统筹管理，超支部分由企业负担，职工和医疗机构都缺乏费用控制意识，过度医疗现象普遍，医疗费用总额不断上升。③管理分散。劳保医疗基金由企业工会自行管理，坐收坐支，结余上解，重复建设管理机构，成本高、效率低。④均衡性差。体现在制度内、外两方面。在体制内，经济效益好的企业基本全免费，经济效益差的企业难以得到保障。在制度外，非公企业没有劳保医疗制度。

2. 政策与制度建设 1951年2月政务院发布《中华人民共和国劳动保险条例》，明确指出“职员一百人以上的国营、公私合营、私营及合作社经营的工厂、矿场及其附属单位”应当实行劳动保险制度。1953年1月政务院修正公布，进一步将劳动保险的覆盖范围扩展到铁路、航运、邮电的各企业单位与附属单位，工、矿、交通事业的基本建设单位和国营建筑公司，同时将工人职员供养的直系亲属纳入保障范围。

基于新中国的劳动保险制度，形成了企业内部集体协商、工会管理、人民银行托管的保险基金管理模式和相应的财务制度，培育了企业诊所、企业医院、地方医院、工人疗养院等基本保健机构。

二、农村合作医疗

农村合作医疗发展可分为四个阶段：1954年之前的萌芽期，1955—1968年快速发展期，1969—1978年的普及期，1979—1985年的衰落期。

1. 定义与特征 农村合作医疗是由农民和人民公社共同筹资，向参合成员提供低水平保健的互济制度。主要特征：①低水平。以人民公社集体出资为主，包括个人贡献和集体补助，后期才有部分县政府补助；覆盖基本公共卫生和常见病，以中医药为主，赤脚医生采用巡回医疗、中草药等形式，将服务成本控制在农民可负担的水平。②广覆盖。1976年农村合作医疗覆盖了全国90%的行政村（生产大队）和85%的农村人口。③适应性。以集体经济和公社为经济基础，集体公益金补助和个人少量出资。④自愿性。生产大队决定是否开展合作医疗，具体筹资比例、运行机制可以存在差别；社员群众不能自愿选择是否参与，个人贡献在年终分配时自行扣除。⑤卫生医疗协同。合作医疗与县乡村三级医疗卫生服务网络密切协同，由村医（中医药为主）、下乡医生、知青赤脚医生形成人才队伍，培育了农村医疗卫生服务模式。

2. 政策与制度建设 农村合作医疗制度萌芽于抗日战争时期，陕甘宁边区创办的“保健药社”“医药合作社”，群众集资兴办医疗，但需要个人付费。中华人民共和国成立后，东北三省为解决农村地区缺医少药问题，探索了合作制和集资举办卫生机构的办法，但没有筹资机制。1955年，在农业合作化运动高潮时期，山西、河南及湖北等地区的农业生产合作社开始正式举办合作医疗和保健站，兼顾了医疗保险筹资和医疗服务机构建设两方面。

主要措施如下：①由农民缴纳“保健费”，生产合作公益补助基金15%~20%补助，共同筹资建立合作基金和保健站，实行互助共济；②合作社的每个参合农民每年缴纳一定额度的保健费，可以免费享受预防保健服务，接受治疗时免收挂号费和出诊费，但药费需要自付，即“合医合防不合药”；③保健站开展巡回医疗，医生分片区负责村民的预防保健和医疗服务；④采取工分与现金相结合的方式为保健站的赤脚医生发放报酬，如山西省高平县米高乡采取社员群众缴费和合作社公益基金补助相结合的方式成立了保健站，建立了集体保健制度，选拔并培训“赤脚医生”为社员群众提供基本医疗卫生服务。

1959年11月，卫生部在全国农村卫生工作会议上肯定了农村合作医疗的形式。1960年2月，中共中央转发了卫生部《关于农村卫生工作现场会议的报告》，将农村合作医疗称为“集体医疗保健制度”，要求各地参照执行。1958年，合作医疗在全国行政村（农业生产大队）的覆盖率为10%。1960年达到32%,1962年上升到46%。1962年后，由于生产合作社集体投入减少，合作医疗开始陷入停顿或半停顿状态，1964年覆盖率降到30%。

1965年6月，毛泽东同志作出“把医疗卫生工作的重点放到农村去”的重要批示。1968年，发布了湖北省长阳县乐园公社办理合作医疗的经验。中共中央在此基础上也多次发文在全国推广合作医疗，广大农村掀起了兴办合作医疗的高潮。截至1977年底，合作医疗覆盖了85%的行政村（生产大队）和80%农村人口。

1978年，全国人大五届一次会议将“合作医疗”写入《中华人民共和国宪法》。1979年12月，卫生部和农业部等部门联合印发《农村合作医疗章程（试行草案）》，将合作医疗定义为“人民公社社员依靠集体力量，在自愿互助的基础上建立起来的一种社会主义性质的医疗制度，是社员群众的集体福利事业”，并详细规定了农村合作医疗的任务、举办形式、管理机构、基金管理制度、赤脚医生和卫生员、接生员、中草药等具体条款，尝试将合作医疗制度化。

知识拓展

1949年，中国约有5.4亿人口，人均GDP只有23美元，卫生支出占GDP比例不足1%，国民平均预期寿命不足38.8岁。1954年《中华人民共和国宪法》体现了民主和社会主义原则，巩固和发展公有制经济。在土地集体所有制基础上大力发展人民公社制，工业实行国营企业制，整个国家进入社会主义计划经济时代。1978年，中国实行改革开放政策时的人均GDP为381美元，卫生支出占GDP的3%，人均医疗费用为11.5美元，个人支出占比为卫生总费用的20%，国民平均预期寿命上升到68岁。与同期发达国家进行比较（表2-1），届时中国经济发展水平和卫生投入水平虽远低于发达国家，但国民平均预期寿命的产出绩效却高于三个发达国家。

表2-1　1978年典型国家与中国卫生投资与产出的比较

国别	人均GDP（美元）	卫生支出占比	个人支出占比	国民平均预期寿命
德国	接近1万	8%	10%	73岁
英国	0.7万	5%	10%	73岁
美国	1.5万	9%	30%	73岁
中国	381	3%	20%	68岁

资料来源：联合国《世界人口老龄化报告》（1950—2050），OECD数据。

在此期间，党和国家发动人民群众开展了初级保健爱国卫生运动。城市以公共财政拨款为主、农村以集体经济合作为主，提供公共卫生和初级保健服务，从小学生到机关干部，每周都有大扫除活动，迅速消除了病虫害。在供给方面，先在城市举办公立医院，1956—1960年间实行差额补贴、1961—1978年间实行定向补贴制度，允许医疗机构用药加价15%。1965年1月，毛泽东主席作出“把卫生工作重点放到农村去”的指示，1969年出现大办农村合作医疗的热潮，下乡医疗培养出了几百万以知青为主的“赤脚医生”。1974年，政府开始对集体所有制的公社卫生院按正常收入（不含药物加成）的35%给予补贴。截至1977年底，全国85%生产大队实行了合作医疗、覆盖人口达到80%以上，农村医疗卫生工作队伍达到500万人（不脱产）。机关事业单位实行公费医疗、企业实行劳保医疗、农村居民实行合作医疗。

此期间制度创新的主要特征如下：①基于公有制和计划经济体制优化资源配置，低成本、高效率地促进了中国公共卫生和初级保健的发展；②发动人民群众参与爱国卫生运动，保护环境人人有责。在1974年世界卫生大会上，中国农村合作医疗和防控流行病方面取得的成绩受到关注，世界卫生组织和世界银行将此称为“发展中国家解决卫生经费的典范”。

第二节　社会医疗保险

如何提升公共卫生事业、满足人民群众日益增长的基本保健需求是个挑战。1979年，卫生部、财政部、国家劳动总局在《关于加强医院经济管理试点工作的意见》中规定，对医院经费逐步实行“全额管理、定额补助、结余留用”，以激励医院和医务人员增加工作量，缓解看病难的问题。1980年，卫生部发文允许个体开业行医。1985年，逐步形成政府价、指导价和市场价并存的格局。医疗机构收费实行计划体制，采购实行市场体制。国务院批转了卫生部《卫生工作改革若干政策》，仿照国企改革路子“多给政策、少拨款”“扩大经营自主权，提高医院的效率和效益”，推出承包责任制、允许有偿加班。政府卫生支出占卫生总费用的比重从1985年40%降至2000年的15%。同期，国家实行划分收支、分级包干的财政体制。农村地区卫生医疗经费短缺，伴随人民公社解体、知青回城、农村居民进城打工，1989年的一项调查表明，合作医疗覆盖率从90%降至4.8%。1992年，国务院下发《关于深化卫生医疗体制改革的几点意见》，卫生部在贯彻该意见时提出“公立医院建设靠国家、吃饭靠自己”的改革路线，允许医院“以工补医、以辅补主”，通过创收弥补医院收入不足，由此形成“以药养医”的局面。医药费用开始快速攀升，自费比例显著上涨。“看病难、看病贵”成为重大社会问题。1998年，国务院发布了《关于建立城镇职工基本医疗保险制度的决定》，提出：“适应社会主义市场经济体制，根据财政、企业和个人的承受能力，为保障职工基本医疗需求建立的社会医疗保险制度。”2010年，颁布了《中华人民共和国社会保险法》，第三章是基本医疗保险。2012年，党的十八大报告提出，到2020年全面建成覆盖城乡居民的社会保障体系。2020年，基本医疗保险参保人数达到13.6亿，占总人口的96%；基本医疗保险基金支出2.03万亿元，约占医院总收入的30%，逐渐形成了“吃饭靠医保”的局面。

一、城镇职工基本医疗保险

（一）定义与特征

城镇用人单位和职工依法参保和缴费，建立医疗保险基金（含生育保险），分担参保患者医药费用和补偿医药服务机构的社会保险制度安排。

城镇职工医保具有以下特征：①缴费型。劳保医疗是单位职工无须缴费的集体福利制度，而城镇职工医保的保险费由用人单位和职工共同缴纳，用人单位缴费率一般是职工工资总额的6%左右，职工缴费率一般为本人工资收入的2%左右。②覆盖职工本人。覆盖对象是城镇所有用人单位职工，不包括被供养的家庭成员，包括企业、机关、事业单位、社会团体、民办非企业单位，后逐步扩展到灵活就业人员、混合所有制企业、非公有制经济组织从业人员、农民工等各类就业人员。③强制性。依法要求用人单位和职工参保和缴费，医药机构依法订立医疗保障服务协议，国家依法制定缴费基准、待遇清单、定价机制和监督机制。④保基本。医疗保险三个目录（药品目录、诊疗项目目录和服务设施范围）本着覆盖常见病的基本原则，根据居民疾病谱变化，定期更新管理。⑤统账结合。城镇职工医保基金实行社会统筹和个人帐户相结合（以下简称统账结合）的方式进行管理，社会统筹基金用于支付住院大病医疗费用，个人账户用于门诊和药店购药费用的支付。⑥统筹层级逐渐提高。劳保医疗是以企业为单位的统筹管理，待遇保障水平依企业经济效益而定。城镇职工医保属地管理，同一区域内执行统一政策、资金筹集、使用和管理，不仅促进了区域内的公平性，而且，基金池规模大，抗风险能力强，还减少了管理机构的重复建设，降低了管理成本。

（二）政策与制度建设

1. 探索时期 1978—1992年，劳保医疗制度改革主要是控制费用支出。具体措施包括：①探索职工大病医疗费和离退休人员医疗费的社会统筹；②要求个人支付10%~20%的医疗费用；③制定医保药品目录；④政府、企业和医疗机构分担超支责任。但是，控制劳保医疗基金超支的效果并不明显，福利性劳保医疗与市场经济体制不适应还可能导致新的分配不公，需要对劳保医疗进行深层次改革。

2. 试点时期 1989年3月，国务院在《批转国家体改委经济体制改革要点的通知》中要求，在丹东、四平、黄石、株洲进行医疗保险制度改革试点。1992年，广东省深圳市在全国率先开展了职工医疗保险制度改革，拉开了全国开展全局性改革和根本性改革的序幕。1993年11月，中共十四届三中全会通过的《中共中央关于建立社会主义市场经济体制若干问题的决定》中提出建立多层次的社会保障体系，城镇医疗保险金由单位和个人共同负担，实行社会统筹和个人帐户相结合；发展和完善农村合作医疗制度。1994年，国家体改委等部门共同制定了《关于职工医疗保险制度改革的试点意见》，开始在江苏省镇江市和江西省九江市探索建立社会统筹和个人账户相结合的城镇职工医保制度试点，即著名的“两江试点”。1996年，国务院办公厅转发了《关于职工医疗保障制度改革扩大试点的意见》，进一步扩展了统账结合模式职工医保制度的试点范围到56个城市，公费、劳保医疗制度同步改革，政策统一，基金独立核算。

3. 实施时期 1998年11月，国务院印发了《关于建立城镇职工基本医疗保险制度的决定》（国办发〔1998〕44号），明确了城镇职工医保改革的目标、任务和基本原则、具体的政策框架，完成了城镇职工医保的顶层设计，并要求在全国范围内进行城镇职工医疗保险制度改革。2000年，国务院发布《关于完善城镇社会保障体系的试点方案》(国发〔2000〕42号)，进一步加快了城镇职工医保的全国推广进程。

4. 扩面时期　1999年，劳动和社会保障部发布了《关于劳动系统铁路职工参加基本医疗保险有关问题的通知》(劳社部发〔1999〕20号)要求铁路系统所有用人单位和职工，按照属地管理原则参加统筹地区的城镇职工医保。2003年5月，劳动和社会保障部发布了《关于城镇灵活就业人员参加医疗保险的指导意见》(劳社厅发〔2003〕10号)，2004年5月发布了《关于推进混合所有制企业和非公有制经济组织从业人员参加医疗保险的意见》(劳社厅发〔2004〕5号)，将城镇职工医保的覆盖范围扩展到灵活就业人员、混合所有制和非公有制经济组织从业人员。2006年5月，劳动和社会保障部发布《关于开展农民工参加医疗保险专项扩面行动的通知》(劳社厅发〔2006〕11号)，要求全面推进农民工参加医疗保险工作。

5. 法治时期　2010年《中华人民共和国社会保险法》规定："职工应当参加职工基本医疗保险，由用人单位和职工按照国家规定共同缴纳基本医疗保险费；无雇工的个体工商户、未在用人单位参加职工基本医疗保险的非全日制从业人员以及其他灵活就业人员可以参加职工基本医疗保险，由个人按照国家规定缴纳基本医疗保险费"，依法明确了用人单位、职工和各类就业者的参保缴费义务。

二、居民基本医疗保险

2016年，国务院发布《关于整合城乡居民基本医疗保险制度的意见》(国发〔2016〕3号)提出："整合城镇居民基本医疗保险(以下简称城镇居民医保)和新型农村合作医疗(以下简称新农合)两项制度，建立统一的城乡居民基本医疗保险(以下简称城乡居民医保)制度。"要求各统筹地区2016年12月底前出台具体实施方案。综合医改试点省要将整合城乡居民医保作为重点改革内容，加强与医改其他工作的统筹协调推进。

(一)新型农村合作医疗

1. 定义与特征　农村居民和集体组织依法参保和缴费，各级政府给与缴费补贴，建立公益性医疗保险基金，分担参保患者医药费用和补偿医药服务机构的社会保险制度安排。基于中国国情，该制度从自愿参保逐渐走向强制参保。

与传统农村合作医疗相比，新农合具有以下特征：①以家庭为单位自愿参加。传统农村合作医疗是以公社为单位自愿建立的，公社内的社员群众强制参加，具有半强制性，符合集体所有制的经济基础；新农合则以家庭为单位自愿参加，发挥政府参保补贴的激励作用，符合家庭联产承包责任制的经济基础，同时又可以防范逆向选择。②多方筹资。传统农村合作医疗以个人缴费和集体补助为主要筹资渠道，而新农合的主要筹资渠道是个人缴费和政府补助，有条件的乡（镇）、村集体会给予资金扶持，更加强调政府责任和个人责任。③以分担住院和重症医药费用为主。传统农村合作医疗是以小病为主，并且将药品和住院服务排除在保障范围外；新农合将住院服务纳入保障范围，并且制定了药品目录，将常用药品纳入保障范围。④医疗保险基金统筹层级提高。以县（市）为单位进行统筹，基金池规模较大，有利于充分发挥大数法则作用和抵御风险冲击；省级政府制定管理办法、补助标准、分级负担比例和药物目录，有利于促进省内各县的公平，避免苦乐不均，而且管理能力大幅提高。

2. 政策与制度建设 2003年1月，国务院办公厅转发了卫生部等部门《关于建立新型农村合作医疗制度的意见》，定义新农合是由政府组织、引导、支持，农民自愿参加，个人、集体和政府多方筹资，以大病统筹为主的农民医疗互助共济制度。

（1）合作医疗转型期（1978—2002年）。在农村地区，由于人民公社集体经济体制解体，卫生和医疗事业发展经费短缺，合作医疗制度逐渐消亡。根据1989年统计，仍然坚持实行农村合作医疗的行政村占比只有4.8%。2003年，第三次全国卫生服务调查结果显示，79%的农村居民没有参加任何医疗保险。2002年10月，中共中央国务院发布了《关于进一步加强农村卫生工作的决定》（中发〔2002〕13号），要求“建立以大病统筹为主的新型合作医疗制度和医疗救助制度，使农民人人享有初级卫生保健；到2010年，在全国农村基本建立起适应社会主义市场经济体制要求和农村经济社会发展水平的农村卫生服务体系和农村合作医疗制度”。2003年国务院印发了《关于建立新型农村合作医疗制度意见的通知》（国办发〔2003〕3号），探索采用家庭缴费和政府补助相结合的方式，建立新农合制度，为农村居民提供住院医疗保障。

（2）新型合作医疗探索期（2003—2005年）。2004年1月，国务院办公厅转发了卫生部等部门《关于进一步做好新型农村合作医疗试点工作指导意见的通知》（国办发〔2004〕3号）。2004年全国新农合试点县（市、区）333个，2005年扩展到678个。

（3）快速发展期（2006—2009年）。2006年1月，卫生部等7部委局联合下发了《关于加快推进新型农村合作医疗试点工作的通知》，2006年农村居民新农合参合人数增加了2.3亿人，2007年增加了3.2亿人，2008年增加了0.9亿人，参合率达91.5%，2009年新农合覆盖率达到94.19%，2010年达到96.00%。

（二）城镇居民基本医疗保险

1. 定义与特征 城镇居民依法参保和缴费，各级政府给与缴费补贴，建立公益性医疗保险基金，分担参保患者医药费用和补偿医药服务机构的社会保险制度安排，简称城居保。基于中国国情，该制度从自愿参保逐渐走向强制参保。

城居保与城镇职工基本医疗保险具有如下相似性：①覆盖城镇地区的居民，地域上有高度重合性；②均为地市统筹，具有相同的管理部门；③保障范围相似，实行“两定点、三目录”的管理方式。不同之处：①医疗保险费征缴渠道不同，城居保由城镇居民缴费和各级政府补贴构成；②城居保不设个人账户，个别城市试点除外。

城居保和新农合也具有一些相似性：①覆盖人群具有相似性，均为无正式就业的居民，缺乏稳定收入；②均为自愿参保，以家庭为参保缴费单位；③筹资渠道相似，均为个人缴费和政府补助；④待遇清单相似。

城居保具有自身的特殊性：①注重大病保障的同时关注门诊保障，如规定“城镇居民医保基金用于支付参保居民的住院和门诊大病医疗支出，有条件的地区可以逐步试行门诊医疗费用统筹”；②探索将筹资水平、缴费年限和待遇水平相挂钩，既有别于城镇职工医保的按工资比例筹资，也区别于新农合的定额筹资。

2. 政策与制度建设　从2004年下半年起，劳动和社会保障部开始探讨建立城镇居民基本医疗保险制度，在一些地区开展了试点。2006年10月，十六届六中全会上通过的《中共中央关于构建社会主义和谐社会若干重大问题的决定》(中发〔2006〕19号)提出“建立以大病统筹为主的城镇居民医疗保险”。2007年7月，国务院发布了《关于开展城镇居民基本医疗保险试点的指导意见》(国发〔2007〕20号)，提出“2007年在有条件的省份选择2~3个城市启动试点，2008年扩大试点，争取2009年试点城市达到80%以上，2010年在全国全面推开，逐步覆盖全体城镇非从业居民”。

(三)城乡居民基本医疗保险的整合

新农合和城居保在覆盖人群、筹资水平、缴费方式、待遇清单、支付方式等方面很相似。城居保的主管部门是人力资源和社会保障部，新农合的主管部门是卫生健康委员会，两个部门、两套政策、两套系统。新农合的参保患者遇到重症只能到县医院就诊。在城镇化率较高的地区，如重庆、天津等地，在2010年建立城居保之前已经建立了城乡一体化的居民基本医疗保险，实现了新农合和城居保的整合。

2012年3月，国务院印发的《关于印发“十二五”期间深化医药卫生体制改革规划暨实施方案的通知》(国发〔2012〕11号)中提出“加快建立统筹城乡的基本医保管理体制，探索整合职工医保、城镇居民医保和新农合制度管理职能和经办资源。有条件的地区探索建立城乡统筹的居民基本医疗保险制度”。截止到2014年，全国已有8个省、35个地市整合了城乡居民基本医疗保险制度。

2016年1月，国务院发布了《关于整合城乡居民基本医疗保险制度的意见》(国发〔2016〕3号)，要求各地区推进城镇居民医保和新农合制度整合，逐步在全国范围内建立起统一的城乡居民医保制度，正式拉开了全国整合城乡居民基本医疗保险制度的序幕。截至2019年，全国所有省（直辖市、自治区）均完成了整合工作，建立了市级统筹的城乡居民基本医疗保险制度。

知识拓展

改革开放40年后，我国人均GDP已超10 000美元，比1979年的419元人民币增长了60多倍，卫生支出占GDP的5%。但是，1978年改革开放后，随着市场经济转型发展，劳保医疗和农村合作医疗失去了经济基础和组织基础，逐渐解体消亡，医疗保险覆盖率快速下降，个人支出占比在2001年达到60%，国民平均预期寿命74岁，30年增长了6岁。但是在1978—2003年间，中国卫生投入产出绩效在下降。在2002年世界卫生组织对191个成员国的卫生总体绩效进行评估与排序时，中国被排在第144位（表2-2）。

表2-2 2002年典型国家与中国卫生投资与产出的比较

国别	人均GDP（美元）	卫生支出占比	个人支出占比	国民平均预期寿命
德国	3.8万	8%	<10%	80岁
英国	3.5万	8%	<10%	80岁
美国	4.8万	11%	10%	78岁
中国	0.4万	5%	38%	74岁

资料来源：联合国《世界人口老龄化报告》（1950—2050），OECD数据。

1998年以后，我国逐步建立了区域统筹、社会互济的城镇职工、农村居民和城镇居民的基本医疗保险制度（表2-3）：①全覆盖，参保率达到总人口的95%以上；②保基本，筹资水平、保障范围和报销水平逐步提升，减轻了职工和居民的医疗费用负担；③提高医护服务可及性，两周就诊率和年住院率稳步提升，因经济原因应住院未住院率下降。

表2-3 市场经济转型时期社会医疗保险制度效果

制度特征	城镇职工医保	城镇居民医保	新农合
建立时间	1998年	2007年	2003年
覆盖人群	正式就业的职工或退休职工	非就业人员，如失业、老人、学生和儿童	农村居民

续　表

制度特征	城镇职工医保	城镇居民医保	新农合
覆盖人口数	2.99亿	2.74亿	8.02亿
参保方式	强制	自愿	自愿
参保单位	个人	家庭	家庭
筹资渠道	职工缴费+单位缴费	个人缴费+政府补助	个人缴费+政府补助
保费水平	工资8%，其中个人2%，单位6%	定额筹资，年度调整	定额筹资，年度调整
统筹层次	地市级	地市级	县级
保障范围	广泛，如药品目录2300种	广泛，如药品目录2300种	不广泛，如药品目录800种
年住院率	11.3%	7.1%	9.1%
两周就诊率	13.4%	12.4%	12.5%
住院分担比	68.8%	53.6%	50.1%
经办部门	人力资源和社会保障部门	人力资源和社会保障部门	卫生部门

数据来源：2013第五次国家卫生服务调查分析报告；通向综合的医疗保险体系之路；Consolidating the social health insurance schemes in China：towards an equitable and efficient health system。

2009年实行新医改政策。中共中央国务院在《关于深化医药卫生体制改革的意见》中提出推进基本医疗保障制度建设，带动管理体制、运行机制、多元投入、价格机制、法律制度、监督监管、人才保障和信息系统建设。党中央第一次将发展医疗保障提到战略高度，探索医疗保险战略补偿和激励机制。2010年颁布了《社会医疗保险法》，伴随医疗保险覆盖人群和基金收入的增加，公立医院逐步进入“吃饭靠医保”的时代。但是，医保支付以三级医院服务数量为主，助推了大处方和粗放发展，医疗费用快速上涨。2016年8月，在全国卫生与健康大会上审议通过了《“健康中国2030”规划纲要》，强调要“健全以基本医疗保障为主体、其他多种形式补充保险和商业健康保险为补充的多层次医疗保障体系”。2017年10月，十九大报告提出“深化医药卫生体制改革，全面建立中国特色基本医疗卫生制度、医疗保障制度和优质高效的医疗卫生服务体系，健全现代医院管理制度”。2019年颁布的《基本医疗卫生与健康促进法》，将基本医疗保障作为国民基本保健的主要筹资措施加以规范。

2018年，国家组建了医疗保障局，标志着医疗保障事业进入新的发展时期。

第三节　中国医疗保障制度建设

一、中国医疗保障制度建设的成绩与挑战

经过70多年的发展，我国逐步建立了以基本医疗保险为主体、医疗救助为托底、各种补充保险及商业健康险为补充的多层次医疗保障体系的基本架构（表2-4）。2020年，为了应对新型冠状病毒肺炎疫情，我国实施了应急性的救治保障措施，对重大疫情医疗救治保障进行了探索。

表2-4　各类医疗保障制度现状

	职工医保	居民医保	医疗救助	大病保险	补充医疗保险	商业健康保险
性质	强制性	半强制性	政府福利	半强制性	企业福利	个人自愿
参保对象	职工	非就业人员	贫困人口	非就业人员	职工	居民
覆盖人数	3.45亿	10.17亿	—	11.3亿	2.9亿人	—
保障水平	住院费用政策内支付比例85.2%	住院费用政策内支付比例70.0%	次均住院救助1056元、次均门诊救助93元	—	—	—
享受待遇人次	17.9亿	19.9亿	资助参保9984万门诊和住院救助8404万元	—	—	—
统筹层次	市级	市级	市级	市级	企业或地区	商业保险公司
基金收入（亿元）	15 732（含生育保险）	9115	—	—	846	7059
基金支出（亿元）	12 867	8165	546.84	—	639	—

注：大病保险数据来源于银保监会；补充医疗保险数据来源《中国社会保险发展年度报告2016》；2020年全国医疗保障事业发展统计公报。

党的十八大报告指出："必须清醒看到，我们工作中还存在许多不足，前进道路上还有不少困难和问题。主要是发展中不平衡、不协调、不可持续问题依然突出。"2019年，我国人均GDP超过1万美元后，人民对医疗卫生的需求更加多层次多样化，需要通过优化资源配置和加强制度建设满足人民多层次多样化的基本保健需求。

1. 基本医疗保险发展的不平衡问题　我国基本医疗保险制度架构基本形成，不平衡的主要问题有：①缺乏统筹规划和顶层设计。在地方统筹的基础上，缴费基准、待遇清单、支付方式、药物定价与采购、经办机构建设等方面出现各自为政、差异扩大的发展趋势。在几个经济发达地区将30余种罕见病纳入基本医疗保险支付范围，在欠发达地区门诊费用完全由职工和个人账户支付。②部分统筹地区出现用医疗保险送大礼包的福利倾向，由此导致基本医疗保险难以持续，基本医疗保险政策边界不清导致商业健康保险难以发展。③按人口户籍和就业状态设立的医疗保险制度，重复参保和漏保现象同时存在。

2. 基本医疗保险的可持续性问题　基本医疗保险制度的可持续发展遇到三个重大挑战：一是国民基本保健需求快速增长；二是科技成果转化提高了基本保健的服务质量也加大了成本；三是人口老龄化带来的减收增支压力（表2-5）。2020年基本医疗保险基金收入增长率出现下降，1963年生育高峰的一代人（婴儿潮）年满60岁并进入退休高峰。同时，新增就业人员灵活就业占比不断增加，亟待解决参保难的问题。

表2-5　基本医疗保险基金收支情况（2018—2020）

项目	2018	2019	2019年增长率	2020	2020年增长率
基本医保参保人数（万人）	134 459	135 407	0.71%	136 131	0.53%
医保基金总收入（含生育保险）（亿元）	22 165	25 282	14.06%	24 846	–1.72%
基本医保基金总支出（含生育保险）（亿元）	18 584	20 854	12.21%	21 032	0.85%
累计结存（含生育保险）（亿元）	24 022	27 697	15.30%	31 500	13.73%
职工医保个人账户累计结存（亿元）	7284	8426	15.68%	10 096	19.83%

数据来源：国家医疗保障事业统计公报（2018—2020）。

3. 多层次医疗保障制度建设不协调问题　多层次医疗保障制度建设缺乏整体设计难以协调发展。主要问题如下：①各层次项目功能定位、责任边界尚不清晰。②在各项制度之间缺乏衔接机制，处于分散管理，未能发挥互相补充的作用，有些地区加大了企业的负担。③基本医疗保险一支独大，商业健康保险发展缓慢。

二、深化医疗保障制度改革的部署

2020年，我国人均GDP超过1.1万美元，卫生支出占GDP的7%以上（含疫情费用），个人支出占比降至27%以下，国民平均预期寿命达到77岁。医疗保障制度进入高质量发展时期。2020年2月，党中央、国务院《关于深化医疗保障制度改革的意见》提出："坚持系统集成、协同高效，增强医保、医疗、医药联动改革的整体性、系统性、协同性，保障群众获得高质量、有效率、能负担的医药服务。"

1. 指导思想 坚持以人民健康为中心，加快建成覆盖全民、城乡统筹、权责清晰、保障适度、可持续的多层次医疗保障体系，通过统一制度、完善政策、健全机制、提升服务，增强医疗保障的公平性、协调性，发挥医保基金战略性购买作用，推进医疗保障和医药服务高质量协同发展。

2. 基本原则

（1）坚持应保尽保、保障基本，基本医疗保障依法覆盖全民，尽力而为、量力而行，实事求是确定保障范围和标准。

（2）坚持稳健持续、防范风险，科学确定筹资水平，均衡各方缴费责任，加强统筹共济，确保基金可持续。

（3）坚持促进公平、筑牢底线，强化制度公平，逐步缩小待遇差距，增强对贫困群众基础性、兜底性保障。

（4）坚持治理创新、提质增效，发挥市场决定性作用，更好发挥政府作用，提高医保治理社会化、法治化、标准化、智能化水平。

（5）坚持系统集成、协同高效，增强医保、医疗、医药联动改革的整体性、系统性、协同性，保障群众获得高质量、有效率、能负担的医疗服务。

3. 改革发展目标

（1）到2025年，医疗保障制度更加成熟定型，基本完成待遇保障、筹资运行、医保支付、基金监管等重要机制和医药服务供给、医保管理服务等关键领域的改革任务。

（2）到2030年，全面建成以基本医疗保险为主体，医疗救助为托底，补充医疗保险、商业健康保险、慈善捐赠、医疗互助共同发展的医疗保障制度体系，待遇保障公平适度，基金运行稳健持续，管理服务优化便捷，医保治理现代化水平显著提升，实现更好保障病有所医的目标。

4. 改革发展路径

医疗保障制度成熟定型的四个机制和两个支撑。

（1）四个机制：①公平适度的待遇保障机制。要推进法定医疗保障制度更加成熟定型，健全重特大疾病医疗保险和救助制度，统筹规划各类医疗保障高质量发展，根据经济发展水平和基金承受能力稳步提高医疗保障水平。②健全稳健可持续的筹资运行机制。要建立与社会主义初级阶段基本国情相适应、与各方承受能力相匹配、与基本健康需求相协调的筹资机制，切实加强基金运行管理，加强风险预警，坚决守住不发生系统性风险底线。③建立管用高效的医保支付机制。要聚焦临床需要、合理诊治、适宜技术，完善医保目录、协议、结算管理，实施更有效率的医保支付，更好保障参保人员权益，增强医保对医药服务领域的激励约束作用。④健全严密有力的基金监管机制。要织密扎牢医保基金监管的制度笼子，着力推进监管体制改革，建立健全医疗保障信用管理体系，以零容忍的态度严厉打击欺诈骗保行为，确保基金安全高效、合理使用。

（2）两个支撑：①协同推进医药服务供给侧改革。要充分发挥药品、医用耗材集中带量采购在深化医药服务供给侧改革中的引领作用，推进医保、医疗、医药联动改革系统集成，加强政策和管理协同，保障群众获得优质实惠的医药服务。②优化医疗保障公共管理服务。要完善经办管理和公共服务体系，更好提供精准化、精细化服务，提高信息化服务水平，推进医保治理创新，为人民群众提供便捷高效的医疗保障服务。探索建立共建共治共享的医保治理格局。规范和加强与商业保险机构、社会组织的合作，完善激励约束机制。

本章小结

本章回顾了中国劳保医疗、农村合作医疗的创建与发展过程，思考中国经济社会发展的背景和选择社会医疗保险的历史原因。总结职工基本医疗保险从免费行劳动保险向缴费行社会医疗保险转型的经验，分析社会统筹分担住院费用和个人账户支付门诊费用的制度安排的社会背景和改革趋势。根据医疗保障制度在“健康中国2030”规划中的功能、定位，分析医疗保障如何与医疗卫生体系协同发展，可以实现“可及、可负担、安全有效”的铁三角目标。

（杨燕绥　李超凡）

第三章　医疗保障体系建设

学习目标

1. 掌握　多层次医疗保障的定义、特征和社会基础。
2. 熟悉　多层次医疗保障体系的内容、结构和功能。
3. 了解　多层次医疗保障体系发生、发展与改革创新的过程。

第一节　医疗保障的定义和发展

一、医疗保障的定义和主要特征

在进入21世纪之际，世界卫生组织提出“让人人享有基本保健，拥有体面的、有质量的生活”，可以将其理解为医疗保障的定义。其主要特征如下：①覆盖全体居民，即全覆盖；②发展与国家经济发展水平相适应的基本保健服务体系，即保基本；③多项措施组合，包括医疗保险、医疗救助、商业健康保险，甚至包括免费医疗，即多层次。

20世纪70年代，面对国民不断增长的基本保健需求、医疗科技快速发展与转化带动医疗成本上升、人口老龄化带动慢病管理和长期照顾需求增加的三大挑战，发达国家在总结1883年建立基本医疗保险制度以来的经验和不足的基础上，在制度模式和管理体制等方面互相借鉴，纷纷对本国制度进行有机整合，以提高医疗保障的系统性、适用性和可持续性，多层次医疗保障制度体系在世界各国应运而生。

二、中国医疗保障的政治承诺

2016年6月，国际社会保障协会致信习近平主席，认为中国凭借强有力的政治承诺和诸多重大的制度创新，在社会保障扩面工作方面取得了举世无双的成就。同年11

月17日，国际社会保障协会（International Social Security Association，ISSA）将“社会保障杰出成就奖”（2014—2016）授予中华人民共和国政府。

1954年《中华人民共和国宪法》第九十三条规定：“劳动者在年老、疾病或丧失劳动能力时，有获得物质帮助的权利。国家举办社会保险、社会救助和群众卫生事业，并且逐步扩大这些设施，以保证劳动者享有这些权利”。此后，卫生、医疗和健康出现在中国共产党历届代表大会报告和全会报告中。关键词词频清晰地显示了在中国人均GDP从一千美元到一万美元的过程中，公共卫生、个人医疗和全民健康的发展路径（图3-1）。

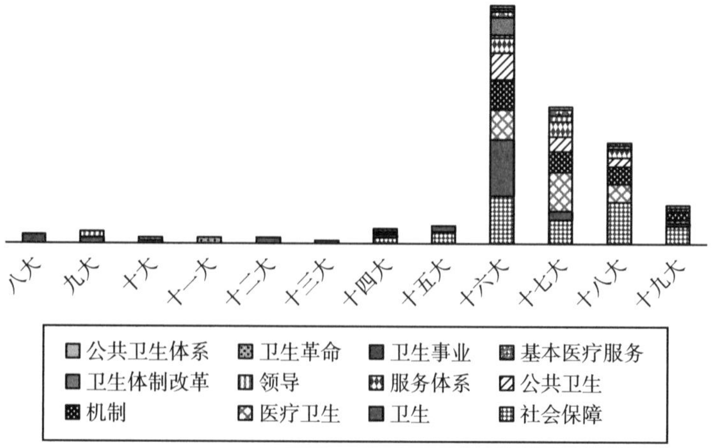

图3-1　中华人民共和国成立后中国共产党历届代表大会及全会报告中“医疗卫生”词频

党的八大到十五大（1956—2001年）期间的关键词是“公共卫生”。1973—1977年，将发展卫生事业列入“卫生革命”范畴。在十四大报告中首次提到“社会保障”。党的十六大（2002—2015年）期间中国全面建设小康社会，“个人医疗”提上议程，卫生事业出现19次、医疗卫生出现10次、公共卫生出现9次、农村合作医疗出现4次。首次提出“卫生体制改革”“公共卫生体系”“基本医疗服务”，分别出现6次、1次和2次。同时，体制机制改革出现10次、公共服务体系出现5次。党的十七大报告及其此后的全会报告中，医疗卫生出现13次，达到高峰。十八大报告及其此后的全会报告中，医疗卫生出现6次。党的十九大（2016年至今）之后的关键词为“健康促进”。党中央和国务院审议通过了《健康中国（2030）规划》，人民代表大会通过了《卫生医疗与健康促进法》，共同目标是建设一个优质高效的卫生医护体系。从十六大到十九大报告期间，机制问题分别出现10次、7次、6次、3次。2021年，国务院医改领导小组发布的40号文件提出：“由党政一把手亲自抓医改、一抓到底，由一位政府负责同志统一分管医疗、医保、医药工作，统筹协调‘三医’联动改革。”

我国实现全民医疗保障的政治承诺经历了公共卫生（30年）、个体医疗（30余年）和健康促进（近10年）三个发展阶段。主要特征与基本原则如下：①坚持党的领导与人民路线，及时总结经验和做出规划，动员社会力量和民众参与；②规范政府责任与社会治理，发挥公共财政和政府的动员与组织功能；③鼓励基于国情进行制度创新。

第二节 补充医疗保险及其发展

一、补充医疗保险的定义和特征

补充医疗保险是在基本医疗保险基础上，针对重疾风险进行二次分担的一种制度安排。主要特征：①发生在基本医疗保险不覆盖或者免赔范围，包括人群、费用（如封顶线以上部分）、诊疗项目（如罕见病）、药物（如高值药）等；②具有互济性、分担性、自愿性，既不是福利性，也不是救助性；通常用人单位或职工自愿参保，不能强制参保；③发起组织具有多样性，包括政府、用人单位、社会组织、商业保险公司等；④慈善捐助针对个人（不在本节研究范围）；⑤补充目标不同。基于基本医疗保险免赔额基础上的大病医疗保险，属于社会互济范畴。商业医疗保险针对个人医疗风险，提供个性化医疗保险、重疾保险、意外伤害等多种产品和服务，具有个性化补充作用。

二、补充医疗保险的发展

（一）探索期（1994—1998年）

1994年，国家体改委等部门发布的《关于职工医疗保险制度改革的试点意见》，规定“发展职工医疗互助基金和商业性的医疗保险，作为社会医疗保险的补充，以满足国家规定的基本医疗保障之外的医疗需求，但要坚持个人自愿参加、自主选择的原则”。该文件初步明确了补充医疗保险的形式和功能定位，即作为城镇职工医保的补充，满足基本医保之外的医疗需求，明确了补充医疗保险自愿参保的原则。

1997年，中共中央国务院颁布的《关于卫生改革与发展的决定》也提出“基本建立起城镇职工社会医疗保险制度，积极发展多种形式的补充医疗保险”，补充医疗保险的形式将不再局限于职工互助基金和商业医疗保险。

（二）发展期（1998年以后）

1998年《国务院关于建立城镇职工基本医疗保险制度的决定》（简称《决定》）规定了如下免赔责任：①统筹基金的起付标准和最高支付限额。起付标准原则上控制在当地职工年平均工资的10%左右，最高支付限额原则上控制在当地职工年平均工资的4倍左右。起付标准以下的医疗费用，从个人帐户中支付或由个人自付。②共付制。起付标准以上、最高支付限额以下的医疗费用，主要从统筹基金中支付，个人也要负担一定比例。③服务范围目录制。制定国家基本医疗保险药品目录、诊疗项目、医疗服务设施标准及相应的管理办法。④基本医疗保险实行定点医药机构管理，定点以外的医护服务需要自费。由此留下了发展补充医疗保险的空间。

1．大病补充医疗保险　主要指医疗费用超过封顶线后再次分担的制度安排。

（1）居民大病医疗保险

2010年前后，厦门市和太仓市等地区通过为城乡居民购买商业大额医疗保障或实行大病医疗费用梯度递增的报销方式，积极开展了建立大病保险制度的探索。2012年，发改委、卫生部和财政部等六个部委发布《关于开展城乡居民大病保险工作的指导意见》规定："采取向商业保险机构购买大病保险的方式。地方政府卫生、人力资源社会保障、财政、发展改革部门制定大病保险的筹资、报销范围、最低补偿比例，以及就医、结算管理等基本政策要求，并通过政府招标选定承办大病保险的商业保险机构。招标主要包括具体补偿比例、盈亏率、配备的承办和管理力量等内容。符合基本准入条件的商业保险机构自愿参加投标，中标后以保险合同形式承办大病保险，承担经营风险，自负盈亏。商业保险机构承办大病保险的保费收入，按现行规定免征营业税。已开展城乡居民大病保障、补充保险等的地区，要逐步完善机制，做好衔接。"

2015年，国务院发布了《关于全面实施城乡居民大病保险的意见》（国办发〔2015〕57号）规定："从城乡居民基本医保基金中划出一定比例或额度作为大病保险资金。城乡居民基本医保基金有结余的地区，利用结余筹集大病保险资金；结余不足或没有结余的地区，在年度筹集的基金中予以安排"，进一步稳定了大病保险的资金来源。

2021年6月，银保监会召开新闻发布会通报，居民大病保险是基本医疗保障制度的拓展和延伸，是对大病患者发生的高额医疗费用给予进一步保障的一项制度安排。截至2020年末，18家保险公司在全国31个省（区、市）开展了大病保险业务，覆盖了12.2亿城乡居民（包含部分城镇职工）。居民大病保险制度实施6年，累计赔付5535.88万人。从居民基本医疗保险基金中提取40~80元，基本医保分担比例平均提升了10%~15%，最高报销金额111.6万元，在一定程度行缓解了城乡居民因病致贫、因病返贫的社会问题。

（2）职工大病医疗保险

例如，北京市职工大病医疗保险、重庆职工大额医疗保险等。再如，深圳市在基本医疗保险内分设了大病统筹基金和社区门诊统筹基金，另外建立了地方补充医疗保险，在基本医疗保险支付目录外增加了支付范围。职工大病医疗保险的资金筹集、待遇清单、支付方式、经办机构属于地方管理，地区差异很大。

2. 医疗补贴

（1）公务员医疗补贴

2000年，国务院办公厅转发了劳动和社会保障部《关于实行国家公务员医疗补助意见的通知》，明确了公务员医疗补助的原则、范围、经费来源、保障范围、统筹管理方式和经办工作。但医疗补助是否针对大病并不明确。

（2）企业职工医疗补贴

2002年，财政部、劳动和保障部联合发布《关于企业补充医疗保险有关问题的通知》（财社〔2002〕18号）明确了补充医疗保险的参保方式（自主建立）、保障范围（补助城镇职工医保制度支付以外由职工个人负担的医药费用）、筹资水平（工资总额4%以内）和统筹管理方式（企业或行业集中使用和管理，单独建帐，单独管理）。2009年财政部、国家税务发布了《关于补充养老保险费、补充医疗保险费有关企业所得税政策问题的通知》规定“补充医疗保险费在不超过职工工资总额5%标准内的部分，在计算应纳税所得额时准予扣除”。但医疗补助是否针对大病并不明确。

3. 社会医疗救助

中华人民共和国成立后，医疗救助纳入社会保障体系在城市、农村、企业以各种方式发展起来。在农村人民公社的五保制度中包括“保医”，在城市居民最低生活保障制度中也包括医疗救助，在职工失业保险制度中包括医疗救助，在企业职工福利制度中包括医疗救助。

医疗救助是针对因病发生灾难性支出的家庭，通过政府和社会筹集资金，分担其医药费用或者全额支付医药费用的制度安排。医疗救助是医疗保障制度体系中的兜底性措施。主要特征如下：①救助对象主要是家庭人均收入低于最低生活标准的低保户、困难户成员和残疾人等弱势群体；②资金主要来源于财政拨款、福利彩票、国际组织援助和其他组织资金；③救助方式包括为救助对象缴纳医疗保险个人缴费、支付医疗保险封顶线之上的高额医疗费用、为危急重症患者或患重特大疾病的经济困难患者支付医疗费用等。

2003年，民政部、卫生部和财政部发布的《关于实施农村医疗救助的意见》（民发〔2003〕158号）规定：“农村医疗救助制度是政府拨款和社会各界自愿捐助等多渠道筹资，对患大病农村五保户和贫困农民家庭实行医疗救助的制度”，提出“力争到2005

年，在全国基本建立起规范、完善的农村医疗救助制度”。具体措施如下：①救助对象是农村五保户、贫困户或其他符合条件的农村贫困居民；②救助办法包括资助缴纳新农合保费、医疗费用救助和补助特定传染病救治费用；③救助基金来源于财政拨款、社会捐赠及其他资金；④地方政府负责制订农村医疗救助管理办法，民政部门管理，医疗卫生机构具体负责农村医疗救助服务。

2005年，民政部、卫生部、财政部等部门下发了《关于加快推进农村医疗救助工作的通知》，要求各地加快推进农村医疗救助工作。各省市区也纷纷制订了本省的实施办法，农村医疗救助在全国快速推广。

2005年3月，国务院办公厅转发民政部等部门《关于建立城市医疗救助制度试点工作意见的通知》（国办发〔2005〕10号），目标是“从2005年开始，用2年时间在各省、自治区、直辖市部分县（市、区）进行试点，之后再用2~3年时间在全国建立起管理制度化、操作规范化的城市医疗救助制度”。

2009年，为落实新医改方案，民政部等四部门印发了《关于进一步完善城乡医疗救助制度的意见》（民发〔2009〕81号），将城市和农村医疗救助并列，明确了城乡医疗救助的范围、方式、服务内容、补助方案、经办程序和基金筹资管理方式。2013年，财政部印发了《城乡医疗救助基金管理办法》（财社〔2013〕217号），合并了城市医疗救助基金和农村医疗救助基金。

2012年，各省开始开展重特大疾病医疗救助试点工作。2013年，国务院办公厅发布了《关于建立疾病应急救助制度的指导意见》（国办发〔2013〕15号），针对需要急救的患者因身份不明、无能力支付医疗费用的情况，建立疾病应急救助制度。

2015年，国务院办公厅转发了民政部等部门《关于进一步完善医疗救助制度全面开展重特大疾病医疗救助工作意见的通知》（国办发〔2015〕30号），提出整合城市医疗救助制度和农村医疗救助制度，全面开展重特大疾病医疗救助，扩大救助对象范围，资助参保参合，规范门诊救助，完善住院救助，健全筹资、即时结算、监管和衔接等工作机制。

虽然医疗救助覆盖面迅速扩大，救助人次大幅增加，救助标准不断升高，“一站式结算”和救助效率提升，但仍然存在医疗救助资金来源渠道单一、救助标准地区差异大、法制建设滞后、被动式救助成效不显著等问题，而且医疗救助制度与基本医疗保险制度的衔接和协同，始终是学术意见和政策制定的难点问题。

4. 慈善捐赠和医疗互助

慈善捐赠包括机构捐赠、纳税人捐赠和个人捐赠。捐助医疗的善款占慈善捐助资金总额的比例较高，慈善捐助基金管理机构包括官方机构和民间非营利机构。《中华人民共和国公益事业捐赠法》于中华人民共和国第九届全国人民代表大会常务委员会第十次会议通过，自1999年9月1日起施行。2006年，中国全社会的慈善捐赠总额是100

亿人民币。2014年，《中国慈善捐助报告》显示，我国境内接收国内外社会捐款捐物总额共计1042.26亿元。其中，医疗健康领域的捐款占比达37.1%，多流向西部贫困地区，以药品和医疗器具等物资捐赠为主，医疗设备捐赠占比低。2021，中国慈善联合会发布《2020年度中国慈善捐赠报告》数据显示，2020年我国共接受境内外慈善捐赠2253.13亿元人民币。

另外，在第三次分配中，基本保健服务的“圈基金”非常重要，是慈善捐赠和医疗互助中的重要组成部分（详见本章第四节）。

医疗互助意义广泛，包括工会举办的医疗互助基金、商业相互保险、医护义工义诊等多种形式。我国公立医院承担着国内国外赈灾义诊的责任，社会团体甚至个人参加赈灾义诊的事例很多。

知识链接 / 工会医疗互济项目

XM市总工会决定自2022年1月1日起，在该市职工中组织开展第十七期职工医疗互助保障活动。XM在职职工每人每年60元参加保障计划，最高可补助20万元。本次活动的保障对象为本市机关、企事业单位、社会团体、民办非企业单位（包括省部属在XM的单位）未达到法定退休年龄、身体健康的在职从业人员，可依据自愿原则，由职工本人所在单位工会统一组织参加保障活动。本期活动保障期限为一年。参保职工在保障期限内首次确诊罹患《办法》规定的重大疾病，给予一次性补助30 000元；职工住院医保起付线以上产生的个人自付部分，根据住院收费专用票据“个人自付”栏的金额，扣除超出普通住院的床位费用部分，按20%的比例予以补助，最高补助金额20万元，未经医保机构结算的全自费项目不在保障范畴。

知识链接 / 商业健康相互保险

国内ZH商业健康相互保险公司，经允许用一个儿童罕见病保费收入的8%建立综合医院儿科与社区家庭医生合作基金，举办50种儿科常见病培训和服务能力认证，并邀请妈妈客户参与项目管理，为信息平台建设的第三方付费，几方共同建立社会治理的理事会，建立支付方式，基金结余用于奖励参与管理的各方当事人，大大促进了社区儿科诊治能力，在松散型专医专科中嵌入了半紧密型利益机制。

第三节　多层次医疗保障体系建设

一、多层次医疗保障的定义和特征

多层次医疗保障体系即多主体、多层次、多功能协同发展的制度安排和操作平台。主体规范、层次合理、功能互补和一体化运行是构建多层次医疗保障体系的必要条件。

20世纪70年代以后，面对科技进步、人口老龄化和国民医护需求的不断增长，各国均按照“鸡蛋不放在一个篮子”的风险管理做法，构建多层次医疗保障体系，抑制单一制度安排的风险和局限性。主要特征如下：①按照收入划分。如德国试用以月收入5000欧元为界，以下者继续参加基本医疗保险，以上者可在基本医疗保险和购买商业健康保险二者选一，一旦退出基本医疗保险即不能再返回。②按照保障水平划分。基本医疗保险设定年度支付封顶线，以上部分由个人支付或者商业医疗保险支付。此外，商业健康保险还可以分担意外伤害、高值药品、个性化医疗服务的费用。实现人人享有基本医护的目标，需要分层筹资和分层供给。政府在承担基本医疗保障责任的同时，还有责任鼓励中高收入人群购买商业健康保险，满足其个性化、高标准医护服务需求，促进国家卫生医疗和健康产业高质量发展。

此前，在城镇化率和就业率较高的地区，如东莞市、深圳市、佛山市、金华市等地，通过分档缴费等方式，先行先试了职工和居民基本医疗保险的制度整合。主要措施如下：在建立基本医疗保险制度一体化管理体系和信息系统的基础上，统一职工医保和居民医保的基金池和医保目录，同时设置1~3个缴费与待遇档次，参保者可以选择一个缴费档次并享受相应的待遇。制定地方社会医疗保险办法，强制用人单位和职工按照国务院规定缴费和享有待遇，居民、灵活就业人员可以自行选择缴费档级。在深圳市，允许流动人口参加最低档级缴费，与家庭医生团队签约，实行首诊制和紧密型医共体内住院制（20种大病除外）。这些先行地区的探索，为未来全面建立全民一体化基本医疗保险和医疗保障制度积累了经验。

二、我国多层次医疗保障体系架构

党中央5号文提出：“坚持以人民健康为中心，加快建成覆盖全民、城乡统筹、权责清晰、保障适度、可持续的多层次医疗保障体系”，解决医疗保障发展不均衡、不充分的问题。医疗保障十四五规划提出：“以基本医疗保险为主体，医疗救助为托底，补充医疗保险、商业健康保险、慈善捐赠、医疗互助等共同发展的多层次医疗保障制度框架基本形成，更好满足了人民群众多元化医疗保障需求。统一的城乡居民基本医疗保险和大病保险制度全面建成。基本医疗保险统筹层次稳步提高。生育保险与职工基本医疗保险合并实施。长期护理保险制度试点顺利推进。”综上所述，中国多层次医疗保障体系架构见图3-2。

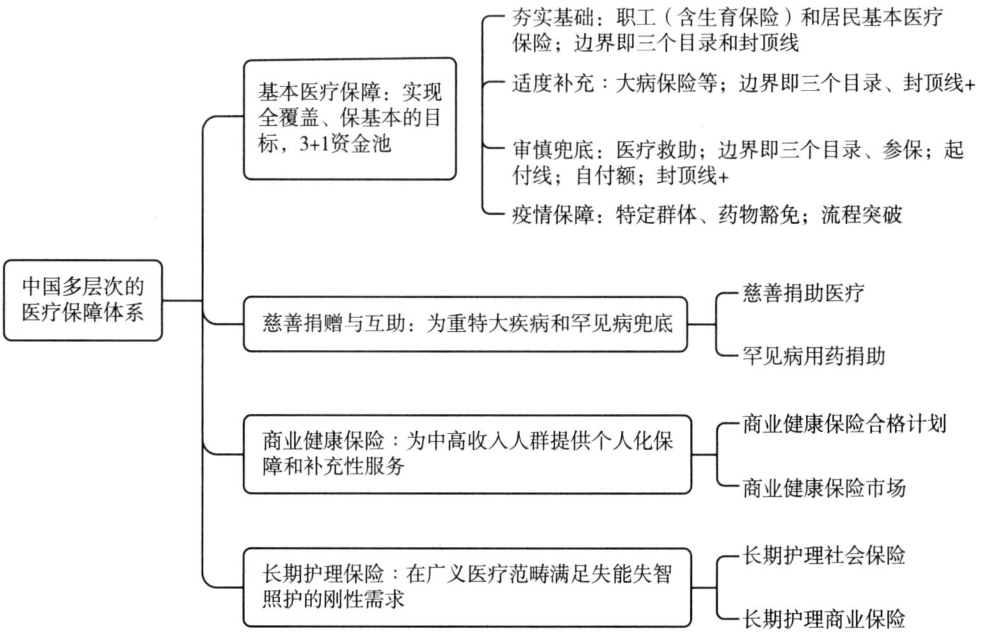

图3-2　多层次医疗保障制度架构和体系

三、完善基本医疗保障的主要措施

（一）整合三个制度

十四五规划提出完善基本医疗保障待遇保障的制度安排如下：①促进基本医疗保险公平统一。基本统一全国基本医疗保险用药范围，规范医保支付政策确定办法；坚持保基本定位，建立健全医疗保障待遇清单制度；合理确定待遇保障水平，做好门诊待遇和住院待遇的统筹衔接。②规范补充医疗保险。完善和规范城乡居民大病保险制度，加强与基本医疗保险和医疗救助的衔接，提高保障能力和精准度。逐步规范职工大额医疗费用补助、企业补充医疗保险等制度。③统一规范医疗救助制度。建立救助对象及时精准识别机制。实施分层分类救助，规范救助费用范围，合理确定救助标准。建立健全防范和化解因病致贫返贫长效机制，协同实施大病专项救治，积极引导慈善等社会力量参与救助保障，强化互联网个人大病求助平台监管。④完善疾病应急救助管理运行机制，确保需急救的急重危伤病患者不因费用问题影响及时救治。以上项目都属于基本医疗保障范畴，规范和整合包括：统一的城乡居民基本医疗保险和大病保险制度、职工基本医疗保险（含生育保险）制度，以及统一的规范医疗救助在内的三个制度的全面建成，可以提高基本医疗保障的保障水平，逐步解决发展不均衡和不充分的问题。

综上所述，需要规范3+1资金池的使用和监督。一要夯实基础，即规范职工和居民的基本医疗保险基金的使用和监督；二要统一和规范各类居民大病保险、职工大额医疗、公务员医疗补助及企业补充医疗保险的资金使用和监督；三是各类医疗救助的公共基金的使用和监督；四是建立完善在发生重大疫情期间，针对特殊人群和医药的特殊支付政策。

（二）具体措施

1. 统一待遇清单制度　对下述三个项目：①城乡居民基本医疗保险和大病保险，②职工基本医疗保险（含生育保险），③各类医疗救助基金，执行统一的基本医疗保障待遇清单制度。统一目录、统一支付方式、统一结算流程、经办管理和监督机制，避免断档和重复，为参保患者造成不便。建立分层次支付机制，大病保险实施二次给付、社会救助实施三次给付。

知识链接／医院为患者办理分解住院手续的原因

2016年，国家卫健委对县域公立医院进行评估。在海南省L县某公立医院发现，住院患者孙先生患恶性肿瘤，在2016年8月16日办理出院手续，次日又办理了入院手续，违反了医疗保险关于禁止分解住院的规定。分解住院是指医院在住院患者尚未痊愈的前提下，为患者办理多次出院、住院手续的行为。其实这位患者并没有离开医院。医院为其分解住院的原因是什么呢？孙某属于贫困户，按照当地民政部门的有关规定，他需要带着出院证明去申请医疗救助资金。该医院为了孙某能够支付住院的医疗费用，不得不为他办理了分解住院手续。

2. 适度发展大病保险　在实施病组支付和协议定价与带量采购之后，应当将超封顶线、自付比例纳入对医保医师和医保定点服务机构的监督和绩效考评，控制大病发生率。在不增加企业负担的基础上，建立适度的筹资机制。未经国家医疗保障行政部门批准，不得随意建立大病保险项目。

3. 提高医疗救助绩效 2020年2月25日，中共中央国务院发布《关于深化医疗保障制度改革的意见》(以下简称《意见》),《意见》提出:“健全统一规范的医疗救助制度的要求。”《医疗保障法（征求意见稿）》第十九条规定:“县级以上人民政府应当健全医疗救助制度，为符合医疗救助条件的困难人员实施资助参保和直接医疗费用救助。医疗救助对象、救助方式和救助费用范围，按照国家有关规定执行。医疗救助基金通过财政补助、彩票公益金、社会捐赠等多渠道筹集。县级以上人民政府根据经济社会发展水平和医疗救助基金筹集情况，科学合理确定医疗救助标准。”国家医疗保障局、财政部《关于建立医疗保障待遇清单制度的意见》(医保发〔2021〕5号）规定，纳入国家医疗保障待遇清单（2020版）的内容包括医疗救助，一是对救助对象参加居民医保的个人缴费部分给予资助；二是对救助对象经基本医疗保险、补充医疗保险支付后，个人及其家庭难以承受的符合规定的自付医疗费用给予救助。

具体措施如下：一是建立全国统一和兼顾地方情况的救助对象及时精准识别机制，如家庭经济状况调查制度和灾难性医疗支出核定标准；科学确定救助范围，建立阶梯式救助政策，解决“三只羊”断崖问题（如果拥有三只羊以下的为贫困户，拥有四只羊的家庭即得不到救助，人们可能为此杀掉第四只羊)。二是全面落实资助重点救助对象参保缴费政策，健全重点救助对象医疗费用救助机制。三是建立防范和化解因病致贫返贫长效机制，增强医疗救助托底保障功能，通过明确诊疗方案、规范转诊等措施降低医疗成本，尝试建立平价病床制度。四是提高年度医疗救助限额，合理控制贫困群众政策范围内自付费用比例。

知识链接 / 新加坡医疗救助与平价病房

新加坡的医疗保健制度分为三个层次。一是急诊急救，覆盖所有新加坡公民；二是全国性保健储蓄计划，于1984年4月1日开始，要求每个就业的公民每月把部分收入存入自身保健储蓄账户，以支付自己及其家属未来的医药费用；三是健保双全计划和乐龄健保计划，可以分担重大疾病或顽疾的医药费用。最后，政府还设立了保健基金，在享受其他层次保障后仍无力支付应负担的医疗费用时可以获得资金援助，援助金根据申请者的家庭境况和现有条款而定。同时，新加坡政府在非营利医院中购买平价病房，为援助金获得家庭提供质量可靠、成本低的医护服务。

4. **疫情制度保障**　《医疗保障法（征求意见稿）》第二十四条："国家完善重大疫情等紧急情况医疗救治费用保障机制，健全医疗救治医保支付政策，统筹做好医疗保障基金和公共卫生服务资金等使用。"具体措施如下：一是统筹医疗保障基金和公共卫生服务资金使用，提高对基层医疗机构的支付比例，实现公共卫生服务和医疗服务有效衔接，打造一防、二控、三救治的公共卫生、疫情防控和基本保障医防融合、平战结合的服务体系。二是为应对突发性重大情况等确有必要突破国家清单限定的，要及时向国务院医疗保障行政部门和财政部门报告。

国家规定的民族药纳入医保药品目录等特殊政策措施，以及基本医保省级统筹等重大政策调整，要在向国务院医疗保障行政部门和财政部门报告后，按规定推进并备案。具体措施如下：①确保医疗机构先救治、后收费；②健全重大疫情医疗救治的医保支付政策，完善异地就医直接结算制度，确保患者不因费用问题影响就医；③探索建立特殊群体、特定疾病医药费豁免制度，有针对性免除医保目录、支付限额、用药量等限制性条款，减轻困难群众就医就诊后顾之忧。

第四节　慈善捐赠与互助医疗

慈善捐赠包括机构捐赠、纳税人捐赠和个人捐赠。捐助医疗的善款占慈善捐助资金总额的比例较高，慈善捐助基金管理机构包括官方机构和民间非营利机构。

一、慈善捐助为罕见病兜底

2020年3月5日，中共中央国务院正式发布《关于深化医疗保障制度改革的意见》（以下简称《意见》），《意见》提出："探索罕见病用药保障机制。"目前，在中国，已有江苏、浙江、广东等部分经济发达地区将近30种罕见病用药纳入医保支付范围。在国家实行统一待遇清单制度之后，应当统一考虑罕见病用药保障机制。主要措施如下：①基本医疗保险分担基本保障范围以内的部分，如当地社会平均工资的4~6倍；社会医疗救助分担剩余部分或者一部分；②有条件的家庭购买商业医疗保险，再分担剩余部分；③通过社会捐助分担剩余部分，为患者和困难家庭兜底。但是，应当建立"基本医疗保险支付额/占比、社会救助支付额/占比、商业保险支付额/占比"依次支付的信息，再发动社会捐助。

案例讨论

【案例】深圳市白血病患者罗××患上白血病，2016年11月23日住进重症监护室。26日罗××家长罗先生一篇名为《罗××，你给我站住》的文章引发网友纷纷慷慨解囊，通过微信及公众号捐款，罗先生及某P2P营销公司公众号在收到捐款270万元时紧急叫停捐款。

11月30日，舆情忽然反转，有网友开始质疑罗先生有3套房产1辆汽车，深度参与此事件的P2P公司是“带血营销”“透支善意”。罗先生列出了各种理由解释房产无法变现的原因，并表示希望通过小范围筹集30万~50万元，再加上P2P公司承诺的一对一配捐数额（最高额50万元）来保障罗××的治疗费用。

11月30日傍晚，深圳市社保部门公布，罗××在2016年9月8日至今三次住院，共产生医疗费用20.42万元，医保范围内费用18.41万元，医保记账16.81万元，个人现金支付3.62万元。网友进一步质疑罗先生，在网上求助时是否知道医疗费用开支情况。深圳民政局调查之后表示，网友微信赞赏不是募捐行为，可能公众以为是募捐行为。律师认为，慈善法没有限制个人求助。

【讨论】该事件暴露出来的主要问题是缺乏规范的信息披露和捐助秩序。首先，应当建立统一公开的医疗求助信息平台，禁止由盈利机构经营。其次，披露求助者医疗费用需求和专业机构的证明。最后，进入费用支付情况的信息披露，第一顺序是披露基本医疗保险支付情况；第二顺序是披露个人家庭资产状况、购买商业健康保险和支付情况；第三顺序是社会医疗救助的支付情况；第四顺序是进入社会捐助过程。

二、培育基本保健服务的“圈基金”

伴随人均GDP的增长和高收入人群的增加，人们会抱怨高收入的税负太重、公共财政投资社会服务不足等。一些发达国家通过税制改革，允许个人选择个人所得税的税点，并将达到一定税点之后的收入放入自愿发展基金（voluntary fund），用于发展社会服务。这类基金成为发展公益医院，特别是社区医院的主要资金来源。2014年春，这一发展趋势的一个表现是“捐赠圈”（giving circles）和“圈基金”的兴起。

圈基金即指具有共同社会服务偏好的个人，将资金投入一个资金池，组织理事会，投票来决定如何投资和管理公益性社会服务企业。圈基金并非慈善捐赠，是第三次分配的主流制度安排。这也引起公益项目投资“主导权”的争论，只有创新性政府才有税制改革的勇气，最终通过法律加以规范。中国民营非营利企业因缺乏持续的公益资金投入而难以生存。

《意见》提出：“鼓励社会慈善捐赠，统筹调动慈善医疗救助力量，支持医疗互助有序发展。”《医疗保障法（征求意见稿）》第二十二条规定：“慈善医疗救助款项筹集及使用按国家有关规定执行。”创新慈善医疗新局面的主要措施如下：①深化税制改革和制定自愿发展基金法律法规。在经济发达地区先行试点，通过企业捐赠、纳税人捐赠和个人捐赠，建立自愿发展基金和投资项目的管理模式，为发展公益性社会服务提供资金，走出非财政即市场的困境。②大力培养医务社工。医务社工包括专职服务和兼职服务，让其成为家庭医生的助手、养老机构的业务骨干，为发展慈善医疗救助和支持医疗互助培育人力资源。这应当成为健康中国重要组成部分。③将慈善医疗资金和医疗互助行动计划纳入中国优质高效医护服务体系建设，建立统一公开的信息平台和规章制度，为重症和罕见病家庭提供社会捐助的兜底保障。

第五节　商业健康保险

一、商业健康保险的定义和特征

以被保险人的身体为保险标的，保证被保险人在疾病或意外事故所致伤害时的直接费用或间接损失获得补偿，包括意外伤害保险、疾病保险、医疗保险、医疗责任险、收入保障保险和长期照护保险等。

商业健康保险的主要特征：①针对个人风险，由个人购买，主要覆盖中高收入人群；与大病保险不同，在基本医疗保障的基础上，商业健康保险的价值是发挥个性化补充作用；②商业健康保险的标的十分丰富，可以广泛的、持续的根据消费者需求进行开发；从医疗保险、重大疾病保险、意外伤害、疾病赔偿、经济补偿到健康管理；③商业健康保险市场包括个人购买者和团体购买者，团体保险丰富了员工福利；④商业健康保险理赔方式多样化，包括理财型产品、保障型产品、相互保险型计划等，发展空间大于基本医疗保险；⑤商业健康保险与基本医疗保险具有同样的健康大数据需求，一要建立信息安全保障机制，为商业健康保险合法使用二手数据打开通道；二要选择优质商业健康保险公司与基本医疗保险建立合作机制，共同开发和使用建立医疗保险智能监控与评估平台，共同使用医疗大数据决策。

二、我国商业健康保险的发展

社会医疗保险和商业健康保险本是两条轨道上跑的车。20世纪70年代以来，面对国民不断增长的基本保健需求、日益增高的医疗成本、人口老龄化提出的长期照护需要，各国政府在提供公共品的基础上，开始探索通过多种组织形式、有效地生产各种准公共物品。政府通过减免税收、联合营销等方式共同举办医疗保险合格计划。在合格计划内，由总额预算、收入和支出计划，对商业保险公司减免税收和规定成本与利润空间，最终实现政策目标、公众利益和商业保险公司共赢。

20世纪80年代，我国商业健康保险开始发展。1983—1985年，上海市试办的合作社职工医疗保险、母婴安康保险、合资企业中国职工健康保险是较早的商业健康保险。1990年以后，保险公司也推出了中小学生平安保险、住院医疗保险、综合医疗保险和防癌保险等险种。

1998年以后，商业健康保险开发了与城镇职工医保相衔接的补充医疗保险，如住院安心保险、团体高额医疗保险等，同时引入了重大疾病保险，20多种疾病保险上市，极大地激发了市场需求。商业保险主体也不断增加，非国有商业保险公司成立。

2002年修订的《中华人民共和国保险法》，允许“经营财产保险公司业务的公司经保险监督管理机构核定，可以经营短期健康保险业务和意外伤害保险业务”，促进了健康保险市场的竞争。2005年，中国保监会批准设立了5家专业健康保险公司，商业健康保险逐渐走向专业化发展。同时，各类险种也快速增加，越来越多样化，开发了失能收入损失责任险和长期护理责任保险等产品。

2006年9月，中国保监会颁布了规范商业保险的部门规章《健康保险管理办法》，并在2019年进行了修正。2009年新医改意见等一系列利好政策密集出台，对商业保健保险发展给予了大力支持。2014年11月，国务院办公厅发布了《关于加快发展商业健康保险的若干意见》(国办发〔2014〕50号)，明确了商业健康保险的定义、功能定位，并且从扩大商业健康保险供给、推动完善医疗保障服务体系、提升管理和服务水平和完善发展商业健康保险的支持政策等方面加强了顶层设计，对商业健康保险的发展具有重大指导意义。2015年5月6日，国务院常务会议决定试点对购买商业健康保险给予个人所得税优惠，每人每年享受的税前扣除限额为2400元。2019年修订了《健康保险管理办法》(表3-1)。

表3-1　商业健康保险核心政策总结

时间	政策依据
2006年9月	《健康保险管理办法》
2014年11月	国务院《关于加快发展商业健康保险的若干意见》
2019年10月	《健康保险管理办法》修订版

商业健康保险行业发展面临如下挑战：①产品开发能力不足。由于很难获取完整的健康和医疗数据，影响到健康保险产品开发的针对性，并制约了产品的开发速度和能力；②运营模式创新动力不足。商业健康保险需要走出传统寿险和财险的运营模式，从理赔支付型向健康管理型转变。目前中国大多数商业健康保险公司尚不具备这种创新的积极性和能力。

三、商业健康保险的补充保障功能

1. 国外经验

（1）按人群划分：以美国为例，在职员工由雇主购买商业健康保险，同时缴纳社会医疗保险费，退休后享有社会医疗保险。

（2）按收入划分：以德国为例，鼓励月收入5000欧元以上的职工直接购买商业健康保险。

（3）按待遇划分：以中国为例，基本医疗保险覆盖全体国民。鼓励中高收入人群购买商业健康保险，对接医疗机构的特需服务。

2. 国内政策　《意见》规定："到2030年，全面建成以基本医疗保险为主体，医疗救助为托底，补充医疗保险、商业健康保险、慈善捐赠、医疗互助共同发展的医疗保障制度体。"截至2020年底，市场上经营健康保险的公司总计150余家。2012—2020年，商业保险公司承保全国90%以上的居民大病保险业务，服务人口超过10.7亿人，保费收入达389亿元。2021年，各地政府和商业健康保险合作开发了一系列惠民保类产品，是地方政府、基本医疗保险和商业健康保险合作的开端。

《意见》提出："加快发展商业健康保险。"《医疗保障法（征求意见稿）》第二十一条规定："国务院医疗保障行政部门会同有关部门规范商业健康保险管理，突出健康保险产品设计、销售、赔付等关键环节监管，提高健康保障服务能力，推进商业健康保险有序发展。"

3. 主要挑战和改革措施　发挥商业保险补充保障功能存在如下挑战：①与医疗服务机构衔接不紧密。我国公立医院管理体制存在不确定性，公立医院能否承接由商业保险支付的特需服务尚未确定。社会办医规模较小，商业健康保险发展的市场规模存在不确定性。②与基本医疗保险衔接不紧密。一方面，基本医疗保障与商业健康保险之间边界模糊、定位不清，缺乏法律定位和协调机制。另一方面，社商合作的信息互联、数据互通、合作互信缺乏可行办法和实际措施。

改革的主要措施：①发挥税优政策的激励作用。通过税收改革，建立用人单位、职工和居民购买商业健康保险的激励机制。②激励商业健康保险运行模式创新，走出寿险和财险的困区，激励适合健康管理的商业健康保险的运营模式，研究扩大健康保险产品范围，支持商业保险公司扩大重疾险、长期护理等保险产品范围。③在疾病风险较大的领域，探索运行社会医疗保险与商业健康保险合作的普惠型合格计划。在此基础上，鼓励商业健康保险公司开发满足高收入人群的健康保险产品和针对个人和家庭的综合理财规划服务。④社会医疗保险经办机构选择优质的商业健康保险公司联合共建医疗保障信息平台和数据库，在保障信息安全的基础上，建立社会医疗保险使用一手数据和商业健康保险使用二手数据的医疗与健康数据管理体制。

第六节　长期护理保险

一、长期护理保险的定义与特征

长期护理保险即向用人单位和职工或者向全体居民征缴费用，建立专用基金，分担失能失智老人照护费用的保险制度。

长期护理保险的主要特征如下：①保障对象是高龄失能失智老年人，德国、日本等先行进入高度人口老龄化社会的国家数据显示，80岁以上年龄的长期照护需求为20%左右。②保险标的介于医疗照护和生活照护之间。医疗照护以专业机构为主，生活照护以家庭为主。美国“综合性老人健康护理计划”的创新价值在于，大力发展院外康复护理，促进社区照护中心和家庭病床建设。③长期照护属于广义医护范畴，确定保险理赔标准没有临床数据，需要开发失能失智和伴随症状的评估标准和评估记录。伴随国民预期寿命的不断延长，其评估标准需要与时俱进的发展。

以阿尔茨海默病（Alzheimer disease，AD）为例，它是一种发生于老年期的以进行性认知障碍和记忆力损害为主的中枢神经系统退行性病变的疾病，自然病程3~15年。2016年，WHO发布的全球前十位死因显示AD排第六位，全球死亡人数超过200万。中国精神卫生调查的数据显示，AD终生患病率75~79岁人群为8.10%，80岁及以上人群为17.25%。

二、全球长期护理保险的产生与发展

失能失智照护发展经历三个阶段：第一个阶段，主要由家庭照护；第二个阶段，伴随慢性病管理一些失能失智症状被纳入临床治疗范畴，由基本医疗保险基金支付，由此延长了住院日和医疗费用增加；第三个阶段，将长期照护纳入广义医护范畴，从狭义医护范畴中挪出，不再由医疗保险基金支付，另立评价标准、照护规范以建立长期护理保险制度。长期照护服务业兴起，其产值占GDP的0.5%~2.0%（表3-2）。

表3-2　高龄失能失智长期照护需求与产值的变化

发展阶段	国民平均预期寿命	长期照护产值
初级人口老龄化社会 1950年以后	70~75岁	占GDP的0.5%
中度人口老龄化社会 1970年以后	75~80岁	占GDP的1.0%
高度人口老龄化社会 2010年以后	80岁以上	占GDP的2.0%

注：根据OECD官方数据库自制。

三、中国发展长期护理保险的思考

中国人口老龄化发展速度快、程度深，企业五险一金缴费负担重，建立长期护理保险的筹资制度是个挑战。

具体措施：①坚持全覆盖、保基本的原则，建立基准费率制度，规范缴费基数政策，合理确定费率，实行动态调整。均衡个人、用人单位、政府三方筹资缴费责任，优化个人缴费和政府补助结构，研究应对老龄化长期照护负担的多渠道筹资政策。②借鉴德国经验，将长期护理保险筹资缴费与家庭生育关联，增加生育少和不生育家庭的缴费责任。③尝试建立社会长期护理保险和商业长期护理保险合作的普惠型合格计划，满足社会大众购买长期护理保险的需求。科学拟定费率、免税额度和各自的支付范围，合理确定商业保险公司的成本和利润，建立多方共赢的运营机制。在此基础上，鼓励商业健康保险公司开发满足高收入人群的长期护理保险产品和针对个人和家庭的综合理财规划服务。

知识拓展 / 相互保险嵌入专科医生联盟的多元价值

相互保险指具有同质风险保障需求的单位或个人，通过订立合同成为会员，并缴纳保费形成互助基金，对合同约定风险损失承担赔偿责任的保险组织。相互保险起源于中世纪欧洲的基尔特组织——为会员及其家庭成员在生老或病亡时提供经济保障的行会。在中国，各类互助计划历史悠久，农村合作医疗取得举世无双的成功。2015年1月23日，中国保监会出台了《相互保险组织监管试行办法》。

HX妇儿家庭医生互助计划的运行模式如下：①高新区政府主导、政策扶助、搭建平台。根据《CD高新区关于开展“华西妇儿互助计划”分级诊疗项目的实施意见（试行）》，组织区域内7家社区卫生服务中心、70余名基层医生深度参与，为区域内现役军人、残疾人、低保家庭三类人群购买和免费赠送“HX妇儿家庭医生互助计划”服务包和ZH保险的普惠宝产品，同时实施监管职能。②ZH相互保险公司提取保费的8%建立互助基金，将松散型专医专科联盟转化为半紧密型利益共同体。在会员公约中明确各方责权利，资金支付HX医院提供培训和考核的费用、社区家庭医生签约费、信息系统服务费、妈妈团成员参与管理补贴等。商业健康保险公司介入了健康管理的全过程。③HX医院的19名儿科专家团队共同制定《妇儿联盟培训及考核体系》《妇儿联盟社区儿科医生结构化病历填写规范制度》《妇儿联盟社区儿科医生规范化转诊和处置制度》等文件，向高新区社区卫生服务中心的家庭医生进行50类幼儿普通常见多发病诊疗技能培训，向达标者赋予“联盟考核资格认证书”，HX医院挂号池中预留“HX妇儿联盟”专号，对疑难危急重症患儿就诊、住院提供优先服务。④家庭医生提高首诊能力、获得居民信任。续约率高，收入水平逐渐增加，基层就诊率达到97%以上。

本章小结

本章内容回顾了我国从社会医疗保险向多层次医疗保障制度体系发展的社会背景和发展目标。从补充医疗保险、商业健康保险、社会捐助几个层面描述了多层次医疗保障的内容、结构和互补功能。学生应学习商业健康保险创新的国际文献，思考中国商业健康保险运营模式创新问题。

（杨燕绥　于　森）

第四章 医疗保障法治

学习目标

1. 掌握 医疗保障法律、法制和法治的基本原理，提高医疗保障法治意识。

2. 熟悉 医疗保障法律法规的主要内容、医保服务协议的主要条款，提高依法办事能力。

3. 了解 国家医疗保障立法的主要内容和法治规划，提高学习和使用能力。

第一节 医疗保障法治原理

1999年《中华人民共和国宪法》修正案明确提出："中华人民共和国实行依法治国，建设社会主义法治国家。"十九大报告重申全面依法治国，推进科学立法、严格执法、公正司法、全民守法。

一、法律、法制和法治的关系

法律是由国家按照法定程序制定的，调整社会关系的法律规范的总称。法是人们对公平、公正的认知、共识和妥协。法制即指法律制度化，包括立法、执法和司法。法治即指依法治理，更强调执法的科学性，既强调法律的权威性，也尊重民主协商的重要性。法制内涵是指法律及相关制度，法治内涵是依法办事的治国理论、原则和方法，以及全民守法的过程。建立医疗保障法治，法律和法制是前提要件，法治是过程要件。

社会主义法治国家的主要特征：①有完备的法律体系。宪法和法律具有最高权威性。②坚持"民主的法制化"和"法制的民主化"。③国家的权力监督和制约机制形成良性循环。④依法行政、公正司法是有效的保障。⑤在尊重和约束中建立法治，保障人民生活幸福。

在多层次医疗保障体系中，参保患者、医药机构和医疗保险基金同属利益相关人，包括民营医护机构和商业医药机构、商业健康保险等，应当建立长期合作与实现利益共赢的社会关系和制度安排。

医疗保障法治需要硬法和软法有机结合建立三个机制。一是在智能监控系统下，建立各类利益相关人的自律环境和信用管理机制；二是基于医疗保障协议，建立当事人之间的相互约束机制；三是建立行政监督与执法的底线机制。

二、法律与法制的基本原理

社会里自然存在依赖自律形成道德规范和乡规民约，由此规范社会关系和建设家园。当商品交易混乱、社会财富分配不公、环境污染到了危及经济秩序和社会稳定时，人们则不得不依赖国家强制力工具制定财富分配原则和行为规范。法律是在人们认知、共识和妥协基础上达成的，调整社会关系的行为规范的总和。

（一）基本定义

法律是基于国家发展宗旨和目标，通过立法程序和立法机构制定的，调整社会关系的法律规范的总称。法制是法律的制度化。

有法可依的社会关系即法律关系。法律关系由相应的主体、内容和客体构成。以医疗保险法为例，其主体是医疗保险的参与者，内容是医疗保险资金筹集、管理、待遇、支付和评估，客体是医疗保障定点医药机构的服务。

法律规范存在于法律文件的条、款、项当中。一个法律条文可以包含多个法律规范，如《医疗保障基金使用监督条例》第十一条包含三个“应当”，即医疗保障经办机构应当与定点医药机构建立集体谈判协商机制，合理确定定点医药机构的医疗保障基金预算金额和拨付时限，并根据保障公众健康需求和管理服务的需要，与定点医药机构协商签订服务协议，规范医药服务行为，明确违反服务协议的行为及其责任。医疗保障经办机构应当及时向社会公布签订服务协议的定点医药机构名单。医疗保障行政部门应当加强对服务协议订立、履行等情况的监督。一个法律规范可能存在于多个法律条文当中，如解除合同需要具备法定原因、提前告知、承担赔偿责任、免责条件等法律规范。

法律规范的行为规则包括三种情况：①授权性规范，法律用语为“可以”、“有权”，由当事人自己决定是否作为；②命令性规范，法律用语为“应当”和“必须”，约束当事人必须作为，不作为即可能损害他人利益，将被矫正和惩罚；③禁止性规范，法律用语为“不得”，一旦作为即可能侵害他人权益，将受到法律制裁。

（二）法律渊源

法律渊源即指法律存在的地方。法律渊源包括母法、硬法和软法。宪法即是母法。硬法即指国家立法，如《医疗保障法》，上位法包括行政法律、民商法律、社会法律、诉讼法，统称国家基本法；加上国际法律，共五大部门。下位法包括国务院行政法规和地方立法。基于国家基本法，地方立法机构和政府根据国家基本法的授权制定地方条例、制定实施细则和针对地方特殊情况制定地方法律法规。

软法即指公约、协议与合同，乃至规章制度和乡规民约等。医保定点服务协议是医疗保障法治保障的重要内容。

成功的政策是立法的假定，这是中国法治建设的特色。首先，将公共选择通过党中央决议、决定的方式达成共识。其次，在国务院各部门，中央、地方、基层各级政府之间达成共识，并经过试点和经验总结，具有了可操作性。最后，将相关议题纳入立法程序。综上所述，党中央决议和决定具有方向性和指导性，国务院规范性文件具有很强的执行性。

（三）法律部门

法律部门是指根据一定的标准和原则，按照法律调整社会关系的不同领域和不同方法等所划分的同类法律规范的总和。按照社会关系进行划分，法律部门包括：以行政法为龙头的公法部门；以民法典为龙头的私法部门；以劳动法和社会保障法为核心的社会法部门。医疗保障法属于社会法部门。

1. 公法的主要特征　古罗马法学家乌尔比安说“公法是关于罗马国家的法律”。大陆法系国家普遍认为，公法是调整国家和公共利益的法律规范的总称。一方主体应当是国家和国家行政机构（政府），与另一方主体一般是不平等的隶属或服从关系，公法否定私法自治，以强制性规范为主。

2. 私法的主要特征　古罗马法学家乌尔比安说“私法是关于个人利益的法律”。以民事权利为本位，主张民事权利人人平等。民法是调整市民之间私人利益的法律规范的总称。私法强调市民社会的意识自治和市民社会人的价值。

3. 社会法的主要特征　社会法是社会群体之间平等协商、达成合意、实现共赢的法律规范的总称。一方面，社会法具有“非公非私”的特征，即非垂直的领导关系，也非个人交易关系。另一方面，社会法具有“亦公亦私”的特征，为保护特定群体利益（如参保人和医疗保险基金）需要加强政府管理和监督的话语权，为实现特定机构和个人的合法权益需要有依法维权的制度通道。在工业经济早期，保护失去土地的农民和新兴的工人阶级是社会发展的主要问题，劳动法与社会保障法应运而生。在城市化和互联网社会，社会法是调整社会群体之间利益关系的法律规范，如医生和患者是两个社会群体。伴随城市化的发展，社会法是公法和私法之间快速发展的第三法域，也称法治的海绵地带。政府和市场均有边界和刚性，社会契约、社会法律和社会治理建设韧性城市的必要条件。

（四）实体法与程序法

法律文件包括规范权利义务内容的实体法和确保实现权利义务内容的程序法，可能分体立法，也可能合体立法。例如，行政法和行政诉讼法即分体立法，民法典和民事诉讼法也是分体立法；而医疗保障法属于合体立法，即一部法律覆盖了实体法、程序法、法律责任和罚则等内容。

三、医疗保障法治的基本问题

法治即指依法治理。在利益相关人之间依法建立长期合作与实现共赢的制度安排和实施过程。主要特征如下。

1. 多重利益相关人 医疗保险法律主体涉及的利益相关人较多。包括如下主体：①保障发起人，以人民政府的医疗保障行政机构为主，还包括其经办机构（医疗保障中心）、执法机构（医疗保障执法所）和征收保费的税务机构，以及医疗保障行政机构委托经办的相关机构；②医药服务机构，即指定点医疗机构、定点零售药店，依托其实体医疗机构申请签订补充协议的互联网医院，以及在医养机构内设立的医护机构；③参保缴费人，包括用人单位、职工个人、自由职业者、居民等，乃至取得在中国就业绿卡的外籍职工和经济活动人士；④受益人，包括参保患者及其供养的家庭成员；⑤医药供给商，包括国内企业和国外企业。还有第三方服务机构、评估机构具有相关利益。

2. 有法可依 医疗保障法是调整医疗保障领域的社会关系的法律规范的总称。1883年，德国雇员医疗保险法的颁布与实施标志医疗保障法的起源。随后，奥地利在1888年立法、瑞典在1891年立法、丹麦在1892年立法、挪威在1909年立法、英国在1911年立法、意大利在1912年立法、荷兰在1913年立法、日本在1922年立法、智利在1924年立法、法国在1928年立法、西班牙在1929年立法，此后均进行多次修订。

1954年《中华人民共和国宪法》第九十三条提出："中华人民共和国劳动者在年老、疾病或者丧失劳动能力的时候，有获得物质帮助的权利。国家举办社会保险、社会救济和群众卫生事业，并且逐步扩大这些设施，以保证劳动者享受这种权利。"此条款在我国后续各版本宪法中得以保留并不断完善，是我国制定医疗保障法律法规、政府规范性文件的宪法依据。在实践中，需要认真区分和处理违法责任、违规责任和违约责任。

3. 合作机制

（1）依法建立医疗保险制度，强制或者半强制用人单位和职工及其居民参保和缴费，依法制定缴费基准、待遇清单、监督机制，依法委托法定经办机构或者社会自治经办机构实施公共管理与服务，政府承担管理与监督责任。

（2）以公益医护机构为主，提供基本保健服务，在医疗保险基金经办机构和医护机构、药店之间试行优选定点服务和订立服务协议，建立平等协商与相互制约的社会契约机制。

（3）建立药物目录、定价机制和集体采购的准市场运行机制，确保药物供给。综上所述，医疗保障法属于社会法范畴，是宪法的延伸、社会法的龙头法、行政法和民法的补充。以德国为例，社会法编纂的第五编是医疗保障法。

第二节 医疗保障社会治理

《中共中央国务院关于深化医疗保障制度改革的意见》（中发〔2020〕5号）（以下简称党中央5号文）提出："持续推进医保治理创新。推进医疗保障经办机构法人治理，积极引入社会力量参与经办服务，探索建立共建共治共享的医保治理格局。"医疗保障涉及参保人和医疗保障基金、医药机构和产业发展等社会群体利益和社会发展问题，需要通过社会契约精神、社会法治和社会治理打造具有韧性的制度体系，从而克服政府刚性和市场刚性导致的治理能力不足问题。

一、社会治理原理

社会治理是利益相关人长期合作与实现共赢的制度安排和实施过程。在社会治理中，不仅需要政府代表公共利益，如人民的生命安全；还需要保护社会群体利益，如医生利益、患者利益；并在社会群体之间达成相互妥协和达成共识，进一步维护公共利益，共同建设医疗保障制度体系。

多层次医疗保障体系涉及基本医疗保险、商业健康保险、慈善医疗捐助者，以及医务人员、医疗机构、医药企业和参保患者等多个利益相关人。如何建立长期合作机制，制定实现共赢的法律法规和政策，建设具有高效执行力的经办机构、信息平台和服务体系，是实现构建多层次医疗保障体系目标的必要条件。伴随中国多层次医疗保障体系建设，中国医疗保障社会治理逐步打开局面和深入发展。

二、“一法两规”的社会治理架构

2010年颁布的《中华人民共和国社会保险法》第三十一条规定：“医疗保险和医疗机构可以订立医疗服务协议，规范医疗行为、提供合理医疗服务。”

1. 依法确定协议关系 《社会保险法》依法界定我国基本医疗保险基金的法定代理人（经办机构）和医保服务定点医药医疗机构之间属于协议关系。此外，医疗保障行政机构对定点医药机构的监督检查和违规处罚属于行政监督与行政执法关系。

2. 走出信息不对称的困区 信息对称是维护利益相关人平等协商和建立利益共赢机制的基础。2014年8月18日，为进一步加强医疗保险医疗服务监管，维护医疗保险基金安全，推进深化医改，人力资源和社会保障部印发《关于进一步加强基本医疗保险医疗服务监管的意见》（人社部发〔2014〕54号，下称“54号文件”）。54号文件的价值如下：①引入智能审核与监控工具，找到医疗保障走进医院和走近临床与医生对话的途径；②在解决了信息不对称的问题后，大幅提高了中国医疗保障的治理能力现代化，进入战略补偿阶段，打开了中国医疗体制改革的突破口。

3. 引入内部竞争机制 在公益医疗机构之间引入的竞争机制。2017年发布《国务院办公厅关于进一步深化基本医疗保险支付方式改革的指导意见》（国办发〔2017〕55号）。55号文件的价值如下：①通过均值定价和付费，开辟了全民医疗保障和公立医院之间的内部竞争机制，意在抑制过度医疗和提高医疗保障水平；②通过结余留用的剩余索取权激励机制，鼓励医务人员和医药机构控制医护成本；引导中国医疗保障改革和医疗体制改革进入深水区和新的发展阶段。

前述的“一法两规”逐渐形成了中国医疗保障社会治理架构（图4-1），打开了中国医疗保障社会治理的局面。为引导私营医院、医药企业、商业健康保险公司进入多层次医疗保障体系奠定了基础。

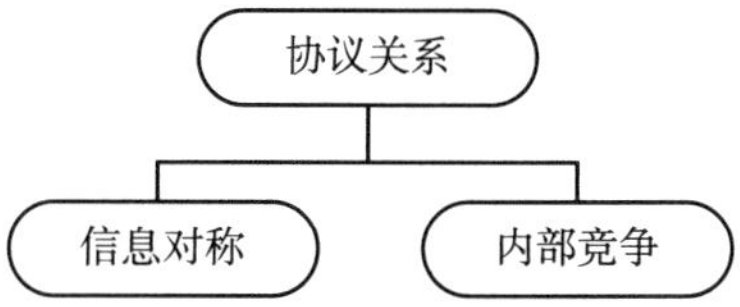

图4-1 医疗保障社会治理结构

三、“七位一体”的社会治理体系

《医疗保障基金使用监督管理条例》第四条提出：“医疗保障基金使用监督管理实行

政府监管、社会监督、行业自律和个人守信相结合。”2019年，党的十九届四中全会报告提出：“社会治理是国家治理的重要方面。必须加强和创新社会治理，完善党委领导、政府负责、民主协商、社会协同、公众参与、法治保障、科技支撑的社会治理体系，建设人人有责、人人尽责、人人享有的社会治理共同体，确保人民安居乐业、社会安定有序”。由此形成“七位一体”的社会治理体系（图4-2），为构建多层次医疗保障体系的社会治理指明了方向和道路。

图4-2　多层次医疗保障的社会治理体系

一是党中央确定方针政策和重大措施；二是政府承担组织实施、监督管理和提供基本公共服务的责任；三是利益相关人协同发展；四是利益相关人参与；五是信息公开与平等协商；六是依法办事、违法必究的法治保障；七是智慧医保、智慧医疗的科技支撑与医保信息平台建设。

第三节　中国医疗保障法治建设

党中央5号文提出：“提高医保治理法治化”，“到2030年，医保治理现代化水平显著提升”，“加强医疗保障领域立法工作，加快形成与医疗保障改革相衔接、有利于制度定型完善的法律法规体系”。2021年6月15日，国家医保局官网发布公告，就《医疗保障法（征求意见稿）》（简称《征求意见稿》）向社会公开征求意见。医疗保障十四五规划提出：“建设法治医保。医疗保障制度法定化程度明显提升，定点医药机构管理更加透明高效，基金监管制度体系更加完善，行政执法更加规范，全社会医保法治观念明显增强。”本节参考《征求意见稿》讨论中国医疗保障法治问题。

一、适用范围

《征求意见稿》第三条提出，中华人民共和国境内从事医疗保障相关的筹资运行、待遇支付、基金管理、价格管理、招标采购、医药服务、公共管理服务、监督管理等活动，适用本法。

在境内医疗保障领域，筹资运行即指依法规范筹资基准和当事人的权责（见《征求意见稿》第二章）；待遇支付即指依法规范待遇清单和当事人的权责（见《征求意见稿》第二章）；基金管理即指依法规范预算、核算和决算制度及其当事人的权责（见《征求意见稿》第三章）；价格管理即指依法规范定价机制和当事人的权责（见《征求意见稿》第四章）；招标采购即指依法规范招采制度和当事人的权责（见《征求意见稿》第四章）；医药服务即指依法规范医护医药行为和当事人的权责（见《征求意见稿》第四章）；公共管理服务即指依法规范医疗保障公共服务体系建设和各类相关机构的权责（见《征求意见稿》第五章）；监督管理即指依法规范医疗保障基金使用规则、监督机制及其当事人的权责（见《征求意见稿》第六章）。最后是在上述当事人有违规违法行为时应当承担的法律责任与处罚措施。

二、立法目标

《征求意见稿》第二条提出："国家建立以基本医疗保险为主体，医疗救助为托底，补充医疗保险、商业健康保险、慈善医疗救助等相互衔接、共同发展的医疗保障制度体系"，立法目标为建设多层次医疗保障体系。中国医疗保障制度经历了劳动医疗保险和社会医疗保险两个阶段，多层次的医疗保障体系是全面小康社会建设的重要组成部分。

三、立法原则

立法原则是隐含在法律文件中，规范某类社会关系、指导法律推理、促进法律体系协调统一的原理与准则。价值取向是法律的灵魂和法律目标的社会基础。法是满足人和社会需要的目的而追求的理想目标，包括法的自由价值、法的平等价值、法的安全价值、法的秩序价值、法的正义价值以及法的效益价值等。从法律的价值取向和法律原则的关系来看，价值取向决定法律原则的内容，而法律原则是对价值取向的具体细化和表现。中国医疗保障立法原则见《征求意见稿》第四条至第十一条。

（一）以人民健康为中心

《征求意见稿》第四条提出：“医疗保障事业应当坚持以人民健康为中心”。经济发展水平决定健康保障水平。伴随一个国家经济社会的发展，国民健康保障将经历从公共卫生、个人保健到健康促进三个发展阶段。2019年，我国人均GDP超过一万美元。2020年，习近平总书记在全国卫生与健康大会上强调：“要坚定不移贯彻预防为主方针，坚持防治结合、联防联控、群防群控，努力为人民群众提供全生命周期的卫生与健康服务”。基本保健进入“以人为本、以健康为中心”的新发展阶段，卫生医护体系将呈现正三角型发展趋势，实现国民基本保健的可及性。

（二）覆盖全民、城乡统筹

《征求意见稿》第四条提出：“医疗保障事业应当覆盖全民、城乡统筹”，无论户籍、身份、职业和收入状况如何，国家医疗保障制度要覆盖到每一个人。我国基本医疗保险制度从企业职工做起，逐渐覆盖了机关和事业单位，覆盖到农村居民。2016年，中国基本医疗保险制度覆盖人口超过10亿人，中国政府获得世界社会保障协会颁发的大奖。党中央十分关注灵活就业人员和贫困人口，在党中央5号文中提出如下要求：“完善灵活就业人员参保缴费方式。加强财政对医疗救助投入，拓宽医疗救助筹资渠道。”

（三）保障适度、可持续发展

《征求意见稿》第四条提出：“医疗保障事业应当保障适度、可持续多层次的原则，不断满足公民医疗保障需求”。医疗保障基金应当坚持以收定支的总额预算管理，做到收支平衡、略有结余，提供与经济发展水平相适应的、合理的基本医护服务，可持续的发展医疗保障制度。国家鼓励各地根据自身经济发展水平、基金承受能力、人口老龄化程度等因素多渠道筹资，确保医疗保障基金筹资稳健可持续。

（四）行业自律、民主协商

《征求意见稿》第八条提出：“医疗机构、药品经营单位（以下统称医药机构）、商业保险公司、医疗卫生行业协会等机构应当加强行业自律，促进行业规范和自我约束。”《征求意见稿》第三十五条提出：“国务院医疗保障行政部门负责制定医疗保障服务协议（以下简称服务协议）管理办法，规范、简化、优化医药机构定点申请、专业评估、协商谈判程序，制作并定期修订服务协议范本。”国务院医疗保障行政部门制定服务协议管理办法，应当听取有关部门、医药机构、行业协会、社会公众、专家等方面意见。《征求意见稿》第三十六条提出：“根据保障公众健康需求和管理服务的需要，医疗保障经办机构与医药机构建立集体谈判协商机制，协商签订服务协议，明确双方权利义务，规范医药服务行为，明确违反服务协议的行为及其责任。”

四、主要内容

医疗保障属于社会互济的准公共品，应当权责清晰，由国家、企业和个人共同承担筹集资金责任，国家统一提出待遇清单。

（一）规范公民参保义务

党的十八大报告提出：“全面建成覆盖全民、城乡统筹、权责清晰、保障适度、可持续的多层次社会保障体系。全面实施全民参保计划。”结束了医疗保险广覆盖的发展阶段，明确了医疗保障全覆盖的发展目标，由此形成国家和政府的相应责任，参保缴费成为全国中国公民的义务和权利。

公民有依法参加基本医疗保险的权利和义务，并享受相应医疗保障待遇。公民参加医疗保险即加入了一个社会契约，应当依法履行申报、登记和缴费的义务。通常，有用人单位和劳动关系的实行用人单位和职工个人双方缴费，并由用人单位代为申报、登记和代扣代缴医疗保险费。个体就业者和居民由个人履行参保义务。参保人按照相关法律法规享有相关待遇。《征求意见稿》基于中国国情，针对用人单位和职工、自由职业者、居民的具体情况，分别做出了参保缴费的行为规范。医疗保障经办机构从用人单位申请参保之日起，即承担持续监督劳动关系真实性、申报、登记信息真实性、受益资格真实性的责任。

课堂互动 / 虚构劳动关系的骗保行为

2020年，某市举报人反映××顾问有限公司和××分公司虚设劳动关系和代缴医疗保险费后从中获利。通过医保大数据分析发现，该公司超过半数职工为异地重症患者和异地孕妇，且频繁就医。经过约谈取证发现，两家分公司存在虚拟劳动关系和代缴社保费以骗取基本医疗保险待遇的事实。经由市医保局执法总队批准，与市公安局某分局环食药旅中队沟通后，按照行刑衔接流程将线索移送至公安部门立案调查。经公安部门初步排查，涉案公司参保人员3万余人，涉及骗取基本医疗和生育保险基金共计1.3亿元。区环食药旅中队已于2021年1月进行了收网抓捕，刑拘公司涉案人员6人，骗取生育津贴、医保待遇20人（现均为取保候审），5名取保候审人员主动已退回享有的相应生育和医疗保险待遇和资金共计12.39万元。本案还在补证阶段。

课堂互动／上海老阿姨装病领长期护理保险，转身跑步机上健步如飞

上海老阿姨装病获得6级护理保险。在后来的一段时间里，在区医保局运营中心的监控大屏幕上弹出一条预警信息。这位老阿姨最近频繁出入社区健身房，在跑步机上健步如飞。相关部门对这位老阿姨的健康状况进行了重新检验，发现老阿姨身体状况良好，不属于长期护理保险账户范围，取消了她的受益资格。医疗保障行政部门没有对这位老阿姨进行任何处罚，但对负责评级和护理的公司进行了诚信扣分。同时，对统一评定标准、规范评定过程等管理进行了完善。

（二）统一缴费基准

党中央5号文提出："合理筹资、稳健运行是医疗保障制度可持续的基本保证。要建立与社会主义初级阶段基本国情相适应、与各方承受能力相匹配、与基本健康需求相协调的筹资机制，切实加强基金运行管理，加强风险预警，坚决守住不发生系统性风险底线。"应当做到夯实缴费基数、统一费率，应缴尽缴、应收尽收。

（三）规范待遇清单制

国家医保局、财政部《关于建立医疗保障待遇清单制度的意见》（医保发〔2021〕5号）提出的医疗保障待遇清单制即指"依据《社会保险法》及《社会救助暂行办法》等国家法律法规和党中央、国务院决策部署要求设立的，保障群众基本医疗需求的制度安排，包括基本医疗保险、补充医疗保险和医疗救助"。要求"各地在基本制度框架之外不得新设制度，地方现有的其他形式制度安排要逐步清理过渡到基本制度框架中"。

（四）规范基金管理

《征求意见稿》第二十五条："医疗保障基金应当执行国家提出的财务会计制度，按照国家提出的会计制度进行核算。医疗保障经办机构应按照规定加强基金管理，财政、医疗保障等行政部门加强监督。"

具体措施：①提升基金预算管理水平。②科学编制医疗保障基金收支预算。③加强预算执行监督，全面实施预算绩效管理，强化绩效监控、评价和结果运用。④加强基金精算管理，构建收支平衡机制。⑤建立健全基金运行风险评估预警机制，促进基金中长期可持续。⑥探索开展跨区域基金预算试点。

（五）建立医药机构自律机制

《征求意见稿》第八条提出："医疗机构、药品经营单位（以下统称医药机构）、商业保险公司、医疗卫生行业协会等机构应当加强行业自律，促进行业规范和自我约束。”医疗行为具有高度专门性的特点，就一般性诊治活动而言，医生享有高度自由裁量权，患者享有知情同意权，包括用药决定。因此，医疗服务治理需要尊重医务人员，通过健全医院规章制度、医保智能监控系统、加强行业协会的作用等措施建立自律环境。医护服务首先是个伦理问题，需要情怀；其次是技术问题，需要知识。医药机构自律包括两个方面。

1. 坚持有利和保密两个伦理原则 何为有利于患者的合理医疗是个因人而异和与时俱进的问题，需要在循证过程中不断进步，难以进入立法假定，只能是一个倡导性原则，通过智能监控与行业自律促进医务人员在自觉遵守行业规则，做有利于患者的事情。《征求意见稿》第八条提出：“医疗机构、药品经营单位（以下统称医药机构）、商业保险公司、医疗卫生行业协会等机构应当加强行业自律，促进行业规范和自我约束。”

2. 依法规范不伤害行为 医疗损害责任指医疗机构及其从业人员在医疗过程中发生过错，包括重大失误和故意伤害。发生重大失误的，并因这种过错导致患者人身损害的，相关医疗机构和医务人员应当对患者承担民事赔偿责任。我国《侵权责任法》第五十四条提出：“患者在诊疗活动中受到损害，医疗机构及其医务人员有过错的，由医疗机构承担医疗损害赔偿责任。”发生故意伤害的，如未经本人同意摘取其器官，或者摘取不满十八周岁的人的器官，或者强迫、欺骗他人捐献器官的，依照我国刑法第二百三十四条、第二百三十二条的提出定罪处罚。

在医疗服务协议中，医疗保险经办机构作为甲方，代表参保人和患者利益，会提出一系列“不得”的行为要求，如不得重复开药、不得重复住院等。在实践中，有些重复行为是为了增加收入，有些则不是。例如，贫困家庭患者需要提供出院手续才能报销部分医药费用，在患者未愈的情况下，医生为患者办理出院手续和再入院手续是为患者利益才做出的行为。遇到这类问题，需要医疗服务协议双方进行对话和通过调解的方式来解决，而不是进入行政诉讼程序。

（六）规范管理体制和政府责任

《征求意见稿》第四、五、六条提出：“县级以上人民政府应当加强对医疗保障工作的领导，将医疗保障事业纳入国民经济和社会发展规划，建立健全医疗保障制度，加强医疗保障能力建设，为医疗保障工作提供保障。”2019年11月5日，党的十九届四中全会《中共中央关于坚持和完善中国特色社会主义制度推进国家治理体系和治理能力现代化若干重大问题的决定》提出“适当加强中央在养老保险方面事权，减少并规范中央和地方共同事权”“创新行政管理和服务方式，加快推进全国一体化政务服务平台建设”。

医疗保障管理体制为中央决策、省级监督、地市统筹、区县服务。具体制度安排如下：①重大决策与顶层设计。国务院医疗保障行政部门负责全国的医疗保障管理工作，国务院其他有关部门在各自的职责范围内负责有关的医疗保障工作。②执行方案与监督管理。省级人民政府医疗保障行政部门负责本行政区域的医疗保障管理工作。③基金统筹与基金使用。地市人民政府其他有关部门在各自的职责范围内负责有关医疗保险基金统筹与支付工作。④公共管理与基层服务。城区县域和乡（镇）人民政府、街道办事处根据上级人民政府要求，做好医疗保障相关工作。村（居）委会协助做好医疗保障相关工作。

以下四个问题需要创新与发展：①逐步提高医疗保险基金的统筹层级。目前主要任务是夯实地市统筹，实现政策、筹资、待遇、制度、监督、信息六个统一。伴随信息系统、管理服务和监督能力的提升，探索实现省级统筹的路径和措施。②逐步实现从分级管理到垂直管理。十四五规划期间的主要任务是实现地市以下垂直管理，这涉及人财物和职责的配置，是一个循序渐进的发展过程。③逐步实现全国医疗保障基本信息大集中，实现大数据决策、预算、分配、评估、监督和提供公共服务。④理顺医疗保障行政机构、执法机构和经办机构的属性关系、工作职责与对接机制。

（七）经办机构法人治理

《征求意见稿》第四十二条提出：“国家建立健全全国统一的医疗保障经办管理体系。统筹地区设立医疗保障经办机构，根据工作需要可以设立分支机构和服务网点，加强医疗保障公共管理服务能力配置，实现省、市、县、乡镇（街道）、村（社区）医疗保障公共服务全覆盖。”第四十八条提出：“医疗保障行政部门应推进医疗保障公共管理服务现代化治理，积极引入符合条件的社会力量参与经办服务，建立共建共治共享的医保治理格局。规范和加强与商业保险公司、社会组织的合作，完善激励约束机制。”

在中国实现医疗保障经办法人治理需要分三步走，具体措施如下：①建立和完善医疗保障经办机构法人制度。依法界定医疗保障经办机构的属性、编制、预算、职责，以及全国医疗保障经办机构的体制机制安排，统一名称、形象标志、工作系统等，加强人才队伍建设。②探索医疗保障经办引入社会力量的运行机制，规范联合共建、服务外包、购买服务的准入退出机制、协议管理制度、项目验收与补偿，培育社会契约文化与制度建设，积极引入社会力量参与经办。③探索医疗保障经办社会化。在具备社会契约和社会治理条件时，探索委托医疗保险利益相关人建立自主管理、独立仲裁等管理模式，建立共建共治共享的医保治理格局。

（八）规范医保服务协议

《征求意见稿》第四十五条提出："定点医药机构与医疗保障经办机构均应履行服务协议。医疗保障经办机构对医药机构服务协议履行情况进行管理、监督和考核。"协议属于软法范畴，是医疗保障利益相关人建立长期合作机制的主要渠道，与行政管理不同，需要平等协商与相互监督，确保协议得到履行。党中央5号文提出："健全医疗保障经办机构与医疗机构之间协商谈判机制，促进医疗机构集体协商，科学制定总额预算，与医疗质量、协议履行绩效考核结果相挂钩"，这里涉及谈判机制、协议管理和综合治理。

1. 谈判机制 谈判是利益相关人通过讨价还价达成一致和妥协的行为和过程。主要特征如下：①谈判当事人之间地位平等，且具有特定的利益依存关系；②谈判包括正式场合的协商和非正式场合的商议、磋商，均应当坚持平等、诚信的原则进行；③谈判的预期结果是达成妥协，订立协议或者合同。

医疗保障领域的谈判主要发生在医疗保障经办机构（甲方）与药品和医用耗材生产商（多个乙方）之间的行为。医疗保障经办机构和医药器材生产商之间是一个外部市场关系，应当坚持平等协商、等价有偿的原则建立谈判机制。

2. 协议管理 协议是利益相关人经过平等协商而制定的，共同承认、共同遵守的文件。主要特征如下：①协议当事人之间具有特定的利益依存关系；②协议是平等协商、谈判的结果，属于国家政策和法律法规制定的补充；③协议属于软法范畴，利益相关人均应当坚持诚信原则遵守的协议内容，并履行相互监督履行协议的权利；④协议包括订立、履行、变更、中止、解除和续订六个环节。

3. 综合治理 治理是利益相关人之间依法合作与实现共赢的制度安排和实施过程。医疗服务环节多、流程长，利益相关人多，采取单项管理措施会出现鼹鼠效应。党中央5号文提出："完善医保基金总额预算办法，健全医疗保障经办机构与医疗机构之间协商谈判机制，促进医疗机构集体协商，科学制定总额预算，支付与医疗质量、协议履行绩效考核结果相挂钩。"大力推进大数据应用，推行"急诊住院病种付费和结余留用、基层基本保健按照原有加权预算和监控绩效评估与奖励"的复合式支付方式，从宏观条款、中观支付、微观评估三个维度建立综合治理机制。

（九）规范价格形成机制

药品非普通商品，其定价和采购需要通过社会治理和法治化实现利益相关人共赢，使医疗保障制度持续法治。《征求意见稿》第三十一条："国家建立公立医疗机构药品和医用耗材集中采购制度。医疗保障行政部门制定药品、医用耗材的招标采购政策并监督实施，指导药品、医用耗材集中采购平台建设。"具体措施如下。

1. 药品和医用耗材集中带量采购法治化　常态化制度化实施国家组织药品集中带量采购，持续扩大国家组织高值医用耗材集中带量采购范围。强化对集中采购机构的统一指导，规范地方开展集中带量采购，形成国家、省级、跨地区联盟采购相互配合、协同推进的工作格局。建立以医保支付为基础，招标、采购、交易、结算、监督一体化的省级集中采购平台。推进并规范医保基金与医药企业直接结算，完善医保支付标准与集中采购价格协同机制。完善与集中带量采购相配套的激励约束机制，落实医保资金结余留用政策，推动集中带量采购成为公立医疗机构医药采购的主导模式，鼓励社会办医疗机构、定点零售药店参与集中带量采购。

2. 建立药品和医用耗材价格治理机制　全面建立公立医疗机构药品和医用耗材采购价格信息监测机制、交易价格信息共享机制，提升对药品和医用耗材价格异常变动的分析预警应对能力。强化药品和医用耗材价格常态化监管，实施全国医药价格监测工程，全面落实医药价格和招采信用评价制度，灵活运用成本调查、函询约谈、信用评价、信息披露、价格指数、挂网规则等管理工具，遏制药品和医用耗材价格虚高，兼顾企业合理利润，促进医药行业高质量发展。

（十）建立多元监督机制

1. 建立健全监督检查制度　建立并完善日常巡查、专项检查、飞行检查、重点检查、专家审查等相结合的多形式检查制度，健全“双随机、一公开”检查机制，规范不同检查形式的对象、内容、工作要求和流程，明确各方权利义务，确保公开、公平、公正。完善部门联动机制，开展联合检查，形成监管合力。引入信息技术服务机构、会计师事务所、商业保险机构等第三方力量参与医保基金监管，提升监管的专业性、精准性、效益性。

2. 全面建立智能监控制度　提升医保智能监管能力，积极探索将按疾病诊断相关分组付费、按病种分值付费等新型支付方式、“互联网+医疗健康”等新模式、长期护理保险等纳入智能监控范围，实现智能审核全覆盖，加强对定点医疗机构临床诊疗行为的引导和审核，实现基金监管从人工抽单审核向大数据全方位、全流程、全环节智能监控转变。

3. 建立医疗保障信用管理体系　完善医疗保障信用管理制度，形成信用承诺、信用评价、信息共享、结果公开、结果应用、信用修复等全链条闭环式信用监管，推动实施分级分类监管。在充分掌握信用信息、综合研判信用状况基础上，根据信用等级高低，对监管对象采取差异化监管措施。以相关处理结果为依据，按程序将性质恶劣、情节严重、社会危害大的医疗保障违法失信行为的责任主体纳入严重失信主体名单，依法依规开展失信联合惩戒。建立药品和医用耗材生产流通企业等信用承诺制度，鼓励行业协会开展自律建设，促进行业规范发展。

4. 健全综合监管制度 适应医疗保障管理服务特点，建立并完善部门间相互配合、协同监管的综合监管制度。大力推进部门联合执法、信息共享和互联互通，促进监管结果协同运用。对查实的欺诈骗保行为，各相关部门按照职责权限对有关单位和个人依规依纪依法严肃处理。加强基金监管行政执法与刑事司法有效衔接，按程序向公安机关移送涉嫌犯罪案件。

5. 完善社会监督制度 广泛动员社会各界参与医疗保障基金监管，协同构建基金安全防线，促进形成社会监督的良好态势，实现政府治理和社会监督、舆论监督良性互动。健全欺诈骗保行为举报投诉奖励机制，完善奖励政策和奖励标准。健全完善要情报告制度，用好基金监管曝光台，做好医保基金监管典型案例的收集遴选和公开通报。医疗保障经办机构定期向社会公布参加基本医疗保险情况以及基金收入、支出、结余和收益情况，接受社会监督。

（十一）协同建设高效的医药服务供给体系

《征求意见稿》第四十六条提出："国家科学合理确定医疗保障基金支付标准和支付方式，引导定点医药机构合理诊疗，促进患者有序流动，提高医疗保障基金使用效益。医疗保障经办机构应当按照服务协议的约定，及时与定点医药机构结算和拨付医疗保障基金。"

优化提升医疗卫生服务体系。完善区域卫生规划和医疗机构设置规划，健全城市三级医院、县级医院和基层医疗卫生机构分工协作的现代医疗卫生服务体系，支持整合型医疗卫生服务体系建设，加强分级诊疗体系建设，推进基层医疗卫生机构发展，促进基层医疗卫生服务有效利用和患者有序就医。促进定点医药机构行业行为规范、成本控制和行业自律。支持中医药传承创新发展，强化中医药在疾病预防治疗中的作用，推广中医治未病干预方案。支持儿科、老年医学科、精神心理科、康复、护理等紧缺医疗服务发展。鼓励日间手术、多学科诊疗、无痛诊疗等医疗服务发展。完善检查检验政策，推进医疗机构检查检验结果互认。支持远程医疗服务、互联网诊疗服务、互联网药品配送、上门护理服务等医疗卫生服务新模式新业态有序发展，促进人工智能等新技术的合理运用。

（十二）促进人才培养

《征求意见稿》第十条提出："国家大力培养医疗保障人才，建立医疗保障人才职称等制度。对于在医疗保障事业中做出突出贡献的组织和个人，按照国家有关规定给予表彰、奖励。"多层次社会保障体系是经济发展和社会建设的重要组成部分，需要研究人才、决策人才、管理人才、技术人才和服务人才。在发达国家，社会保障并非是一个专业，几乎找不到专门的社会保障院系，其人才培养进入经济学科、社会学科、管理学院、工程技术学科以及医疗健康学科。在经济学院会将社会保险和商业保险均纳入经济保障课程。例如，在保罗·萨缪尔森的《经济学》（第十六版）中，在政府收支中涉及社会保障问题。通常，社会保障专业仅作为研究生科目培养研究人才。基于社会保障法制建设的发展，相对全面的社会保障专业设在法学院的社会法系。

医疗保障专业性强，围绕医疗保险、医药机构和护理机构管理者、医疗服务协议、医疗保险智能监控、医疗保险信息化、医疗保险监督执法等工作，需要具有复合型知识结构的人才。《征求意见稿》第十条提出："国家大力培养医疗保障人才，建立医疗保障人才职称等制度。"为此需要在医学院等相关院校和学科开设医疗保险和医疗保障课程和人才培养机制。

在大健康时代，进入医药机构管理和医疗保障专业的快速发展时期，大量有价值的研究、经验需要总结推广，优秀的研究和管理人才层出不穷。《征求意见稿》第十条第二款提出："对于在医疗保障事业中做出突出贡献的组织和个人，按照国家有关规定给予表彰、奖励"，意在促进学科发展、研究成果转化和培育人才的发展。医疗保障人才和职业系列包括医疗保障政策和公共管理人才、医疗保障信息化人才、医药机构医疗保障管理人才、医疗保障法律服务人才等，课程、教材和教育机制等。

（十三）规范国际交流

1927年，国际社会保险大会在布鲁塞尔召开。1947年，在日内瓦召开的第8次大会上通过了国际社会保障协会（International Social Security Association，ISSA）的章程，并将政府的社会保障机构纳入大会成员。1951年，该协会成立了两个委员会，即医疗社会委员会和互助津贴技术委员会。1952年，国际劳工组织通过了《社会保障（最低标准）公约》。社会保障领域的国际合作日益深入的发展起来。

中华人民共和国建立以来，中国政府坚持借鉴国际经验和立足中国解决问题的原则，发展符合中国国情的社会保障制度和医疗保障体系。《征求意见稿》第十一条提出："国家鼓励和支持医疗保障领域的对外交流合作。"巴拿马时间2016年11月17日，ISSA在其第32届全球大会期间，将"社会保障杰出成就奖"（2014—2016）授予中华人民共和国政府，以表彰中国在扩大社会保障覆盖面工作中取得的卓越成就：中国医疗保险覆盖面超过10亿人口。《征求意见稿》第十一条强调："开展医疗保障对外交流合作活动，应当遵守法律、法规，维护国家主权、安全和社会公共利益。"在医疗卫生领域这是一个十分敏感和重要的问题，应当引起每一位从业者的重视。

本章小结

本章主要介绍了医疗保障法律、法制和法治的基本原理。学生需基于医疗保障法律、法制和法治的基本原理，党中央关于社会治理的七个要素，分析医疗保障的利益相关人及其群体利益特征，描述医疗保障的社会法特征、政府和市场的刚性与边界，通过分析相关案例，思考如何构建具有韧性的医疗保障法治。同时，以《医疗保障基金适用监督条例》《医疗保障法（征求意见稿）》为蓝本，引入典型案例，系统掌握医疗保障法律法规的基本原则、内容体系和实施措施。

（张　卿）

第五章　医疗保障管理体制与监督机制

学习目标

1. 掌握　国家医疗保障管理体制、运行机制、经办机构、信息系统、监督机制、公共服务的基本原理。

2. 熟悉　国家医疗保障管理体制和监督机制的相关法律政策和操作流程。

3. 了解　国家医疗保障管理体制、运行机制等制度安排的建设规划和创新发展路径。

第一节　医疗保障管理体制

管理体制是围绕组织目标进行的人财物与信息的资源配置和领导关系的制度安排，涉及中央、地方和基层医疗保障行政机构之间的责权关系、医疗保障经办机构的性质、定点医药机构的性质。

党中央5号文件提出："建立部门协同机制，加强医保、医疗、医药制度政策之间的统筹协调和综合配套。国务院医疗保障主管部门负责统筹推进医疗保障制度改革（图5-1），会同有关部门研究解决改革中跨部门、跨区域、跨行业的重大问题，指导各地区政策衔接规范、保障水平适宜适度。"

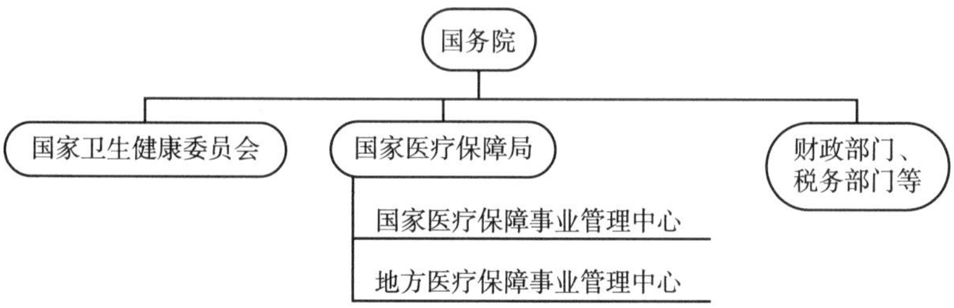

图5-1　中国医疗保障管理体制

一、国家医疗保障局的主要职责

2018年，十三届全国人大一次会议通过的《国务院机构改革方案》提出：“实现人力资源和社会保障部城镇职工和城镇居民基本医疗保险和生育保险责任，国家卫生和计划生育委员会新农合责任，国家发展和改革委员会的药品和医疗服务价格管理的责任，民政部的医疗协助职责的整合，国务院直属机构设立国家医疗保障局。”国家医疗保障局是国务院直属机构，为副部级。根据省级《党政机构改革方案》成立的医疗保障局为政府直属机构，多数为副厅级。市县根据党政机构限额规定，设立医疗保障局。

主要职责：①拟订医疗保险、生育保险、医疗救助等医疗保障制度的法律法规草案、政策、规划和标准，制定部门规章并组织实施。②组织制定并实施医疗保障基金监督管理办法，建立健全医疗保障基金安全防控机制，推进医疗保障基金支付方式改革。③组织制定医疗保障筹资和待遇政策，完善动态调整和区域调剂平衡机制，统筹城乡医疗保障待遇标准，建立健全与筹资水平相适应的待遇调整机制。组织拟订并实施长期护理保险制度改革方案。④组织制定城乡统一的药品、医用耗材、医疗服务项目、医疗服务设施等医保目录和支付标准，建立动态调整机制，制定医保目录准入谈判规则并组织实施。⑤组织制定药品、医用耗材价格和医疗服务项目医疗服务设施收费等政策，建立医保支付医药服务价格合理确定和动态调整机制，推动建立市场主导的社会医药服务价格形成机制，建立价格信息监测和信息发布制度。⑥制定药品、医用耗材的招标采购政策并监督实施，指导药品、医用耗材招标采购平台建设。⑦制定定点医药机构协议和支付管理办法并组织实施，建立健全医疗保障信用评价体系和信息披露制度，监督管理纳入医保范围内的医疗服务行为和医疗费用，依法查处医疗保障领域违法违规行为。⑧负责医疗保障经办管理、公共服务体系和信息化建设。组织制定和完善异地就医管理和费用结算政策。建立健全医疗保障关系转移接续制度。开展医疗保障领域国际合作交流。⑨完成党中央、国务院交办的其他任务。⑩职能转变。国家医疗保障局应完善统一的城乡居民基本医疗保险制度和大病保险制度，建立健全覆盖全民城乡统筹的多层次医疗保障体系，不断提高医疗保障水平，确保医保资金合理使用、安全可控，推进医疗、医保、医药“三医联动”改革，更好保障人民群众就医需求、减轻医药费用负担。⑪与国家卫生健康委员会的有关职责分工。国家卫生健康委员会、国家医疗保障局等部门在医疗、医保、医药等方面加强制度、政策衔接，建立沟通协商机制，协同推进改革，提高医疗资源使用效率和医疗保障水平。

二、医疗保障局的内设机构

1. 业务部门

（1）待遇保障司主要职能：拟订医疗保障筹资和待遇政策，统筹城乡医疗保障待遇标准。统筹推进多层次医疗保障体系建设。建立健全医疗保障关系转移接续制度。组织拟订长期护理保险制度改革方案并组织实施。承担局党组、局领导交办的其他事项。

（2）医药服务管理司主要职能：拟订医保目录和支付标准，建立动态调整机制，制定医保目录准入谈判规则并组织实施。拟订定点医药机构医保协议和支付管理、异地就医管理办法和结算政策。组织推进医保支付方式改革。组织开展药品、医用耗材、医疗技术的经济性评价。承担局党组、局领导交办的其他事项。

（3）医药价格和招标采购司主要职能：拟订药品、医用耗材价格和医疗服务项目、医疗服务设施收费等政策并组织实施，建立价格信息监测和发布制度。拟订药品、医用耗材的招标采购、配送及结算管理政策并监督实施，推进招标采购平台建设。承担局党组、局领导交办的其他事项。

（4）基金监管司主要职能：拟订医疗保障基金监督管理办法并组织实施。建立健全医疗保障基金安全防控机制，建立健全医疗保障信用评价体系和信息披露制度。监督管理纳入医保支付范围的医疗服务行为和医疗费用，规范医保经办业务，依法查处医疗保障领域违法违规行为。承担局党组、局领导交办的其他事项。

2. 内部管理部门

（1）办公室主要职能：负责机关日常运转，承担安全、保密、信访、政务公开和国际合作交流等工作。承担局党组、局领导交办的其他事项。

（2）机关党委（人事司）主要职能：负责机关和在京直属单位的党群工作。承担机关和直属单位的人事管理、机构编制、教育培训、队伍建设等工作。承担局党组、局领导交办的其他事项。

（3）规划财务和法规司主要职能：组织拟订医疗保障工作规划。承担机关和直属单位预决算等工作，推进医疗保障信息化建设。组织起草法律法规草案、规章和标准，承担规范性文件的合法性审核工作，承担行政复议、行政应诉等工作。承担局党组、局领导交办的其他事项。

3. 强化协同配合

加强医疗保障领域立法工作，加快形成与医疗保障改革相衔接、有利于制度定型完善的法律法规体系。

三、医疗保障局的直属机构

1. 医疗保障综合执法队 县级以上人民政府医疗保障行政部门应当加强对相关单位和个人遵守医疗保障法律、法规情况的监督检查。根据以上职能，地方医疗保障局设立了直属事业单位——医疗保障综合执法大队和支队。

机构宗旨和业务范围：①拟定医疗保障综合执法工作制度，并组织实施；②受理全市关于违反医疗保障法律、法规和规章行为的投诉举报；③参与医药机构的医疗保险、生育保险、长期护理保险等定点资格认定工作；④监督检查医疗保障服务协议执行情况；⑤负责对全市医疗保障定点医药机构及其工作人员和参保人员遵守医疗保障法律法规规章情况进行监督检查；⑥依法纠正和查处违反医疗保障法律法规规章和违反医疗保障服务协议的行为；⑦负责组织实施对全市定点医药机构医疗保障服务行为的网络监控工作；⑧负责对参保人意外伤害情况的执法调查工作；⑨负责异地就医稽查工作；⑩完成市医疗保障局交办的其他事项。

2020年，国家医疗保障局印发《规范医疗保障基金使用监督管理行政处罚裁量权办法》的通知。同年印发了《国家医疗保障局行政执法事项清单（2020年版）》，公布了16项国家医疗保障局为执法主体的行政执法事项，对项目名称、执法类别、承办机构、执法依据、实施对象、办理时间等进行了明确规定。同年国家医疗保障局印发《医疗保障系统全面推行行政执法公示制度执法全过程记录制度重大执法决定法制审核制度实施办法（试行）》的通知。

2. 医药集中采购中心 党中央5号文要求，深化药品、医用耗材集中带量采购制度改革。坚持招采合一、量价挂钩，全面实行药品、医用耗材集中带量采购。以医保支付为基础，建立招标、采购、交易、结算、监督一体化的省级招标采购平台，推进构建区域性、全国性联盟采购机制，形成竞争充分、价格合理、规范有序的供应保障体系。推进医保基金与医药企业直接结算，完善医保支付标准与集中采购价格协同机制。国家医疗保障局设立了医药价格和招标采购指导中心。地方医药集中采购服务中心原是卫计委直属单位，后迁移至医疗保障局官网，可通过首页“政务服务”登录访问，或者由医疗保障局支持新办。还有独立的第三方集中采购平台。待条件成熟后会依法在全国布局若干个独立的第三方集中采购平台，实现上游和下游信息共享，支持定价、采购和派送。

该中心负责拟订药品、医疗器械集中采购目录；承担北京地区医疗机构药品和医疗器械集中采购的实施工作；管理、维护医药集中采购信息系统，对网上采购及供货等情况进行动态监控，定期发布药品和医疗器械集中采购的相关信息。

3. 医疗保障事业管理中心（略）

第二节　医疗保障运行机制

运行机制是在组织管理体制确定之后的组织工作规则、秩序、流程和系统。党中央5号文要求："要完善经办管理和公共服务体系，更好提供精准化、精细化服务，提高信息化服务水平，推进医保治理创新，为人民群众提供便捷高效的医疗保障服务。"

一、医疗保障事业管理中心

按照《社会保险法》的规定，统筹地区设立医疗保障经办机构，统一机构名称为"医疗保障事业管理中心"，属于公益一类事业单位。根据工作需要可以设立分支机构和服务网点，加强医疗保障公共管理服务能力配置，实现省、市、县、乡镇（街道）、村（社区）医疗保障公共服务全覆盖。提供医疗保障公共服务所需费用由同级财政根据国家规定予以保障。

在管理体制上，基于全国统一待遇清单制度，具体经办实行中央和地方（省级）两级管理，省市县垂直管理，区县医疗保险经办机构的主要职责是提供服务，建立健全全国统一的社会保险经办管理体系（图5-2）。

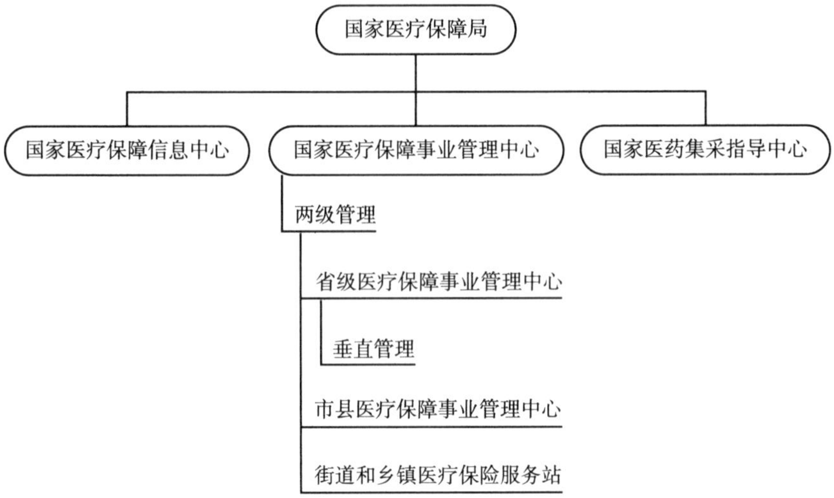

图5-2　医疗保障事业管理服务体系结构图

2021年1月1日，贵州省按照省委省政府国家医疗保障局打造的全国第一家医疗保障服务热线省级平台投入使用。在贵州省内各地的群众可以拨打热线电话：12393进行医保政策咨询、举报投诉登记，对医保工作提出意见和建议。贵州省医疗保障局全面开通了医保定点医院异地就医住院直接结算服务，参保的群众按流程进行异地就医备案后，即可实现异地就医购药“一码通”。贵州省医疗保障局还不断优化服务流程、简化备案手续，开通电话、电子转诊等服务，方便群众异地就医。

二、医疗保障事业管理中心的主要职责

1. 参保人权益管理与服务 建立健全业务、财务、安全和风险管理制度，负责参保登记、个人权益记录、医保关系转移接续办理；应当及时为参保单位及个人建立档案，完整、准确地登记参保人员信息，以及享受医疗保障待遇的个人权益记录等。这项工作需要从人力资源和社会保障经办机构中转移出来，部分地区由人社部门与医疗保障部门合并办公。

2. 医疗保险费征收 应当按照国家有关规定征收医疗保险费，完整、准确地记录参保人员缴费信息等，并及时向医疗保障经办机构报送。医疗保障经办机构和税务部门通过业务经办、费用征收、统计、调查获取医疗保障工作所需的数据，有关单位和个人应当及时、如实提供。用人单位有权查询单位缴费记录，参保人员有权查询个人权益记录，并要求医疗保障经办机构提供医疗保障咨询等相关服务。个人有权监督本单位为其缴费情况。

3. 医疗保障经办机构均应履行服务协议，对医药机构服务协议履行情况进行管理、监督和考核 接受医疗保障行政部门对服务协议订立、履行等情况进行监督。定点医药机构违反服务协议的，医疗保障经办机构按照服务协议约定给予相应处理，包括约谈相关责任人员、暂停或者不予拨付费用、追回违规费用、要求定点医药机构按照服务协议约定支付违约金、中止相关责任人员或者所在部门涉及医疗保障基金使用的医药服务，直至解除服务协议；定点医药机构及其相关责任人员有权进行陈述、申辩。医疗保障经办机构违反服务协议的，要接受定点医药机构的纠正请求和医疗保障行政部门协调处理、督促整改。在定点医药机构依法申请行政复议或者提起行政诉讼时，配合应诉。

4. 根据医疗保障基金支付标准和支付方式，引导定点医药机构合理诊疗，促进患者有序流动，提高医疗保障基金使用效益 按照服务协议的约定，及时与定点医药机构结算和拨付医疗保障基金。异地就医直接结算制度，及时预付和清算异地就医结算资金，方便参保人员享受医疗保障待遇。

5. 建立全国统一的医疗保障信息系统 推动数据有效共享、运用，实施大数据实时动态智能监控，规范数据管理和应用权限，保护信息和数据安全。定点医药机构有

关信息系统应当与医疗保障信息系统进行对接。

6. **积极推进医疗保障公共管理服务现代化治理** 积极引入符合条件的社会力量参与经办服务，建立共建共治共享的医保治理格局。规范和加强与商业保险公司、社会组织的合作，完善激励约束机制。

三、医疗保障公共服务系统

医疗保障公共服务标准化规范化，实现医疗保障一站式服务、一窗口办理、一单制结算。适应人口流动需要，做好各类人群参保和医保关系跨地区转移接续，加快完善异地就医直接结算服务。深化医疗保障系统作风建设，建立统一的医疗保障服务热线，加快推进服务事项网上办理，提高运行效率和服务质量。

1. **高起点推进标准化和信息化建设** 统一医疗保障业务标准和技术标准，建立全国统一、高效、兼容、便捷、安全的医疗保障信息系统，实现全国医疗保障信息互联互通，加强数据有序共享。规范数据管理和应用权限，依法保护参保人员基本信息和数据安全。加强大数据开发，突出应用导向，强化服务支撑功能，推进医疗保障公共服务均等可及。

2. **加强经办能力建设** 构建全国统一的医疗保障经办管理体系，大力推进服务下沉，实现省、市、县、乡镇（街道）、村（社区）全覆盖。加强经办服务队伍建设，打造与新时代医疗保障公共服务要求相适应的专业队伍。加强医疗保障公共管理服务能力配置，建立与管理服务绩效挂钩的激励约束机制。政府合理安排预算，保证医疗保障公共服务机构正常运行。

3. **持续推进医保治理创新** 持续推进医疗保障治理创新的发展步骤如下：①推进医疗保障经办机构法人治理，积极引入社会力量参与经办服务，探索建立共建共治共享的医保治理格局。②规范和加强与商业保险机构、社会组织的合作，完善激励约束机制。③探索建立跨区域医保管理协作机制，实现全流程、无缝隙公共服务和基金监管。④更好发挥高端智库和专业机构的决策支持和技术支撑作用。目前需要夯实医保经办机构定位、法人治理和公共服务的基础设施。在未来具备条件时，可以探索社会经办问题。

4. **强化协同配合** 依法建立部门协同机制，加强医保、医疗、医药管理服务之间的统筹协调和综合配套。国务院医疗保障主管部门负责统筹推进医疗保障制度改革，会同有关部门研究解决改革中跨部门、跨区域、跨行业的重大问题，指导各地区政策衔接规范、管理、服务划入保障水平适宜适度。

5. **营造良好氛围** 各地区各部门要主动做好医疗保障政策解读和服务宣传，及时回应社会关切，合理引导预期。充分调动各方支持配合改革的积极性和主动性，凝聚社会共识。重要改革事项要广泛听取意见，提前做好风险评估。遇到重大情况，及时向党中央、国务院请示报告。

第三节　医疗保障信息系统

一、医疗保障信息系统的定义和意义

医疗保障信息系统即指以参保人为中心，利用计算机硬件、软件、网络通讯设备及其他办公设备，进行信息收集、传输、管理、存储、更新和维护大数据，支持高层决策、中层管理和基层服务的集成化的人机系统。2019年6月，国家医疗保障局制定了《医疗保障信息平台建设指南》，其中第三条强调：省级医疗保障部门要按照国家标准部署中台服务，县级不得建设相关业务系统。

医疗保障信息系统的意义：①提高医疗保障业务操作效率和质量。中国医疗保障是全球最大的公共服务系统，完善医疗保障信息系统是必要条件。②实施医疗保障决策和预算的科学化。医疗保障标准化信息化是实施医疗保障总额预算、支付方式改革和预付制的前提条件。③对定点医药机构实施有效监督。医疗保障监督视角走进医院、和医生对话需要具有临床循证功能的智能监控系统。④为参保人提供方便可及的公共服务。医疗保障业务横向覆盖大量医护级医药机构，纵向覆盖全国各地，标准化、信息化和网络化是必要条件。

二、医疗保障信息系统建设的原则、内容和结构

1. 标准全国统一　各地在建设过程中须贯彻落实全国统一的标准规范体系和中台服务。

2. 数据两级集中　省级医疗保障信息化建设应根据国家数据标准要求，遵循全省数据集中原则，实现国家和省级数据两级集中（图5-3）。

3. 平台分级部署　省级医疗保障部门根据实际情况自主选择省级集中部署模式或省市两级部署模式，并须按照国家要求部署中台服务。县级不得建设相关业务系统。各地医疗保障部门应严格按照国家要求开展本地医疗保障信息平台的设计、建设、实施、验收等工作。

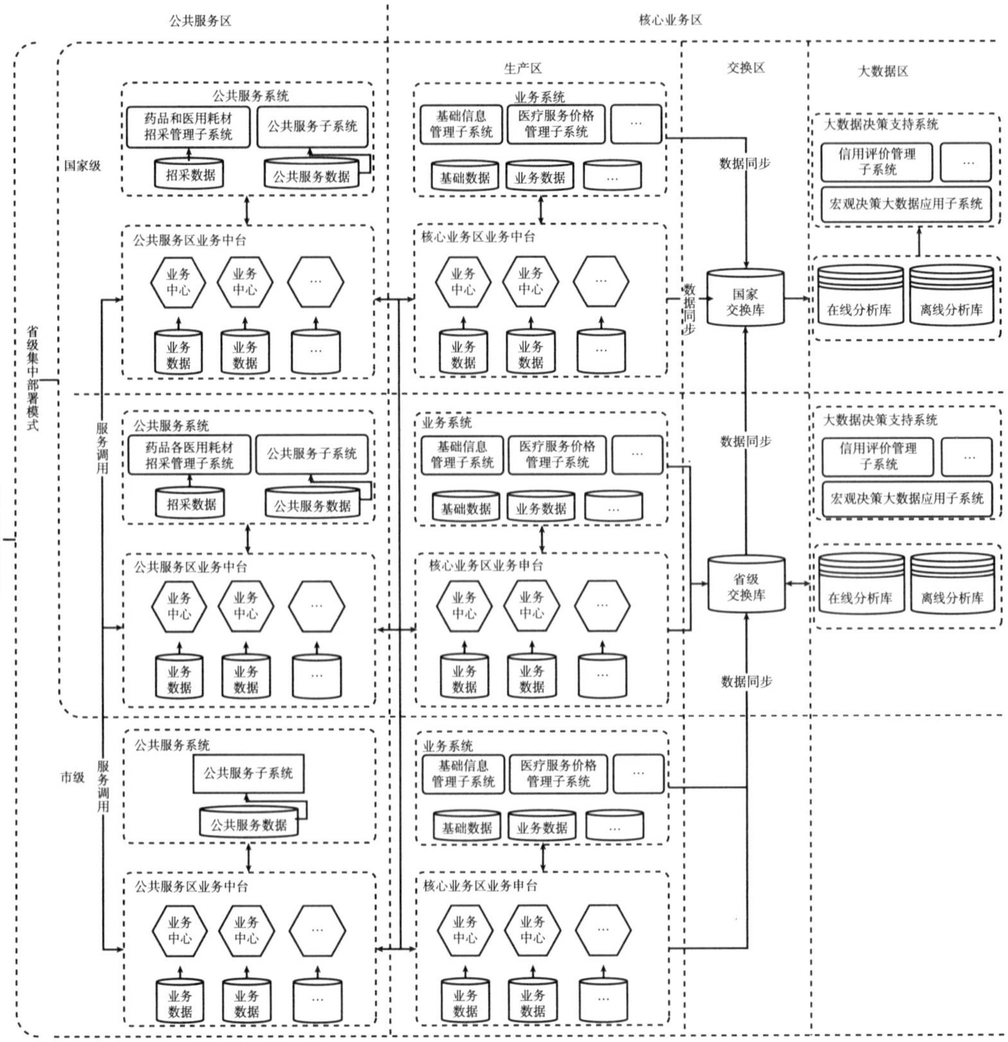

图5-3　医疗保障信息系统总体应用架构

4. 网络全面覆盖　核心业务区网络纵向实现国家、省、市、县互联互通，横向与人社、卫健、民政、财政、税务、公安等部门以及医院、药店、商业银行、保险公司等单位互联互通，最终建成数据共享、交互协同的全国一体化医疗保障网络体系。核心业务包括15个业务中心，其中政策中心提供疾病诊断药品、医疗服务项目、耗材、病种、政策参数等基础信息的管理服务；结算中心提供医疗保障就医结算业务服务，包括结算方式、待遇计算、结算查询、结算记录等；机构中心提供对于医疗保障定点组织机构的统一管理服务，包括机构信息维护、机构查询、机构新增、机构信用评级等；支付中心提供电子支付的统一管理服务，包括支付渠道管理、支付服务、支付对账服务、支付查询等；产品中心提供对药品和医用耗材医疗服务价格的管理服务，包括药品和医用耗材管理、医疗服务、价格管理、库存管理等。

5. 项目建设规范 省级开展可行性研究、初步设计等工作，应建立省级内部评审机制，可行性研究报告须提交国家医疗保障局备案同意。

6. 安全保障有力 严格按照国家相关法律法规要求，落实网络安全保护等级制度，加强医疗保障信息化基础设施和安全保障体系建设，确保医疗保障信息平台安全稳定运行。

第四节 医疗保障监督机制

党中央5号文提出："医疗保障基金是人民群众的'保命钱'，必须始终把维护基金安全作为首要任务。确保基金安全高效、合理使用。"《医疗保障法（征求意见稿）》、《医疗保障基金使用监督条例》等法律法规，是建立和完善医疗保障监管体制、创新监管方式、建立常态化监督检查机制的依据。

一、医疗保障监督的定义和特征

1. 医疗保障监督的定义 医疗保障监督是主管部门依法对参保人和医保协议当事人监控、检查、奖惩、维护权益的总称。医疗保障监督包括广义范畴和狭义范畴。前者包括医疗保障参保缴费、基金管理和基金使用的全过程。例如，用人单位通过谎报缴费基数、漏报参保缴费人员等方式逃避参保缴费义务，由此导致医疗保障基金流失和职工权益损害。后者主要指医疗保障基金使用过程的监督管理。例如，医患勾结开具大处方和转卖药品的违法获利行为。

2. 医疗保障监督的特征 医疗保障利益相关者多、服务流程长、环节多，专业性和个性化较强，在医疗保障基金使用过程中存在很多信息不对称的地方，容易发生欺诈骗保行为。2019年12月31日，国家医疗保障局公布2019年9月至12月专项整治信息，全国共查处欺诈骗保定点医疗机构9.16万家，追回医保基金及违约金26.32亿元，处行政罚款1.94亿元；查处欺诈骗保定点药店6.39万家，追回医保基金及违约金2.14亿元，处行政罚款500万元。为此，2020年党中央5号文件提出："要织密扎牢医保基金监管的制度笼子，着力推进监管体制改革，建立健全医疗保障信用管理体系，以零容忍的态度严厉打击欺诈骗保行为。"这个"笼子"应当是多部门协同和由一系列有效措施构成的综合治理机制。

主要特征：①参保缴费和申报信息难以监管。在实践中，用人单位通过瞒报工资基数逃避缴费责任的情况时有发生。还有以虚拟劳动关系和假职工信息参保以骗取医疗保险基金。由此造成医疗保险基金巨额欠收损失。②骗保形式隐蔽且多样化。有参保患者以就诊为名开药、贩药，如果监督不到位，就可能形成贩药集团。也有医生开出大处方获取药企回扣。还有医院集体作假骗取医疗保险基金，有药店集体作假骗取医疗保险基金。③监督、查处、界定责任难。我国《医疗保障基金使用监督管理条例》第十五条规定："定点医药机构及其工作人员不得分解住院、挂床住院，不得违反诊疗规范过度诊疗、过度检查、分解处方、超量开药、重复开药，不得重复收费、超标准收费、分解项目收费，不得串换药品、医用耗材、诊疗项目和服务设施。"在实践中，患者情况千差万别，医生临床做出的决定也存在很多差异。难以直观判断合法与违法。例如，中医肛肠手术治疗收费项目内所含麻醉，仅指局部浸润麻醉，还是包括椎管内麻醉？再如，我国实行医生举证倒置。普通感冒引起发热，如果患者提供曾经患有胸膜炎，在做血常规、胸部X线片检查时，同时进行细菌培养、CT等检查，属于过度检查还是防御性医疗？④追究责任难。在实行定组分值付费的情况下，医疗机构出现亏损病组病种以后，基于绩效考核的压力可能出现过度诊断、推诿重症患者等行为，且很难界定这种行为属于"违法"还是"合法"。⑤单一措施可能出现鼹鼠效应。医护服务是由一系列行为和措施组成的方案，涉及很多环节和很多当事人。单一的监管措施很难实现合理使用医疗保险基金的目的。例如，严厉监管药品使用可能出现过度检查，严格监督住院治疗过程可能增加门诊过度医疗。综上所述，医疗保障基金监管，特别是对医护服务提供方的监督，需要科技手段和制度创新，不能简单沿用其他领域或者行政监督手段。

二、医疗保障监督内容和监督原则

（一）医疗保障监督内容

我国医疗保险监督内容的发展经历了以下三个阶段。

（1）1998—2010年，主要任务是建立基本医疗保险基金的管理和监督机制。主要措施和内容如下：实行严格收支两条线、专款专用，防止各级政府和部门挪用医保基金，要求各级医保经办机构建立健全预决算制度、财务会计制度、内部审计制度，不得从基金中提取管理费，明确各级劳动保障和财政部门对基本医疗保险基金实施监督管理，审计部门定期对医保经办机构进行审计。监督对象主要是医保经办机构。

（2）2011年实施《中华人民共和国社会保险法》以后，我国医疗保障制度覆盖面不断扩大、基金规模不断增长，医疗保险基金使用过程中各种违规现象不断增多，反欺诈工作提上议事日程。《社会保险法》对医疗保险监管作出进一步规定。监管对象扩大到经办机构、金融机构、参保单位和个人定点医药机构。监管内容覆盖到基金的征缴、管理和支付。监管主体明确为各级人民代表大会和各级人民政府部门。监管可以采取查阅、复制、封存、询问、投诉举报等多种手段。对违法机构和个人可以提请行政复议或者提起行政诉讼。对医药机构欺诈骗保医保基金定期退回，并处以罚款、解除服务协议，直至依法追究刑事责任。2014年，人力资源和社会保障部印发《关于进一步加强基本医疗保险医疗服务监管的意见》(人社部发〔2014〕54号)，要求将监管对象延伸至医务人员，建立医疗保险监控系统，要求在定点医药机构实现事前提示、事中监控预警和事后责任追溯。在上海、天津等地建立了专门的医疗保障基金执法队伍。

(3)2020年《医疗保障基金使用监督管理条例》实施以后，医保基金监管的相关制度不断健全和完善，包括常态化日常检查、突击飞行检查、借助大数据人工智能等信息技术手段智能监控，以及行业自律和信用体系建设。通过政府购买第三方服务、发挥公民和媒体等社会监督作用，特别是通过总额预算和支付方式改革抑制过度医疗，通过病组分值付费建立医保基金长效收支平衡运营机制取得了初步成效。

(二)医疗保障监督原则

党中央5号文提出如下原则。

一是改革完善医保基金监管体制。加强医保基金监管能力建设，进一步健全基金监管体制机制，切实维护基金安全、提高基金使用效率。加强医疗保障公共服务机构内控机构建设，落实协议管理、费用监控、稽查审核责任。实施跨部门协同监管，积极引入第三方监管力量，强化社会监督，建立综合治理机制。

二是完善创新基金监管方式。建立监督检查常态机制，实施大数据实时动态智能监控。完善对医疗服务的监控机制，建立信息强制披露制度，依法依规向社会公开医药费用、费用结构等信息。实施基金运行全过程绩效管理，建立医保基金绩效评价体系。健全医疗保障社会监督激励机制，完善欺诈骗保举报奖励制度。

三是依法追究欺诈骗保行为责任。制定完善医保基金监管相关法律法规，规范监管权限、程序、处罚标准等，推进有法可依、依法行政。建立医疗保障信用体系，推行守信联合激励和失信联合惩戒。加强部门联合执法，综合运用协议、行政、司法等手段，严肃追究欺诈骗保单位和个人责任，对涉嫌犯罪的依法追究刑事责任，坚决打击欺诈骗保、危害参保群众权益的行为。

三、医疗保障监督的国际经验

以英国、德国、美国和新加坡为例，介绍国外主要国家医疗保障监管制度的主要特征。

（一）均有较为健全的法律法规

1883年，德国制定了《雇员医疗保险法》，后来编入德国《社会法典》第五部分，其中第四章详细规定了疾病保险基金、医疗服务提供者、所有参保人的权利、责任和义务。2004年，德国制定了《法定医疗保险改革法案》，依法设立了联邦联合委员会，由医疗服务提供方和医保基金分别委派代表组成，主要职责为制定医保基金监管政策。2016年，德国颁布了《卫生保健部门反腐败法》，将医疗机构收受贿赂纳入刑法典。同时，界定了医疗腐败的定义、场景和实施标的，规范了界定医务人员在开处方或提供药品、医疗器械时违规行为的标准，并制定了相应的监禁和罚款措施。

1997年，英国颁布的《社会保障管理法案》规定，虚假陈述、伪造虚假文件和信息的机构应当接受监禁和罚款，2006年颁布的《诈骗罪法》规定，对虚假陈述、隐瞒信息和滥用职权的机构施以监禁和罚款。

1996年，美国制定《健康保险携带和问责法案》，认定虚假陈述等行为为犯罪，并规定了监禁和罚款措施。此外，《反回扣法》《虚假索赔法》《斯塔克法》都明确规范了虚假报销的惩罚措施，禁止医生通过违规转诊患者获得不当利益，并规定了违反上述法律的民事制裁措施和罚款金额。

新加坡《中央公积金法》规定了公积金信息披露制度。同时，对董事会、企业、雇员的违法行为和处罚作出了详细且可执行的规定。

（二）均有行政监督的制度安排

在德国，隶属于联邦卫生部的联邦保险局负责疾病基金监管。劳工部下属的卫生部门负责各州疾病基金监督。

英国于2017年11月成立了反欺诈管理局，作为卫生部和社会福利部下设的独立部门，负责制定和修改基本保健费用反欺诈的政策、程序和工作标准。英国国家犯罪局、伦敦警察局及其属下的国家反欺诈情报局等警察系统均参与基本保健基金监督，由此形成跨部门合作机制，具体负责制定战略计划、发布年度反欺诈指标、打击欺诈行为等。英国政府购买律师团进行调查取证和提出改革建议。

美国成立了多部门合作的联合监管执法监督执法体系。隶属于健康和人类服务部的稽核办公室，负责查处欺诈和虚假申报行为，组建医保欺诈打击专案组，与联邦调查局、司法部等形成监管合力。美国老遗残社会医疗保险计划委托医疗保险管理服务商负责审核。

在新加坡，违反《公积金条例》者，由中央公积金局依法追究责任。

（三）均有行业协会参与医保基金监管

在德国，政府并非医疗保障监督的核心，只负责宏观层面的立法和执法监督。自我监管是德国医保监管的核心，主要通过医疗服务提供方疾病基金支付方共同组成联合委员会履行具体监督职责，通过内设索赔专员、外请专家评估和大数据分析等措施实施监督。医师协会、医院协会、牙医协会等代表医疗服务提供方，负责对医务人员和医疗机构进行服务质量的监督。疾病基金作为支付方行业协会，负责制定医保基金支付协议、药品服务价格等。此外，德国质量保障办公室、医疗质量效率研究所、医疗透明管理制度与标准委员会等专业机构也参与监督管理。

在英国，律师团接受政府委托进行调查取证和提出改革建议。

知识链接 / 英国皇家律师调查报告

2013年，皇家律师罗伯特·佛朗西斯公布了对该医院的1000患者的100页调研报告；揭露其一味控费，不吸收医护人员建议，在2005—2009年间导致患者得不到应有治疗的急诊死亡率上升。还有13家医院被曝光，共涉及患者500万人，其中1.3万人因此而死亡。报告认为主要问题如下：医生不负责任，护理人员短缺；罗伯特律师提出290条改革建议。同年英国发布国家医疗服务体系（National Health Service，NHS）宪章，强调以患者为中心。

在美国，国家卫生保健反欺诈协会，在政府和保险公司之间共享医保反欺诈调查信息，并提供专业培训保险，建立公众平台，为公众提供反欺诈实施培训。

在新加坡，公积金局通过提供1万新元现金奖励的方式，鼓励个人参与打击保险欺诈行动计划。

（四）均有医疗保障服务协议

在德国，由疾病基金和医疗机构订立服务协议。在英国，由公益信托基金与医疗机构订立服务协议。在美国，由社会医疗保险和医疗救助服务中心委托蓝盾蓝十字协会经办，负责为医疗机构提供提供结算服务，并审核费用信息。在实践中，大量日常监督工作，通过医疗服务协议管理实施。

（五）均有智能监控和大数据分析

在德国，疾病基金均积极参与反欺诈工作，通过开发欺诈识别软件和数据系统为监督机构提供欺诈信息。2011年，德国推出在线检查患者权益系统和验证持卡人身份的密码系统（即新医疗卡系统）。德国基于一系列反欺诈专家的经验，发明了自动计算医疗保险损失的智能工具。

在英国，建立了NHS反欺诈数据库，搜集全国各地发生的反欺诈案件信息，以便集中调查处理欺诈案件。

美国发起了“医疗欺诈和滥用控制计划”，该计划负责通过新型信息技术集合医疗保险欺诈的所有数据，建立起全世界范围最广的保险欺诈数据库，在大数据基础上进行精准的评估、分析和审查支付环节，协助发现医疗保险欺诈行为。还开发了SGI MineSet系统，实现了对医疗保险数据的挖掘和可视化，通过大数据和医保监管网络促进自律和发现欺诈行为。

新加坡普通保险协会推出保险欺诈案例管理系统，利用数据分析和人工智能分析和检索保险欺诈案例。

综上所述，国外主要国家医疗保障监督的主要经验如下：①建立健全医疗保障法律法规，实现医疗保障监督有法可依；②通过智能监控建立当事人自律环境；③通过协议管理实现医疗服务提供方和支付方的相互监督；④政府和相关部门以及社会组织建立联合监督机制；⑤大力发展信息化和智能化提高监督能力和降低监督人工成本。但是，在德国、英国、美国仍不断出现金额巨大的医疗欺诈案件。在德国，AOK疾病基金与15家医生协会签订协议，利用回扣贿赂医生，通过故意夸大患者病情，骗取疾病保险基金280万欧元。在英国，伊恩·沃尔顿医生和国家基本保健基金经理丽莎希尔，通过伪造发票联手骗取15万英镑。在美国，医生护士和其他持证医务人员，通过滥开镇痛药和伪造医疗账单骗取联邦老遗残医疗保险和医疗补助资金13亿美元，涉案人员412人。这些事实进一步证明医疗保障监督的复杂性和艰巨性，需要从综合治理入手，而不是消极的事后监督惩罚。

四、我国医疗保障监督机制

《征求意见稿》第四条提出：“医疗保障基金使用监督管理实行政府监管、社会监督、行业自律和个人守信相结合”（图5-4）。

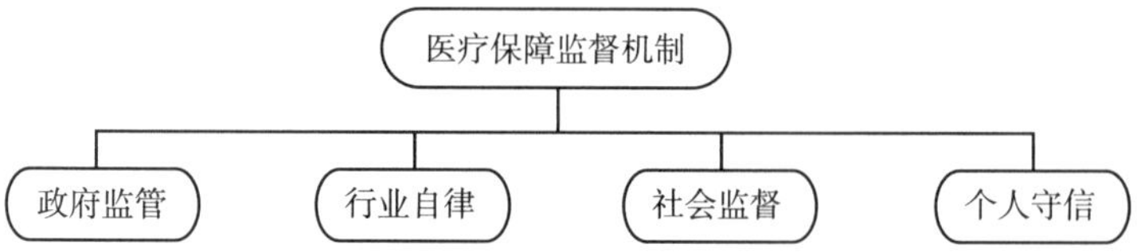

图5-4　中观医疗保障监督机制

（一）政府监管

《征求意见稿》第五十条提出："县级以上人民政府医疗保障行政部门应当加强对相关单位和个人遵守医疗保障法律、法规情况的监督检查。"医疗保障行政部门应当加强对纳入医疗保障基金支付范围的医疗服务行为和医疗费用的监督，规范医疗服务行为，依法查处违法使用医疗保障基金的行为。医疗保障行政部门应当建立健全定点医药机构、人员、医药价格和集中招标采购的医疗保障信用评价体系，根据信用评价等级分级分类管理。医疗保障行政部门实施监督检查时，被检查的单位和个人应当如实提供与医疗保障有关的资料，不得拒绝检查或者谎报、瞒报。

《征求意见稿》第五十一条提出："医疗保障行政部门依法进行监督检查，发现存在问题的，应当提出整改建议，依法作出处理决定或者移送有关行政部门进行处理。检查结果应当定期向社会公布。"医疗保障行政部门实施监督检查，有权采取下列措施：①查阅、记录、复制与监督检查相关的资料；②运用信息技术开展实时监测，并从相关信息系统中调取数据；③对可能被转移、隐匿、灭失或有初步证据证明可能被转移、隐匿或者灭失的资料等予以查封、扣押；④询问与调查事项有关的单位和个人，要求其对与调查事项有关的问题作出说明、提供有关证明材料；⑤聘请符合条件的会计师事务所等第三方机构和专业人员协助开展检查；⑥对隐匿、转移、侵占、挪用医疗保障基金的行为予以制止并责令改正；⑦其他依法可以采取的措施。具体措施如下。

1. 建立政府责任制 县级以上人民政府应当加强对医疗保障基金使用监督管理工作的领导，理顺和健全医疗保障基金使用监督管理机制和基金监督管理执法体制，处理好国家、省、市县、乡镇街道和社区的统筹与分工的协作关系，加强医疗保障基金使用监督管理能力建设。

2. 部门分工协作 国务院医疗保障行政部门主管全国的医疗保障基金使用监督管理工作。医疗保障、卫生健康、中医药、市场监督管理、财政、审计、公安等部门应当分工协作、相互配合，建立沟通协调、案件移送等机制，共同做好医疗保障基金使用监督管理工作。县级以上地方人民政府医疗保障行政部门负责本行政区域的医疗保障基金使用监督管理工作。县级以上地方人民政府其他有关部门在各自职责范围内负责有关的医疗保障基金使用监督管理工作。

知识链接 / 多部门联合开展打击欺诈骗取医疗保障基金专项行动

2018年9月起，国家医疗保障局会同国家卫生健康委员会、公安部、国家药品监督管理局联合开展打击欺诈骗取医疗保障基金专项行动。专项行动开展以来，各地加大打击力度，依法依规查处了欺诈骗保案。部分案例情况如下：①安徽省淮南市毛集第二医院2016年8月至2018年8月，共编造450人次虚假住院信息，骗取新农合基金136万元。医保部门依法终止与其医保服务协议，并将有关线索移交公安机关立案调查。相关部门依法吊销了该院《医疗机构执业许可证》。经颍上县人民检察院批准，公安机关已刑事拘留6人，取保候审4人，网上追逃2人。②江西省萍乡市安源区人民大药房2017年1月至2018年10月，医保系统内销售数据大于其店内销售数据，替换、串换药品等涉及金额4.9万元被追回，医保部门依法暂停其医保服务协议3个月。③湖北省黄冈市蕲春县五洲医院于2018年8月，通过挂床住院、以体检为由诱导住院、无医嘱用药等方式骗取医保基金4.1万元。医保部门约谈该院负责人、责令其停止违规行为。2018年11月16日起暂停该院的医保定点资格，按照违规金额的5倍从该医院医保结算款中扣减20.5万元，并移交相关部门进一步查处。

（二）社会监督

《征求意见稿》第五十四条提出："任何组织和个人有权对侵害医疗保障基金的违法违规行为进行举报、投诉。"医疗保障行政部门应当畅通举报投诉渠道，依法及时处理有关举报投诉，并对举报人的信息保密。对查证属实的举报，按照国家有关规定给予举报人奖励。此外，第三方评估评价、新闻媒体、社会舆论和人大代表提案等均属于社会监督范畴。

（三）行业自律

《医疗保障基金使用管理条例》第十四条规定："定点医药机构应当建立医疗保障基金使用内部管理制度，由专门机构或者人员负责医疗保障基金使用管理工作，建立健全考核评价体系。""定点医药机构应当组织开展医疗保障基金相关制度、政策的培训，定期检查本单位医疗保障基金使用情况，及时纠正医疗保障基金使用不规范的行为"。

具体措施：①发展智能监控。在互联网和大数据的支持下，智能审核与健康系统营运而出，为医务人员及其利益相关者实现自律创造了环境。如何交通视频与司机信用管理，在如今日益拥挤的城市马路和高速公路上，交通肇事率得到有效控制。借鉴交通治理的经验，各国均加强了智能审核与监控的系统建设。②发挥行业协会的作用。医疗保险研究会、医院协会、医师协会，以及各种专科专病协会，具有制定诊疗标准、开展质量控制促进活动的职能。

（四）个人守信

党中央5号文提出："要织密扎牢医保基金监管的制度笼子，着力推进监管体制改革，建立健全医疗保障信用管理体系。"信用是指依附在人之间、单位之间和商品交易之间形成的一种相互信任的生产关系和社会关系。信用管理（credit management）是指对在信用交易中的风险进行管理，即对信用风险进行识别、分析和评估。建立信用评级和信用档案，信用等级及其相应权益对等措施，是信用管理的主要工具。

根据《国务院关于建立完善守信联合激励和失信联合惩戒制度加快推进社会诚信建设的指导意见》（国发〔2016〕33号），2020年国家医疗保障局发布《关于建立医药价格和招采信用评价制度的指导意见》（医保发〔2020〕34号），提出信用评价制度建设六个方面的内容：①建立信用评价目录清单；②建立医药企业主动承诺机制；③建立失信信息报告记录机制；④建立医药企业信用评级机制；⑤建立失信行为分级处置机制；⑥建立医药企业信用修复机制。2020年，深圳市医疗保障局发布了《深圳市医疗保障信用管理办法（征求意见稿）》，分别提出医疗保险经办机构、商业保险机构、医保定点医药服务机构、医保医师的信用评价标准。

此外，还应当为用人单位和职工、医疗保险参保人、居民、困难家庭，乃至管理医疗捐赠的机构、互助医疗基金的机构建立信用评级和信用档案制度。

本章小结

本章以国家医疗保障局为例，介绍中央和地方医疗保障管理体制、运行机制、经办机构、信息系统、监督机制、公共服务的基本原理，引导学生熟悉国家医疗保障管理体制和监督机制的相关法律政策和操作流程。重点了解国家医疗保障行政机构、经办机构、监督执法机构的主要职责和区别；了解国家医疗保障信息中心、区域药物集采服务中心等机构主要功能。了解国家医疗保障管理体制、运行机制等制度安排的建设规划，思考医疗保障垂直管理与分级管理的利弊。分析医疗保障行政监督的定位。

（杨燕绥）

第六章　医疗保障筹资基准和待遇清单

学习目标

1. 掌握　医疗保障筹资基准和待遇清单的基本原理和发展趋势。

2. 熟悉　我国医疗保障筹资基准和待遇清单的现行规定、执行情况和主要问题。

3. 了解　我国医疗保障筹资基准和待遇清单的改革创新和发展规划。

第一节　医疗保障筹资基准

合理筹资、稳健运行是医疗保障制度可持续的基本保证。医疗保障筹资基准即基本医疗保险、生育保险的费基和费率的制度安排。党中央5号文件提出："要建立与社会主义初级阶段基本国情相适应、与各方承受能力相匹配、与基本健康需求相协调的筹资机制，切实加强基金运行管理，加强风险预警，坚决守住不发生系统性风险底线。"

一、公民的基本医疗保险参保和缴费义务

我国实行全民医疗保障制度。全体中国公民与合法定居的外籍居民（如持有就业绿卡的外籍居民），均为基本医疗保险的应参保人。婴幼儿在入户之日起30天以内，凭婴幼儿出生证明和母亲身份证复印件办理参保手续，从其出生之月起缴费和享受基本医疗保险待遇。

（一）用人单位和职工的缴费基准

用人单位是指具有用人权利能力和用人行为能力，运用劳动力组织生产劳动和支付工资福利等劳动报酬的单位。用人单位包括企业、个体经济组织、民办非企业单位、

国家机关、事业组织、社会团体。职工，在西方国家称雇员，属于有用人单位和劳动关系的人。职工包括在党政机关、事业单位、国有企业、民营企业、个体工商户和各类社会组织的全体在职人员。通常，在履行参加基本医疗保险和缴费义务时，实行用人单位代理参保登记和申报相关信息与代扣代缴保费，用人单位和职工共同履行缴费义务。

1. 医疗保险参保登记和社会保障卡 《中华人民共和国社会保险法》第五十七条规定："用人单位应当自成立之日起三十日内凭营业执照、登记证书或者单位印章，向当地社会保险经办机构申请办理社会保险登记。"用人单位在办理参保登记时，必须认真填写和报送《职工基本医疗保险单位登记表》《职工基本医疗保险花名册》、单位和开户银行盖章后的委托缴纳职工医疗保险费协议书，以及本单位上月的财务报表、职工工资表。

医疗保险经办机构应当自收到申请之日起十五日内予以审核，发给医疗保险登记证件。将信息录入电脑，建立参保单位台账，资料整理成册备案和保存100年。

用人单位的社会保险登记事项发生变更或者用人单位依法终止的，应当自变更或者终止之日起三十日内，到社会保险经办机构办理变更或者注销社会保险登记。工商行政管理部门、民政部门和机构编制管理机关应当及时向社会保险经办机构通报用人单位的成立、终止情况，公安机关应当及时向社会保险经办机构通报个人的出生、死亡以及户口登记、迁移、注销等情况。

目前，在北京市等医疗保险待遇较高的地区，出现办理虚假劳动关系骗取基本医疗保险资金的企业。针对这种情况，在前端，医疗保险经办机构（可能是社会化保险经办机构）在参保登记审查环节应当与工商部门合作审查申报企业的经营范围与运营状况、劳动合同与劳动关系的实际履行情况。在中端，医疗保险经办机构发现有虚拟劳动关系骗取医疗保险基金的，应当立即启动前端参保登记环节再审工作和后端医疗保障基金监督检查机构立案与取证工作，在证据确凿的条件下，由两方共同报送医疗保障行政机构作出相应的行政处罚，触犯法律的由两方共同移送司法机关。

《中华人民共和国社会保险法》第五十八条规定："用人单位应当自用工之日起三十日内为其职工向社会保险经办机构申请办理社会保险登记。"

国家鼓励无雇工的个体工商户、未在用人单位参加职工基本医疗保险的非全日制从业人员以及其他灵活就业人员（以下统称灵活就业人员）参加职工基本医疗保险。但是，参保人员不得重复参加基本医疗保险。自愿参加社会保险的灵活就业人员，应当向社会保险经办机构申请办理社会保险登记。

国家建立了全国统一的个人社会保障号码，并实现了个人社会保障号码与公民身份号码的统一。完成社会保险参保登记和审核后，即获得社会保障号码以及社会保障卡或者电子社会保障卡（含医疗保障卡）。

2．基本医疗保险缴费基准　医疗保险缴费基准由缴费基数和缴费费率构成。职工基本医疗保险费应当由用人单位和职工共同缴纳，并实行用人单位统一代扣代缴制。以个人身份参加职工基本医疗保险的灵活就业人员，基本医疗保险费由个人缴纳。

缴费基数是用人单位以国家规定的职工工资总额为缴费基数。根据国家统计局的有关规定，职工工资总额是指各单位在一定时期内支付给本单位全部职工的劳动报酬总额。本人月工资总额超过本市上年度在岗职工月平均工资300%的，按本市上年度在岗职工月平均工资的300%缴费；月工资总额低于本市上年度在岗职工月平均工资60%的，按本市上年度在岗职工月平均工资的60%缴费，各地区实际情况有所不同。待医疗保障法实施之后，应当实现全国统一。

缴费费率是职工本人上年度工资总额的一定比例。1998年《国务院关于建立城镇职工基本医疗保险制度的决定》（国发〔1998〕44号）是建立职工基本医疗保险的第一个指导性文件，规定用人单位缴费率应控制在职工工资总额的6%左右，职工缴费率一般为本人工资收入的2%。随着经济发展，用人单位和职工缴费率可作相应调整。目前，用人单位缴费率一般控制在职工个人工资总额（或者用人单位职工工资总额）的6%~7%，职工缴费率一般为本人工资总额的2%，合计费率为9%左右。例如，某职工月工资总额为8000元，其用人单位缴费为480元、职工个人缴费为160元。用人单位按照本单位职工工资总额0.5%的比例缴纳生育保险费，职工个人不缴纳生育保险费。目前，由地方政府决定费率。以东莞市为例，职工基本医疗费率为个人工资总额的2.5%。以北京市为例，费率是职工工资总额的11%。

灵活就业人员参加基本医疗保险的，应当按照国家规定缴纳基本医疗保险费。为了鼓励灵活就业人员参加基本医疗保险，有些城市规定，灵活就业人员参加基本医疗保险缴费基数和缴费费率均低于职工的基准。

3．职工基本医疗保险记账方式　国发〔1998〕44号文件规定："建立基本医疗保险统筹基金和个人帐户。基本医疗保险基金由统筹基金和个人帐户构成。"基本医疗保险统筹基金是统收统支的基本医保专项基金。基本医疗保险个人账户是计入参保缴费职工个人账户、在法定授权范围内自主决定支出的基本医疗保险专项基金。职工个人缴纳的基本医疗保险费全部计人个人帐户。用人单位缴纳的基本医疗保险费分为两部分，一部分用于建立统筹基金，一部分划入个人帐户，划入个人帐户的比例一般为用人单位缴费的30%左右，具体比例由统筹地区根据个人帐户的支付范围和职工年龄等因素确定。例如。某职工月工资总额1万元人民币。用人单位按6%缴费即600元、职工个人按2%缴费即200元，合计缴费800元，计入当地社会统筹基金的金额为420元，占合计缴费的52.5%，计入该缴费职工个人账户的金额为380元，占比为47.5%。国发

〔1998〕44号文件规定："具体比例由统筹地区根据个人帐户的支付范围和职工年龄等因素确定。"很多地区按照年龄的增长不断增加划入个人账户的比例，在实践中伴随人口老龄化的发展划入个人账户的资金越来越多。该文件还统筹基金和个人帐户要划定各自的支付范围，分别核算，不得互相挤占。伴随人口老龄化的发展，社会医疗保险的互济性越来越小。因此，在2010年《中华人民共和国社会保险法》中删除了职工基本医疗保险个人账户的制度安排。

知识拓展 / 职工基本医疗保险个人账户的政策目标是什么？

中国基本医疗保险为参保职工建立个人账户的政策目标有如下四点：一是鼓励职工缴费，顺利实现从免费型劳动医疗保险向缴费型社会医疗保险的转型。二是为职工建立医疗费用储蓄，在职工健康时储蓄部分资金用于生病时使用。三是建立个人控费机制。四是用于支付门诊医疗费用。

1998—2009年的实践证明，职工医疗保险个人账户的储蓄功能、控费功能和支付门诊功能均十分有限。2021年，根据慢性病管理需求，国家建立门诊和基层医疗机构的统筹基金和分担制度，企业缴费全部计入社会统筹基金，用于支付门诊统筹，职工缴费计入个人账户，可以用于个人并在家庭成员之间共享。

（二）居民基本医疗保险缴费基准

《中华人民共和国社会保险法》第二十五条规定："国家建立和完善城镇居民基本医疗保险制度。城镇居民基本医疗保险实行个人缴费和政府补贴相结合。"根据《医疗保障法（征求意见稿）》第十三条的规定：①城乡居民基本医疗保险费由财政和个人共同承担。2020年，城乡居民基本医疗保险人均财政补助标准为每人每年不低于550元，居民个人缴费金额为280元，合计缴费为830元；②享受最低生活保障的人、纳入特困人员救助供养范围的人、丧失劳动能力的残疾人、低收入家庭六十周岁以上的老年人和未成年人等参加城乡居民基本医疗保险所需个人缴费部分，由政府给予补贴。③具备多种身份的人员，按照可享受的最高待遇给予补贴，但是不得重复补贴。

二、基本医疗保险费的征缴

（一）征收机构

2019年《社会保险费征缴暂行条例》第六条规定："社会保险费实行三项社会保险

费集中、统一征收。社会保险费的征收机构由省、自治区、直辖市人民政府规定，可以由税务机关征收，也可以由劳动保障行政部门按照国务院规定设立的社会保险经办机构（以下简称社会保险经办机构）征收。”中共中央办公厅、国务院办公厅印发的《国税地税征管体制改革方案》，明确从2019年1月1日起，将基本养老保险费、基本医疗保险费、失业保险费、工伤保险费、生育保险费等各项社会保险费交由税务部门统一征收。医疗保险费和生育保险费的征收正在向税务部门转移，社会保险经办机构应当及时向税务机关提供缴费单位社会保险登记、变更登记、注销登记以及缴费申报的情况。

（二）征收规则

2019年《社会保险费征缴暂行条例》规定，基本医疗保险（含生育保险费）缴费规则如下：①缴费单位和缴费个人应当以货币形式全额缴纳社会保险费。缴费个人应当缴纳的医疗保险费，由所在单位从本人工资中代扣代缴。医疗保险费不得减免。非因不可抗力等法定事由不得缓缴、减免。②缴费单位未按规定缴纳和代扣代缴医疗保险费的，由医疗保障行政部门或者税务机关责令限期缴纳；逾期仍不缴纳的，除补缴欠缴数额外，从欠缴之日起，按日加收2‰的滞纳金。滞纳金并入医疗保险基金。③征收的医疗保险费存入财政部门在国有商业银行开设的社会保障基金财政专户，基本医疗保险基金、生育保险基金单独核算。医疗保险基金不计征税费。④医疗保险经办机构应当建立缴费记录，包括记录个人账户缴费情况。负责保存缴费记录，并保证其完整、安全100年，缴费单位、缴费个人有权按照规定查询缴费记录。⑤用人单位未按规定申报应当缴纳的医疗保险费数额的，按照该单位上月缴费额的110%确定应当缴纳数额；缴费单位补办申报手续后，由征收机构按照规定结算。用人单位逾期仍未缴纳或者补足医疗保险费的，征收机构可以向银行和其他金融机构查询其存款账户；并可以申请县级以上有关行政部门作出划拨医疗保险费的决定，书面通知其开户银行或者其他金融机构划拨医疗保险费。用人单位账户余额少于应当缴纳的医疗保险费的，征收机构可以要求该用人单位提供担保，签订延期缴费协议。用人单位未足额缴纳医疗保险费且未提供担保的，征收机构可以申请人民法院扣押、查封、拍卖其价值相当于应当缴纳医疗保险费的财产，以拍卖所得抵缴医疗保险费。

三、完善筹资分担和调整机制

党中央5号文件提出：“就业人员参加基本医疗保险由用人单位和个人共同缴费。非就业人员参加基本医疗保险由个人缴费，政府按规定给予补助，缴费与经济社会发展水平和居民人均可支配收入挂钩。适应新业态发展，完善灵活就业人员参保缴费方式。建立基本医疗保险基准费率制度，规范缴费基数政策，合理确定费率，实行动态调整。均衡个人、用人单位、政府三方筹资缴费责任，优化个人缴费和政府补助结构，研究应对老龄化医疗负担的多渠道筹资政策。加强财政对医疗救助投入，拓宽医疗救助筹资渠道。”

完善我国基本医疗保险筹资机制面对如下挑战。

1．稳定费率 基本医疗保险缴费基准与人均GDP水平和人口结构具有相关性。我国目前按照工资总额8%征收基本医疗保险费是一个合理的水平，但在劳动力流入地区和流出地区的费率差异较大，有些经济发达城市费率偏高，在医疗保障法实施之后，应当统一全国基本医疗保险费率，为企业创造平等的营商环境。同时，根据人口结构和经济发展水平建立调节费率，提高人口流入地区的费率，适度补贴人口流出地区。

2．夯实费基 目前缴费基数为实际工资总额的40%~70%。

3．合理分担 职工基本医疗保险缴费企业分担比例是职工的3倍。而国际惯例是1∶1。居民医疗保险缴费，政府分担比例是个人的2~3倍。居民属于没有稳定收入的群体。难以界定缴费基数和费率。按照一人参保保全家的国际经验。在未来条件成熟时，职工基本医疗保险和居民基本医疗保险一体化发展是必然趋势。

4．退休人员缴费 医疗保险属于现收现付和社会互济的制度安排，没有积累功能，终生缴费是国际惯例。伴随人口老龄化，退休人员占参保人的比例逐渐提高、其医疗费用占比医保基金支出的比例逐渐加大，待成时机成熟时，应当讨论和解决退休人员缴费问题。

第二节　医疗保障待遇清单制度

公平适度的待遇保障是增进人民健康福祉的内在要求。党中央5号文件提出：“坚持应保尽保、保障基本，基本医疗保障依法覆盖全民，尽力而为、量力而行，实事求是确定保障范围和标准”“建立健全医疗保障待遇清单制度，规范政府决策权限，科学界定基本制度、基本政策、基金支付项目和标准”。2021年8月10日，国家医疗保障局发布的《关于建立医疗保障待遇清单制度的意见》（下称《意见》）指出，医疗保障待遇清单包含基本制度、基本政策，以及医保基金支付的项目和标准、不予支付的范围，根据党中央、国务院决策部署动态调整，适时发布。

一、基本医疗保险待遇

（一）受益资格

资格是指参保缴费人达到法律规定的条件时享有基本医疗保险待遇的资格。按照国际惯例，从缴费到受益有3~6个月的等待期。目前在中国等待期不足1个月。如某市规定，参保人自办理参保手续、缴交医疗保险费次月1日起享受本办法规定的医疗保险待遇。每月20日前申报参保的，按当月参保处理；每月20日后申报参保的按次月参保处理。

具体规定：①按时足额缴纳职工医保费的参保人，从缴费次月开始享受相应的职工医保待遇。失业人员按照规定从领取失业保险金的当月开始享受相应的职工医保待遇。职工医保参保人在停止缴费的次月，停止享受职工医保待遇，但个人账户余额可以继续使用。②用人单位未按照规定为职工参保的补缴应缴费用、利息和滞纳金后，累计参保人职工医保缴费年限，不补付职工医保待遇，期间参保人应当享受的职工医保待遇由负有缴费义务的用人单位承担。用人单位未按时缴纳职工医保费的，从欠缴次月起，参保人暂不享受职工医保待遇；用人单位在欠缴之日起3个月内（从开始欠缴之月起连续计算至补缴上月止，下同）补缴欠缴费用、利息和滞纳金的，延缴期间应当由统筹基金支付的医疗费用可以补付，参保人缴费年限可以累计，相应金额补划至个人账户。用人单位在欠缴之日起3个月后补缴欠缴费用、利息和滞纳金的，参保人缴费年限可以累计，职工医保待遇不予补付（含个人账户拨付待遇），期间参保人应当享受的职工医保待遇由负有缴费义务的用人单位承担。参保人个人未按时缴纳职工医保费的，不予补缴，期间参保人应当享受的职工医保待遇由负有缴费义务的个人承担。③参加职工基本医疗保险的个人，基本医疗保险关系转移接续时，基本医疗保险缴费年限累计计算。

（二）缴费年限

《中华人民共和国社会保险法》第二十七条规定：“参加职工基本医疗保险的个人，达到法定退休年龄时累计缴费达到国家规定年限的，退休后不再缴纳基本医疗保险费，按照国家规定享受基本医疗保险待遇；未达到国家规定年限的，可以缴费至国家规定年限。”退休后不再缴纳基本医疗保险费的规定，既不符合医疗保险现收现付和社会互济的基本原则，也不符合人口老龄化的发展趋势，中国需要选择合适时机，建立终生缴费制度。目前由省市自行规定，缴费年限在20~25年之间。很多人在办理退休手续时尚未达到这个缴费年限，在退休之后继续缴费。

（三）支付范围

《社会保险法》第二十八条规定：“符合基本医疗保险药品目录、诊疗项目、医疗服务设施标准以及急诊、抢救的医疗费用，按照国家规定从基本医疗保险基金中支付”，即基本医疗保险三个目录，由此构成的基本医疗保险服务包，居民基本医疗保险参照职工基本医疗保险目录协同发展。

1. 基本医疗保险药品目录 该目录是适用于基本医疗保险参保人，由基本医疗保险基金支付的药物清单，是基本医疗保险待遇清单的重要组成部分。1975年，世界卫生组织开始向其成员国推荐制定基本药物名单。1992年，我国开始制定国家基本药物目录（表6-1）。2000年制定了第一部《国家基本医疗保险药品目录》，分别在2004年、2009年进行两次重大调整，2020年之后建立了动态调整机制。

表6-1 国家基本药物目录

（一）青霉素类

序号	品种名称	剂型、规格	备注
1	青霉素 Benzylpenicillin	（钾盐）注射用无菌粉末：0.25g（40万单位）、0.5g（80万单位） （钠盐）注射用无菌粉末：0.24g（40万单位）、0.48g（80万单位）、0.96g（160万单位）	
2	苄星青霉素 Benzathine Benzylpenicillin	注射用无菌粉末：30万单位、60万单位、120万单位	
（二十六）儿科用药			
417	培门冬酶 Pegaspargase	注射液：2ml ∶ 1500IU、5ml ∶ 3750IU	△

注："△"表示药品应在具备相应处方资质的医师或在专科医师指导下使用，并加强使用监测和评价。目录中的抗菌药物应按照抗菌药物临床应用管理相关规定执行。

（1）制定基本医疗保险药物目录的基本原则：一是国家统一制定基本医疗保险药物目录清单，地方政府根据需要提出补充药物目录清单，并报备国家医疗保障局备案。二是临床必需、安全有效。根据参保人临床治疗需要，保障用药安全和用药供给，首先考虑常见病的基本用药需求。三是价格合理、使用方便、市场供给有保障。通过建立药物集中采购与定价机制，控制药品费用支出，保证医疗保险基金收支平衡。四是坚持中西医并重方针，合理推行中西医兼顾的用药行为；五是促进临床医药科技进步和发展，有效推动我国医药事业和产业的发展。

（2）纳入基本医疗保险药物目录的条件：符合上述原则和下列条件之一的，可以纳入基本医疗保险药品目录，包括：《中华人民共和国药典》（现行版）收载的药品；获得国家药品监督管理局注册批件的药品；获得国家药品监督管理局进口批件的药品。不能纳入基本医疗保险药品目录的条件如下：营养制品药品，如十全大补膏；可以入药的动物及动物脏器和干果类，如海马、胎盘等；用中药材中药饮片炮制的各种酒制剂，如杜仲酒；各类药品中的果味制剂、口服泡腾剂，如果味维生素C；血液制品，蛋白类制品（急救、抢救除外），如人血白蛋白等；国家医疗保障局规定不予支付的其他药品。

（3）基本医疗保险药物目录的基本结构，由西药、中成药和中药饮片三部分组成。西药和中成药采用“准入法”，所列药品为基本医疗保险准予支付的药品。中药饮片采用“排除法”。所列药品为基本医疗保险基金不予支付费用的药品。药品目录中的药品按照药物学和一致性评价、临床科学用药循证和药物经济评估相结合的办法进行分类。西药和中成药的药品名称采用通用名，并标明剂型；中药饮片采用《中华人民共和国药典》相应名。

西药和中成药分为甲类目录和乙类目录。甲类目录的药品是临床治疗必需、使用广泛、疗效好、同类药物中价格较低的药物，基本医疗保险分担比例相对高。乙类目录的药品是可供临床治疗选择、疗效好、在同类药物中比甲类药品目录药品价格略高的药物，参保人自付比例相对高。

（4）我国现行基本医疗保险药物目录的主要内容。2020年版国家医保目录共收载药品2800种，其中西药1426种、中成药1374种、中药饮片892种。

2. 基本医疗保险诊疗项目 该目录是指临床诊疗必需、安全有效、费用适宜的，由医疗保障部门制定了收费标准的，由定点医疗机构为参保人员提供的，由医疗保险基金支付的诊疗项目，是基本医疗保险待遇清单的核心组成部分。国家确定基本医疗保险诊疗目录主要采取排除法。以德国为例，镶牙、配眼镜等逐渐被排除在基本医疗保险支付范围之外。

（1）制定基本医疗保险诊疗目录的基本原则：一是统一目录。国家统一制定基本医疗保险诊疗项目清单，考虑不同地区经济状况、人口结构和医疗技术水平，留给地方一定的制定诊疗目录的调整空间。二是临床必需。主要是临床治疗疾病必需的项目和诊疗手段，特别要考虑社区医疗的全科、外科、精神科、康复科、儿科和老年科的需求。目前不包括罕见病、普通健康检查（专项检查除外）、辅助治疗手段（如音乐疗法）和非疾病治疗手段（如美容）等内容。三是科学合理。既要覆盖经过临床长期使用，广泛公认安全有效、相对成熟的诊疗项目，有条件时引入器官移植等，也要费用适宜，符合基本医疗保险在经济学上的要求，考虑基本医疗保险的支付能力。

（2）基本医疗保险诊疗项目范围（表6-2）：基本医疗保险参保人员在定点医药机构发生的符合基本医疗保险支付范围的费用，由基本医疗保险基金按照规定予以支付。分为全额统筹基金支付项目、部分统筹基金支付项目和统筹基金范围外项目。全额统筹项目全部由统筹基金支付；部分统筹项目，个人需要负担一定比例的费用，如CT检查费用，个人自付20%；统筹范围外项目的费用完全由个人自费。基本医疗保险基金不予支付费用的诊疗项目，首先是未列入区域规划的大型医疗设备；其次是一些非临床诊疗必需、效果不确定或属于特需医疗服务的诊疗项目。基本医疗保险基金支付部分费用的诊疗项目，主要是一些临床诊疗必需、效果确定，但费用昂贵的诊疗项目，如高压氧治疗、血液透析、骨髓移植、抗肿瘤细胞免疫疗法等。

表6-2　基本医疗保险诊疗项目目录

序号	医保项目编码	名称	单位	医保是否支付
1	052102000010000470	磁共振平扫	每部位	是
2	052102000010000471	磁共振增强平扫	每部位	是
3	052102000010000472	脑功能成像	次	是
4	......	......	......	......
4000	999999999999000539	伽马刀20靶点	无	是

3. 基本医疗服务设施　医疗服务设施是指由定点医疗机构提供的参保人员在接受诊断、治疗和护理过程中的生活服务设施。设施费用主要包括住院床位费及门（急）诊留观床位费。基本医疗保险基金不予支付的生活服务项目和服务设施费用主要包括：①就（转）诊交通费、急救车费；②空调费、电视费、电话费、婴儿保温箱费、食品保温费、电炉费、电冰箱费及损坏公物赔偿费；③陪护费、护工费、洗理费、门诊煎药费；④膳食费；⑤文娱活动费以及其他特需生活服务费用。凡不纳入统筹金支付范围的项目由个人负担；纳入范围的项目按标准予以报销，如三级医院床位费80元/床日，超过此标准的床位费部分须由个人自负。实际床位费低于报销标准的，按实际发生费用纳入统筹。

4. 门诊、急诊、抢救的医疗费用　按照党中央5号文件要求，我国逐步将门诊医疗费用纳入基本医疗保险统筹基金支付范围，改革职工基本医疗保险个人账户，建立健全以特病为主的医院门诊、社区慢性病管理为主的门诊共济保障机制。

在东莞市、深圳市等地先行先试了职工居民一体化医疗保险制度安排。从三档参保人（流动人口）开始建立首诊制，门诊和住院就医转诊的，应经原结算医院同意，转出医院应向接受转诊的医院出具转诊证明。

参保人员在门急诊抢救，且医疗费用中含有大抢救、中抢救、小抢救、输血、吸氧或心电监护至少一项的，医疗保险按照门急诊抢救费用予以支付。通常，参保人在门急诊抢救有两种情况：一是门急诊抢救后在抢救医院继续住院治疗，并入当次住院费用一并结算。二是门急诊抢救后死亡，按照抢救医院医保住院支付政策支付。

5. 生育医疗费用和生育津贴　生育保险待遇包括生育医疗费用和生育津贴。未参加生育保险的妇女发生的生育医疗费用，通过参加基本医疗保险予以解决。

（1）生育医疗费用和职工基本医疗保险按照国家规定合并实施。支付范围和待遇标准如下：产前检查费用；生育医疗费；列入职工医疗保险统筹基金结付范围的生育并发症病种，包括羊水栓塞、难治型产后大出血、妊娠期急性脂肪肝、弥漫性微血管内凝血重度妊娠高血压综合征、重度妊娠合并肝内胆汁淤积症、妊娠合并心力衰竭、妊娠合并脑血管意外、妊娠合并重度血小板减少、重症产科感染、产科多器官功能衰竭。

（2）生育津贴：生育津贴按照计发基数乘以职工产假天数计发。计发基数，按职工生育时所在用人单位前12个月生育保险月人均缴费基数除以30计算。计发天数为：顺产的，128天；难产、剖宫产的，增加15天；生育多胞胎的，每多生育1个婴儿，增加15天。

（3）一次性营养补助：按本市上年城镇非私营单位在岗职工平均工资的2%计发。2021年7月1日起，计发标准为2275元。

（四）分担比例

社会互济、共付制与合理确定分担比例（即直接结算，由个人垫支后取得医保支付的称为“报销”）是社会医疗保险的基本特征。共付制的核心问题是如何确定个人支付责任。经济合作与发展组织（Organisation for Economic Co-operation and Development，OECD）主要成员国将参保患者个人自付比例控制在20%左右，认为这个比例既可以消除贫困也可以达到制约浪费的目的。借鉴国际经验和立足中国国情。我国基本医疗保险参保患者的个人付费责任如下：①自费责任。在基本医疗保险确定的支付目录之外，在定点医药机构之外发生的医药费用由个人自费支付。②自负责任。在现行基本医疗保险政策规定的起付线以下、封顶线以上、统筹基金分担比例以外，发生的医疗费用由个人自己负担。目前依据统筹地区政策，执行个人自负责任。在国家统一待遇清单制度之后，全国各地的相关政策基本一致，可以避免医疗保险患者旅游就医的问题。

课堂互动 / 吴先生住院费用的分担情况

2019年3月至7月，参保职工吴先生患重疾多次住院治疗，最后这次住进重症监护室7天。出院收费票据显示的支付信息如下：金额合计18.6万元，医保统筹基金支付5.2万元（封顶线以下余额），个人自付5.58万元（个人自付30%，可以从个人账户支出），个人账户支出自付4.02万元（起付线1800元，超过封顶线部分3.84万元），个人自费3.8万元（目录外用药）。

本题释义：①当地职工基本医疗保险政策规定：统筹基金年度支付最高限额22万/人，三级医院住院费用统筹基金分单比例60%，住院起付线1800元。②在吴先生本次住院医疗费用中，医保统筹基金分担比例占总医疗费用的28%（因为吴先生在前几次住院治疗已经使用医保统筹基金共计16.8万元），个人自负占比为51.6%，个人自费占比为20.4%，自付和自费合计费用的占比为72%。

（五）免责范围

免责是指医保支付责任的免除。《医疗保障法（征求意见稿）》第十六条规定："下列医疗费用不纳入基本医疗保险基金支付范围：应当从工伤保险基金中支付的；应当由第三人负担的；应当由公共卫生负担的；在境外就医的；体育健身、养生保健消费、健康体检；国家规定的基本医疗保险基金不予支付的其他费用。遇到对经济社会发展有重大影响时，基本医疗保险基金不予支付范围经法定程序，可做临时调整。"

二、完善待遇清单和调整机制

我国基本医疗保障存在过度保障和保障不足的问题。主要表现：①在医疗保障改革先行示范区，医疗保险支付覆盖急诊、住院、门诊、社区医疗（社区公共卫生服务中心）、康复医院和临终医院，已经形成"分类医护"的格局。在另一些地区仅覆盖住院和急诊，由此出现慢性病患者为了吃药而住院的"挂床"现象、高龄老人在重症监护室压床现象，甚至出现高龄老人住大型医院急诊室引发"杀医"事件。②在三个目录适用范围和医保基金分担比例方面，地方政策和适用标准差异较大，有些地方政府在缺乏科学依据的条件下，屡次用医疗保险待遇给居民发送"大礼包"。待遇差距引发了"医保旅游者"的问题，有些参保人借助异地医疗政策到对自己最有利的地方就医，由此扰乱了就医秩序和增加了个人非医疗支出。在北京市等地甚至出现制造虚假劳动关系的公司，公司和职工合谋骗取医疗保险资金。

为实施医疗保障公平适度原则，纠正过度保障和保障不足的问题。党中央5号文件要求，建立健全医疗保障待遇清单制度，各地区要确保政令畅通。《医疗保障法（征求意见稿）》第十五条规定："基本医疗保险基金支付范围由国务院医疗保障行政部门组织制定。省、自治区、直辖市人民政府按照国家有关规定，补充制定本行政区域基本医疗保险基金支付的具体项目和标准，并报国务院医疗保障行政部门备案。国务院医疗保障行政部门负责组织制定国家基本医疗保险药品、医用耗材、医疗服务项目、医疗服务设施等目录和支付标准，实行动态调整。"

2021年8月10日，国家医疗保障局、财政部发布的《关于建立医疗保障待遇清单制度的意见》（医保发〔2021〕5号），在十四五期间，完善医疗保障待遇清单制度的主要工作如下：①规范管理。科学界定基本制度、基本政策、基金支付项目和标准；促进医疗保障制度法定化、决策科学化、管理规范化，严格执行基本支付范围和标准，纠正过度保障和保障不足问题；②组织实施。各地区要自觉提高站位。一要统筹推进相关工作，加强政策解读，引导预期，确保政策平稳过渡。二要做好衔接过渡，妥善处理有关政策。原则上不得再出台超出清单授权范围的政策。对以往出台的与清单不相符的政策措施，由政策出台部门具体牵头，原则上3年内完成清理规范，同国家政策衔接。三要加强沟通协调，为应对突发性重大情况等确有必要突破国家清单限定的，要及时向国务院医疗保障行政部门和财政部门报告。

本章小结

医疗保险基金长效收支平衡取决于如下两个问题：一是筹资基准。决定基本医疗保险的收入和持续发展，需要统一才能维持公平性，随意降低费基费率的都属于逃费的违法违规行为。二是待遇清单。决定基本医疗保险的支出。需要根据基本医疗保险基金收入进行中长期规划，由国家进行顶层设计，统一全国待遇清单，做好地方保留待遇之间的对接。通过学习本章内容，应思考如何判定我国基本医疗保险筹资水平的合理性，用人单位和职工应当如何分担医疗保险缴费。如何制定基本医疗保险的三个目录和建立动态调整机制，完善我国医疗保障待遇清单制度。

（毛　瑛）

第七章　医疗保障基金管理

学习目标

1. 掌握　医疗保障基金分类，预算、决算，收入、征缴、支出，资产、负债，账户管理，会计管理，支付、结算，基金风险管理的基本原理。

2. 熟悉　上述管理的具体内容和相关法律法规的基本要求。

3. 了解　上述管理的现状、问题和发展趋势。

第一节　预算管理与征收管理

医疗保障基金是指为了保障参保人和受益人的权益和保障待遇，根据国家法律法规规定，由单位和个人缴纳、政府补助以及通过其他合法方式筹集的专项资金。包括基本医疗保险基金、医疗救助基金、补充医疗保险基金、生育保险基金等。生育保险与职工基本医疗保险合并实施，不再单列生育保险基金。本节以基本医疗保险为主，描述预算管理和征收管理。

一、预算管理

基本医疗保险基金预算管理的原则和制度如下。

（1）医疗保险基金预算编制应按照《中华人民共和国预算法》《中华人民共和国社会保险法》《中华人民共和国预算法实施条例》以及国务院有关规定执行，经法定程序审批、具有法律效力。

（2）预算由基金收入预算和基金支出预算组成，坚持“以收定支、收支平衡、略有结余”的原则进行预算。

（3）医疗保险基金预算保持独立完整，与一般公共预算相衔接。按险种、不同制度和统筹地区分别编制。

（4）年度终了前，统筹地区经办机构应按照规定表式、时间和编制要求，综合考虑本年度预算执行情况、下年度经济社会发展水平以及医疗保险工作计划等因素，编制下年度基金预算草案，报本级医疗保险行政部门审核汇总。按照党中央5号文件要求，适应异地就医直接结算、“互联网+医疗”和医疗机构服务模式发展需要，探索开展跨区域基金预算试点。由税务机关负责征收的险种，社会保险费收入预算草案由经办机构会同税务机关编制。

（5）财政部门负责审核并汇总编制社会保险年度基金预算草案，会同医疗保险行政部门上报同级人民政府，经同级人大批准后，批复经办机构具体执行，并报上级财政部门和医疗保险行政部门备案。由税务机关负责征收的险种，医疗保险费收入预算批复税务机关和经办机构。

（6）经办机构严格按照批复预算执行，定期向同级财政部门和医疗保险行政部门报告预算执行情况。财政部门和医疗保险行政部门应逐级汇总上报预算执行情况，并加强基金运行监控，发现问题及时处置。由税务机关负责征收的险种，税务机关应严格按照批准的预算和规定的程序执行，定期向同级财政部门和医疗保险行政部门报告。

（7）基金预算不得随意调整。执行中因特殊原因需要调整时，统筹地区经办机构应当编制预算调整方案，报同级医疗保险行政部门审核汇总。统筹地区财政部门审核并汇总编制预算调整方案，会同医疗保险行政部门上报同级人民政府，按要求经同级人大常务委员会批准后，批复经办机构执行，并报上级财政部门和医疗保险行政部门备案。由税务机关负责征收的险种，医疗保险费收入预算调整方案由经办机构会同税务机关提出，并批复税务机关和经办机构。税务机关应严格按照批准的预算和规定程序执行，定期向同级财政部门和医疗保障部门报告。

二、基金收入

1. 职工基本医疗保险基金收入　包括按规定计入统筹基金账户的医疗保险费收入、财政补贴收入、利息收入、上级补助收入、下级上解收入、其他收入。其中医疗保险费收入指用人单位和个人按照规定缴费基数和费率缴纳的医疗保险费以及其他资金资助参保对象缴纳的保费收入。

2. 职工基本医疗保险个人账户收入　包括按规定计入个人账户的医疗保险费收入、利息收入、转移收入、上级补助收入、下级上解收入、其他收入。

3. 城乡居民基本医疗保险基金收入　包括城乡居民基本医疗保险费收入、财政补贴收入、利息收入、上级补助收入、下级上解收入、其他收入。其中城乡居民基本医疗保险费收入指城乡居民按照规定缴费标准缴纳的保费收入，有条件的用人单位对职工家属参保缴费给予的资助，乡村集体经济组织对农民参保缴费给予的资助，以及城乡医疗救助基金等资助参保对象缴纳的保费收入。

4. **生育保险基金收入** 包括生育保险费收入、财政补贴收入、利息收入、上级补助收入、下级上解收入、其他收入。其中生育保险费收入是指用人单位按照规定缴费基数和费率缴纳的生育保险费。

三、基金征缴

基本医疗保险基金应按照《中华人民共和国社会保险法》《中华人民共和国医疗保障法》和其他有关行政法规规定按时、足额筹集，任何地区、部门、单位和个人不得截留和减免。

社会保险费征收机构应当依照法律、行政法规的规定，及时、足额征收应征社会保险费，不得违反法律、行政法规规定多征或减征，不得截留、占用或挪用。

各级财政部门应根据《中华人民共和国预算法》《中华人民共和国社会保险法》《中华人民共和国医疗保障法》等法律、法规及相关制度规定安排基金财政补助，纳入同级财政年度预算并按规定程序及时办理拨付手续。

用人单位和个人应当以货币形式全额缴纳社会保险费，严禁以物抵费，对于未按规定按时足额缴纳社会保险费的用人单位，征收机构按照有关法律法规进行处理。

医疗保险费征收机构应当按时足额将征收的基金收入缴入财政专户，具体时间和方式由各省、自治区、直辖市自定。缴入资金时，须填制银行制发的进账单、划款凭证（一式多联）或其他有效凭证，有关部门或机构凭该凭证记账。

税务机关征收社会保险费的，经办机构应及时向税务机关提供征收所需的用人单位和个人参保登记等相关信息，税务机关应及时向经办机构提供征收信息、征收明细数据等相关情况。

四、基金支出与结余

1. **基本医疗保险支出** ①医疗保险待遇支出：按规定支付给社会保险对象的待遇支出，包括为特定人群缴纳社会保险费形成的支出。②转移支出：参保对象跨统筹地区或跨制度流动转出的基金支出。③补助下级支出：上级拨付下级的支出，上解上级支出指下级上解上级的支出。④其他支出：经国务院批准或国务院授权省级人民政府批准开支的其他非社会保险待遇性质的支出。⑤医疗补助金：按规定支付已纳入企业职工基本养老保险基金开支范围的离休、退休、退职人员的医疗费用。⑥生育保险与职工基本医疗保险合并实施的统筹地区，职工基本医疗保险统筹基金待遇支出中包含生育待遇支出。生育待遇支出包括生育医疗费用支出和生育津贴支出。⑦职工基本医疗保险个人账户待遇支出指按规定由个人账户开支的支出，主要包括个人自付的门诊费用支出、住院费用支出、在定点零售药店发生的医药费支出。个人账户资金原则上不得用于非医疗支出。⑧职工基本医疗保险基金的补助：下级支出、上解上级支出根据具体情况分别在统筹基金和个人账户基金中列支，职工基本医疗保险基金的转移支出在个人账户基金中列支。⑨城乡居民基本医疗保险基金支出：包括城乡居民基本医疗保险待遇支出、划转用于城乡居民大病保险支出、补助下级支出、上解上级支出、其他支出。其中待遇支出指基金对参保城乡居民医疗费用的补偿支出，主要包括住院费用支出，门诊费用纳入基金支付范围的地区也包括门诊费用支出。⑩划转用于城乡居民大病保险支出：按照规定从城乡居民基本医疗保险基金中划出一定比例或额度作为城乡居民大病保险的支出。

2. 基本医疗保险基金结余 基金结余指基金收支相抵后的期末余额。职工基本医疗保险基金和城乡居民基本医疗保险基金遵循以收定支、收支平衡、略有结余的原则，结余包括统筹基金结余和个人账户基金结余。职工基本医疗保险基金实行分账核算、统一管理。基金结余除预留一定的支付费用外，应在保证安全的前提下，按照国务院相关规定开展投资运营，实现保值增值。医疗保险行政部门和财政部门对基金投资运营实施严格监管。职工基本医疗保险基金结余应当预留相当于两个月的支付费用。基金当年入不敷出时，动用历年滚存结余中的存款。

五、资产与负债

资产包括基金运行过程中形成的现金、银行存款（含收入户存款、财政专户存款、国库存款、支出户存款）、投资、暂付款项、应收款项等。其中，暂付款包括总额预付资金、先行支付资金等。经办机构和税务机关不得接受现金和现金支票、远期票据、有价证券等形式的缴费，支付基金采取安全高效的方式，减少现金支付。及时办理收付及存储手续，定期清理暂付款项。财政部门、经办机构、税务机关定期对账，保证账账相符、账款相符。确实无法收回的暂付款项，经统筹地区人民政府批准后核销。

负债包括基金运行过程中形成的借入款项、暂收款项、应付款项等。借入款项和暂收款项应定期清理、及时偿付。因债权人原因确实无法偿付的，经统筹地区财政部门批准后并入基金的其他收入。

六、基金决算

年度终了，统筹地区经办机构应按照规定编制年度医疗保险基金决算草案，报同级社会保险行政部门审核汇总。经统筹地区财政部门审核并汇总编制，会同医疗保险行政部门（或人力资源社会保障部门）报本级人民政府审定后，提交同级人大常务委员会审查和批准。审批后，由同级财政部门、医疗保险行政部门分别报送上级财政部门和医疗保险行政部门。省级医疗保险基金决算草案经省级人大常委会审批后，由省级财政部门、医疗保险行政部门分别上报财政部、国家医疗保障局（或人力资源和社会保障部）和国家卫生健康委。

第二节　账户管理

我国基本医疗保险基金使用分为社会统筹账户和职工个人医疗保险账户。根据财社〔2017〕144号规定，基本医疗保险基金管理分为财政专户、收入户和支出户。

一、基本医疗保险基金使用账户

根据国发〔1998〕44号文件的规定，建立基本医疗保险统筹基金和个人帐户。基本医疗保险基金由统筹基金和个人帐户构成。职工个人缴纳的基本医疗保险费全部计入个人帐户。用人单位缴纳的基本医疗保险费分为两部分，一部分用于建立统筹基金，一部分划入个人帐户。划入个人帐户的比例一般为用人单位缴费的30%左右，具体比例由统筹地区根据个人帐户的支付范围和职工年龄等因素确定。统筹基金和个人帐户要划定各自的支付范围，分别核算，不得互相挤占。

2002年以后，基本医疗保险统筹基金从县级政府开始做起，逐渐形成地市统筹。2010年颁布的《中华人民共和国社会保险法》没有对职工基本医疗保险个人账户进行规范，规定基本医疗保险基金逐步实行省级统筹，具体时间、步骤由国务院规定。2021年，国务院办公厅《关于建立健全职工基本医疗保险门诊共济保障机制的指导意见》（国办发〔2021〕14号）做出如下规定：①在职职工个人账户由个人缴纳的基本医疗保险费计入，约为2%；单位缴纳的基本医疗保险费全部计入统筹基金；退休人员个人账户原则上从统筹基金按当年当地平均基本养老金的2%左右划入。增加的统筹基金主要用于门诊共济保障。②个人账户主要用于支付参保人员在定点医疗机构或定点零售药店发生的政策范围内自付费用。可以用于支付参保人员本人及其配偶、父母、子女在定点医疗机构就医发生的由个人负担的医疗费用，以及在定点零售药店购买药品、医疗器械、医用耗材发生的由个人负担的费用。

二、基本医疗保险基金管理账户

（一）医疗保险基金财政专户

财政部门按照国家有关财政专户管理的规定设立财政专户。基本医疗保险基金纳入社会保障基金财政专户（以下简称财政专户），医疗保险经办机构可以根据支付需要设立“收入户”，实行“收支两条线”管理。

1. 财政专户的主要用途　①接收税务机关或经办机构缴入的医疗保险费收入；②接收税务机关或收入户缴入的利息收入及其他收入；③根据委托投资合同或有关计划接收和拨付投资运营基金；④接收基金投资收益及支出户缴入的利息收入等；⑤接收财政补贴收入、转移收入、上级财政专户划拨或下级财政专户上解基金，向上级或下级财政专户上缴或划拨基金；⑥根据经办机构用款计划和预算向支出户拨付基金或按国家规定直接与有关机构办理基金结算；⑦办理跨省异地就医结算业务；⑧国家规定的其他用途。

各级财政部门国库管理机构应当按月提供对账凭证，与医疗保险经办机构核对账目。

2. 财政专户的管理规则　①按照险种及不同制度分别建账、分账核算、分别计息、专款专用，基金之间不得相互挤占和调剂，不得违规投资运营，不得用于平衡一般公共预算；②按月或按季度用社会保险行政部门、经办机构制定财政专户资金购买国债和转存定期存款计划；③财政、医疗保障行政等部门和医疗保险经办机构（简称“经办机构”）按照各自职责分工，加强对社会保险基金管理和监督，逐步实现部门间财务信息共享，促进基金管理科学化、规范化和智能化；④财政专户发生的收支，财政部门凭银行出具的原始凭证记账；⑤银行出具一式多联原始凭证交财政部门和经办机构记账；⑥加强社会保险基金账户管理，清理归并社会保险基金收入户和支出户，根据业务工作实际情况，合理确定开户数量。新设经办机构原则上只开设一个收入户和一个支出户；⑦规范选择基金开户银行。根据资信状况、利率、网点分布、服务质量等相关因素，综合评定银行业金融机构管理服务水平，通过竞争性方式或集体决策方式，确定基金账户开户银行；社会保险基金银行存款实行统一计息办法。对存入收入户和支出户的活期存款实行优惠利率，按三个月整存整取定期存款基准利率计息。对存入财政专户的存款，利率比照同期居民储蓄存款利率管理。财政专户发生的利息收入直接计入财政专户，收入户和支出户的利息收入定期缴入财政专户，且不得跨年。银行提供一式多联的利息通知单，同时送财政部门和经办机构分别记账。财政部门应按月与经办机构沟通财政专户资金存储额变动情况，实现信息共享；财政补贴收入由国库直接划入财政专户。专户银行出具一式多联原始凭证交财政部门和经办机构记账。

3. 医疗保险资金拨付 根据经办机构的缴拨计划（简称“缴拨计划”），财政部门应将基金从财政专户拨入同级经办机构的支出户，经下级经办机构收入户进入下级财政专户；在发生基金上缴业务时，财政部门应根据经办机构的缴拨计划，将基金从财政专户划入同级经办机构的支出户，经上级经办机构收入户进入上级财政专户。发生基金转移业务时，财政部门应根据经办机构的缴拨计划，将基金从财政专户划入同级经办机构支出户，经基金接收地经办机构收入户进入财政专户。

不设收入户的地区发生基金上下级缴拨业务时，财政部门应根据缴拨计划，将基金从上级财政专户拨入下级财政专户或从下级财政专户上解入上级财政专户。财政部门和经办机构凭财政专户缴拨凭证记账。在发生基金转移业务时，财政部门应根据缴拨计划，将基金从财政专户直接拨入基金接收地财政专户。

统筹层次较高，下级不设财政专户的地区发生基金下拨业务时，上级财政部门应根据缴拨计划，将基金从财政专户拨入同级经办机构的支出户，再划入下级经办机构支出户。发生基金上缴业务时，从下级收入户直接上缴至上级收入户，再划入上级财政专户。

跨省职工基本医疗保险和城乡居民基本医疗保险基金拨付业务时，财政部门应根据拨付计划，将基金从本省（区、市）省级财政专户直接划转拨入地省（区、市）省级财政专户。省本级不设财政专户的，可委托省会城市经办跨省社会保险基金拨付业务。

（二）医疗保险经办机构收入户

实行医疗保险经办机构征收社会保险费的地区，经办机构可以设立社会保险基金收入户。收入户的主要用途是：暂存由经办机构征收的社会保险费收入；暂存上级经办机构下拨或下级经办机构上解的基金收入；暂存该账户利息收入；暂存社会保险基金转移收入及其他收入等。收入户除向财政专户划转基金、向上级经办机构缴拨基金、原渠道退回保险费收入、退回转移收入等情形外，不得发生其他支付业务。医疗保险经办机构的收入户，原则上月末无余额。

实行税务机关征收社会保险费的地区税务机关不设收入户，基金及时划入财政专户。经办机构设立收入户的地区，在发生基金下拨业务时，根据缴拨计划，财政部门应将基金从财政专户拨入同级经办机构的支出户，经下级经办机构收入户进入下级财政专户；在发生基金上缴业务时，财政部门应根据缴拨计划，将基金从财政专户划入同级经办机构的支出户，经上级经办机构收入户进入上级财政专户。发生基金转移业务时，财政部门应根据缴拨计划，将基金从财政专户划入同级经办机构支出户，经基金接收地经办机构收入户进入财政专户。

（三）医疗保险经办机构支出户

支出户的主要用途是：接受财政专户拨入基金；暂存社会保险支付费用及该账户利息收入；支付基金支出款项；向财政专户缴入该账户利息收入；上解上级经办机构基金或下拨下级经办机构基金。

支出户除接受财政专户拨入的基金、上级经办机构拨付基金、暂存该账户利息收入、原渠道退回支付资金外，不得发生其他收入业务。

第三节　会计核算管理

《中华人民共和国社会保险法》规定，社会保险实行统一的财务制度，按照财务规则和会计制度，以货币为表现形式，记录并核实医疗保障基金运作的过程和结果。

一、财会制度

1. 主要任务　《社会保险基金财务制度》（财社〔2017〕144号）规定基本医疗保险基金财务管理包括以下任务：①贯彻执行国家法律法规和方针政策，依法筹集和使用基金，确保各项基金应收尽收和社会保险待遇按时足额发放；②合理编制基金预算，强化收支预算执行，严格编制基金决算，真实准确反映基金预算执行情况；③健全财务管理制度，加强基金核算分析，积极稳妥开展基本医疗保险基金投资运营，实现基金保值增值；④加强基金财务监督和内部控制，确保基金运行安全、完整、可持续。

2. 会计核算实行收付实现制　收付实现制是以本期款项收付为标准来确认本期收入和支出的一种方法。采用这种方法的主要原因有：①将职工基本医疗保险基金纳入国家预算管理，以实际收到或实际支付的款项为确认标准，如实反映国家财政预算的收入支出和结余情况，防止财政预算的虚收虚支。②医疗保险经办机构属于事业单位，不进行盈亏计算，适宜采取收付实现制作为记账基础。基本医疗保险基金收入的确认时间，以实际收到现金、财政专户内存款的时间和合法凭证为依据进行登记，直接影响医疗保险基金当期收入水平。此外，基本医疗保险基金委托投资等部分经济业务或事项采用权责发生制。

3. 基本医疗保险会计实行借贷记账法　借贷记账法以借、贷为记账符号，账户左方为“借方”、右方为“贷方”，借贷必须相等，用于记录基本医疗保险基金业务。这是一种国际流行的复式记账方法，目前企业、事业单位记账方法趋于统一，公立医院财务制度也在朝着这个方向发展，有利于外部监督检查的实际需要。

4. 基本医疗保险基金科目分类与设置 会计科目是对基本医疗保险基金进行科目分类的一种方法。职工基本医疗保险基金会计科目分为资产、负债、基金、收入和支出五大类和16个科目（表7-1）。

表7-1 职工基本医疗保险基金会计科目

资产类科目	现金收入户存款、支出户存款、财政专户存款、债券投资、暂付款
负债类科目	暂收款、临时借款
基金类科目	基本医疗保险统筹基金、个人账户基金
收入类科目	统筹基金收入、个人账户基金收入、待转保险费收入、待转利息收入
支出类科目	基本医疗保险统筹基金支出、个人账户基金支出

二、核算管理

（一）收入核算

基本医疗保险基金收入（含生育保险基金）包括：基本医疗保险费收入、利息收入、财政补贴收入、转移收入、上级补助收入、下级收入和其他收入。按照基本医疗保险社会统筹与个人账户相结合的管理要求，分别记入基本医疗保险统筹基金收入、职工基本医疗保险个人账户基金收入。在国家对职工基本医疗保险个人账户作出新的政策和财会制定制度规定时，再进行修正。

我国新会计制度设置了四个收入类会计科（表7-2、表7-3），即基本医疗保险统筹基金收入、基本医疗保险个人账户基金收入、待转保险费收入、待转利息收入。

表7-2 基本医疗保险统筹基金收入

基本医疗保险费收入	核算税务机关或经办机构向缴费单位征收的医疗保险费
利息收入	核算用基本医疗保险基金购买国家债券或存入银行取得的利息收入
财政补贴收入	核算同级财政给予基本医疗保险基金的补贴
上级补助收入	核算下级经办机构接受上级经办机构拨付的基本医疗保险基金补助收入
下级上解收入	核算上级经办机构接收，下级经办机构上解的基本医疗保险基金收入
其他收入	奔流核算基本医疗保险基金的滞纳金及其财政部门核准的收入，滞纳金指因用人单位拖欠缴费医疗保险缴费而按规定收取的款项

表7-3　基本医疗保险个人账户基金收入

基本医疗保险费收入	核算税务机关或经办机构向缴费单位或个人征收的基本医疗保险费按规定记录基本医疗保险职工个人账户基金的部分
利息收入	核算用基本医疗保险基金，购买国家债券或存入银行取得的利息收入，按规定记录基本医疗保险职工个人账户基金的部分
转移收入	核算参保人跨统筹地区流动，其个人基本医疗保险基金随同转入的收入

1. 基本医疗保险费收入的财务处理　应当掌握记账依据和具体财务处理方法（见社会保险费征缴条例）。经办机构征收的医疗保险费应当区分两种情况进行处理，一是收到时能够确定归属于统筹基金或个人账户的收入户存款（经办机构设置收入户的）或财政专户存款（经办机构不设置收入户的）。二是收到时尚未确定归属于统筹基金和个人账户的医疗保险费，暂记入“待转保险费收入”。年末将尚未确定归属的基本医疗保险费，根据经验比例转入统筹基金和个人账户，或下年初再做相反分录予以转回。

2. 利息收入的财务处理　在年内取得的利息收入，先在待转利息收入科目进行归集，年末将取得的各项利息收入转入职工基本医疗保险个人账户，剩余部分转入统筹基金。

3. 转移收入的财务处理　转移收入是指因参保人跨统筹地区流动而划入的医疗保险基金收入，计入收入户存款或财政专户存款。

4. 财政补贴收入的财务处理　在医疗保险基金出现支付困难时，由同级财政给予补贴，直接计入财政专户，借记“财政专户存款”、贷记“基本医疗保险统筹基金收入——财政补贴收入”。

5. 调剂收入的财务处理　包括上级补助收入、下级上解收入。这两种收入均应在收到时确认，借记“收入户存款”、贷记“基本医疗保险统筹基金收入——上级补助收入或下级上解收入”。

6. 其他收入的财务处理　如滞纳金、医疗保险费趸缴的年度分摊资金等。

（二）支出核算

基本医疗保险基金支出包括基本医疗保险待遇支出（统筹基金支出和个人账户支出）、转移支出、补助下级支出、上解上级支出及其他支出。新会计制度设置了如下两个总账科目。

1. 基本医疗保险统筹基金支付科目

（1）医疗保险待遇支出明细科目：核算按照规定的基本医疗保险统筹基金支付目录以内、起付线以上（约为当地在职职工平均工资的10%）、最高支付限额（即封顶线，当地在职职工平均工资的4~6倍）以下，依法应当由基本医疗保险统筹基金支付的医疗费用支出。

（2）上解上级支出明细科目：核算下级经办机构上解上级经办机构的基本医疗保险基金补助支出。

（3）补助下级支出明细科目：核算上级经办机构拨付给下级经办机构的基本医疗保险基金补助支出。

（4）其他支出明细科目核算：经财政部门核准开支的，除以上支出以外的其他支出。

2. 基本医疗保险个人账户基金支出科目

（1）医疗保险待遇支出明细科目：核算按规定由医疗保险个人账户基金开支的医疗费用支出。

（2）转移支出明细科目：核算参保人跨统筹地区流动时其医疗保险个人账户资金随同转出的支出。

3. 支出的财务处理 医疗保险待遇支出的财务处理包括两种结算方式。

（1）预付制：经办机构根据与定点医疗机构和定点药店签订的医保服务协议和统筹地方政府有关规定，通过“暂付款科目”将所需要款项预付给定点医药机构，借记“暂付款科目”、贷记“支出户存款科目”，定期结算时，按规定的医疗保险费开支范围和标准审定参保患者的医疗费用支出，借记“基本医疗保险统筹基金支出”“医疗保险个人账户基金支出”科目，贷记“暂付款”等科目。在财会制度之外，公布当地医保基金当年支出的总额预算和按照疾病诊断分组支付的标准，也在预付制范围之内，由此支持医药机构制定预算方案和成本管理方案。

（2）后复制：先由定点医药机构垫付医药费用定期结算，经经办机构审核后，将符合法律法规和协议规定的款项付给定点医药机构，可能会发生因定点医药机构违反相关法律法规和协议约定产生的拒付款项。关于补助下级支出等几项略述。

（三）结余核算

基本医疗保险基金结余指基金收支相抵后的期末余额。包括企业职工基本养老保险基金结余、城乡居民基本养老保险基金结余、机关事业单位基本养老保险基金结余、职工基本医疗保险基金结余、城乡居民基本医疗保险基金结余、工伤保险基金结余、失业保险基金结余、生育保险基金结余等。通过对基金结余的核算，能够全面完整地反映基金的存量，为制定基本医疗保险基金预算，加强基金宏观管理，提供有效的会计信息。

要做好期末基金结账工作，将基本医疗保险基金收入类和支出类账户的余额分别结转到“地方基本医疗保险统筹基金”科目、“职工基本医疗保险个人账户”科目，结转后，贷方余额为基金结余、借方余额为基金超支。

知识拓展 / 基金结余的结转方法举例

年末某社会医疗保险经办机构将基本医疗保险统筹基金收入科目贷方4 294 800元结转到“基本医疗保险统筹基金”科目。其中，医疗保险费收入3 248 000元，利息收入1800元，上级补助收入510 000元，下级上解收入310 000元，财政补贴收入210 000元，其他收入15 000元。会计分录如下：

借：基本医疗保险统筹基金收入

-医疗保险费收入	3 248 000元
-利息收入	1800元
-上级补助收入	510 000元
-下级上解收入	310 000元
-财政补贴收入	210 000元
-其他收入	15 000元
贷：基本医疗保险统筹基金	4 294 800元

此外，在国有企业倒闭或关停并转时，财政部门对提前为职工拨付直至退休人员的医疗保险缴费，也称趸交。职工个人在退休时，如果基本医疗保险缴费不足25年的，也可以一次性趸交。这笔钱不能作为当期医疗保险统筹基金结余。在没有实行责权发生制之前，作为特别收入记账，将每年分摊资金按照相关规定记入基本医疗保险基金收入。

第四节 支付与结算管理

支付即兑现待遇，按既定比例分担参保患者的医药费用，按照既定支付方式与医药机构进行结算和拨付资金。结算的会计用语是指把某一时期内的所有收支情况进行总结、核算。二者是基本医疗保险制度运行的核心部分。

一、基本医疗保险支付的基本原则

（一）以收定支、总额管理与合理增长

统筹地区社会保险经办机构要按照以收定支、收支平衡、略有结余的原则，根据基本医疗保险的收入情况，遵守国家规定的支付目录和待遇清单，合理确定基本医疗

保险基金的年度支出总量，由此形成基本医疗保险年度支出预算总额和预定增长率。以统筹基金为例，当年统筹基金预算总额等于上年度统筹基金决算总额×（1+统筹基金年度支出增长率）。基金支出增长率由国家医疗保障局、国家卫生健康委、财政部共同确定并向社会公布。

（二）有法可依和遵守待遇清单

按照国家规定的项目和标准安排基金支出。任何地区、部门、单位、个人不得增加支出项目、扩大享受人员范围、提高开支标准、虚报冒领及骗取、套取基金。基金不得用于运行费用、财务费用（含银行手续费）、管理费用、兴建改建办公场所和支付人员经费，或者违反法律法规规定挪作他用。

基金支付需严格履行申报审核程序。经办机构根据财政部门批复的社会保险基金预算，在规定时间内向同级财政部门提交用款计划。对不符合规定的用款计划，财政部门有权不予拨款并责成经办机构予以纠正。除国家另有规定外，财政部门对用款计划审核无误后，应在规定时间内从财政专户拨付基金。医疗保险经办机构应在规定时间内支付待遇。

（三）建立战略补偿和长效平衡机制

中国基本医疗保险基金实行地方统筹和总额预算管理。一是确定年度医保统筹基金支付总额和社区医疗与综合医院之间的分布，包括既定增长额，即做蛋糕。二是在急性治疗预算内，实行病组分值付费［Diagnosis-Intervention Packet（DIP），Diagnosis Related Groups（DRG）等］和结余留用；复杂病种提供论证报告，合理超支分担；由此形成抑制过度医疗和降点增值的游戏规则，即治病救人切蛋糕。三是在门诊和急性后期治疗预算内，实行人头加权预算、结余留用；健康绩效评估与奖励，激励维护健康，通过减少患者增加医疗机构和医务人员收入的游戏规则，即维护健康切蛋糕。如果上述补偿战略能够得到有效实施，医疗保障基金即形成长效平衡机制。

（四）结算规范、方便且守信

1. 参保患者结算 我国《社会保险法》第二十九条规定："参保人员医疗费用中应当由基本医疗保险基金支付的部分，由社会保险经办机构与医疗机构、药品经营单位直接结算。社会保险行政部门和卫生行政部门应当建立异地就医医疗费用结算制度，方便参保人员享受基本医疗保险待遇。"我国已结束了参保患者在医院先垫付现金、后去医疗保险经办机构窗口报销的做法（特殊人群除外），可以使用社会保障电子凭证就医和直接结算。为适应人口流动需要，正在改善异地就医直接结算服务。

2. 定点医药机构结算 《医疗保障基金使用监督条例》第十二条规定："医疗保障

经办机构应当按照服务协议的约定，及时结算和拨付医疗保障基金。”一方面，为统一医保结算清单数据采集标准，提高医保结算清单数据质量，国家医疗保障局印发了《关于医疗保障定点医疗机构等信息业务编码规则和方法的通知》（医保发〔2019〕55号）和《关于印发疾病诊断相关分组（DRG）付费国家试点技术规范和分组方案的通知》（医保办发〔2019〕36号），研究制定了《医疗保障基金结算清单填写规范（试行）》。另一方面，该条款首次用“应当”性法律规范，要求医疗保险经办机构做到及时结算和拨付。

二、基本医疗保险支付范围

根据国家医疗保障局、财政部《关于建立医疗保障待遇清单制度的意见》（医保发〔2021〕5号）要求，各地因地制宜，在国家规定范围内（表7-4），制定住院和门诊起付标准、支付比例和最高支付限额，不得自行制定个人或家庭账户政策，逐步规范缴费年限政策。

表7-4　2020年某市总额控制下按病组分值付费病组表

序号	ICD-10GBT	病种名称	分组逻辑代码	病种分组详情判断	项目编码	编码对应名称
1	A04.900	细菌性肠道感染	1	不做区分		
2	A08.000	轮状病毒性肠炎	1	不做区分		
3	A08.500	肠道感染	1	不做区分		
4	A09.004	感染性腹泻	1	不做区分		
5	A09.901	胃肠炎	1	不做区分		
6	A09.902	结肠炎	4	纤维结肠镜检查（含活检）	ZL310903005	纤维结肠镜检查（含活检）
1387	Z98.801	玻璃体切除硅油充填状态	1	不做区分		

1. 住院待遇支付政策

（1）起付标准：职工医保的起付标准原则上不高于统筹地区年职工平均工资的10%，具体标准由各地根据本地实际情况确定。不同级别医疗机构适当拉开差距。大病保险起付标准原则上不高于统筹地区居民上年度人均可支配收入的50%。低保对象、特困人员原则上全面取消救助门槛；暂不具备条件的地区，对其设定的年度起付标准不得高于统筹区上年居民人均可支配收入的5%，并逐步探索取消起付标准，低收入家庭成员按10%左右确定，因病致贫家庭重病患者按25%左右确定。

（2）支付比例：对于起付标准以上、最高支付限额以下的政策范围内的费用，基本医保总体支付比例达到75%左右，职工医保和城乡居民医保保持合理差距，不同级别医疗机构适当拉开差距。大病保险支付比例不低于60%。医疗救助对低保对象、特困人员可按不低于70%比例给予救助，其他救助对象救助水平原则上略低于低保对象，具体比例由各统筹地区根据实际确定。

（3）最高支付限额：职工医保叠加职工大额医疗费用补助、居民医保叠加大病保险的最高支付限额原则上达到当地职工年平均工资和居民人均可支配收入的6倍左右。医疗救助年度最高限额根据经济社会发展、人民健康需求、基金支撑能力合理设定。

2. 门诊待遇支付政策

（1）普通门诊：对于起付标准以上、最高支付限额以下的政策范围内的费用，医保门诊统筹支付比例不低于50%。要借鉴东莞市、深圳市罗湖区等地的经验，重点在社区发展首诊、普通门诊和家庭病床。

（2）慢特病门诊：把高血压、糖尿病等门诊用药纳入医保报销。恶性肿瘤门诊放化疗、尿毒症透析、器官移植术后抗排异治疗、严重精神病患者药物维持治疗、糖尿病胰岛素治疗、肺结核治疗、日间手术等，可参照住院管理和支付。对罹患慢性病需要长期服药或者患重特大疾病需要长期门诊治疗，导致自负费用较高的符合救助条件的对象给予门诊救助。门诊年度救助限额由县级以上人民政府根据当地救助对象需求和救助资金筹集情况研究确定。

3. 倾斜政策

（1）大病保险：对低保对象、特困人员和返贫致贫人口，大病保险起付标准降低50%，支付比例提高5%，并取消最高支付限额。

（2）医疗救助：对低保对象、特困人员等符合条件的救助对象按规定给予救助。对规范转诊且在省域内就医的救助对象，经三重制度保障后政策范围内个人负担仍然较重的，给予倾斜救助，具体救助比例由统筹地区根据实际确定。在部分统筹地区还包括社区首诊、家庭医生和家庭病床的待遇支付。

知识拓展 / 柳州市医疗保险关于家庭病床的规定

2007年《柳州市基本医疗保险服务管理暂行办法》（柳政发〔2007〕60号）规定："家庭病床指的是将病床设在家庭的一种住院形式，定点医疗机构开设家庭病床，必须具备住院条件，在提出申请并成立家庭病床科经市医保中心批准后，方可开设。”

参保人员因患急性脑血管病合并严重并发症、慢性肾衰竭、癌症、糖尿病胰岛素依赖型、高血压3级（极高危组）、肝硬化失代偿期并腹水、骨折治疗期活动不便的，需定期、多次到定点医疗机构进行治疗的，可以申请办理家庭病床。

办理家庭病床时，由具备开办家庭病床的定点医疗机构家庭病床科主治医师填写《柳州市城镇职工医疗保险家庭病床审批表》，经市医保中心审核，进行IC卡处理后，方可办理家庭病床入院手续。家庭病床治疗期间因病情变化需转入相应科室治疗的，按院内转科办理。

三、定点医药机构支付方式

医保支付涉及分担参保患者医药费用和补偿医药机构服务，需要建立合理的分担机制和补偿机制。党中央5号文件提出：“保支付是保障群众获得优质医药服务、提高基金使用效率的关键机制。要聚焦临床需要、合理诊治、适宜技术，完善医保目录、协议、结算管理，实施更有效率的医保支付，更好保障参保人员权益，增强医保对医药服务领域的激励约束作用。”

（一）医疗保险支付改革的三个阶段

1883年，德国出台了《雇员医疗保险法》，开创了社会医疗保险的先河。历经一个多世纪，医疗保险支付包括医疗保险在内的第三方支付经历数量付费（fee for service，FFS）、质量付费（digital raster graphic，DRG）和价值付费（hospital value - based purchasing，VBP）三个阶段（表7-5），每次变革均有质的变化，都是一次巨大的社会进步。

表7-5　医疗保险支付发展的三个阶段

发展阶段	付费依据	社会价值	付费方式	历史沿革
第一阶段	数量付费	以医院为中心	后付制	1883—1980年
第二阶段	质量付费	以医生为中心	预付制	1980—2010年
第三阶段	价值付费	以患者为中心	预付+奖励制	2010年—

1. 数量付费法促进医院规模式发展　1883—1980年，以德国社会医疗保险为起点，在医疗领域开始有了正规的第三方付费制度。20世纪20年代末期，在美国出现了蓝盾和蓝十字等管理式医疗组织等，第三方付费方式趋于成熟。

主要特点：①关注医疗服务数量，包括人头、人次、床日、项目等制定支付标准；②医疗机构通过政府、市场和协议三个定价机制，采购药品、卫生材料和设备等；③因关注数量而忽略医生劳动在风险和责任方面的差异，更无暇顾及患者体验，服务数量越多医疗机构收入越多，由此激励医疗机构通过做多门诊和床位做大医院规模，逐渐具备从事临床科研、培养人才和治疗重症的能力。综上所述，这种支付方式创造了一个医疗机构粗放发展和规模发展的阶段。

2. 质量付费法促进医生发展和科室建设 20世纪60年代，日本首先以“病种”和“疾病诊断相关分组”（diagnosis related groups，DRG）为单位进行医疗服务质量管理和绩效考核。推行质量付费法对医院管理和医保基金管理的质量提出挑战。一要规范统一病案首页填写。以平均住院日这一指标为例，需要统一入院日和出院日的填写标准，否则会出现各院填写标准不一致的现象。对病案首页填写质量进行持续监督，防止漏填或错填。病案首页填写合格率达到90%才可以用于分组和医保支付。二要按照统一医学名词和ICD编码，做到一词一码。

20世纪80年代，美国老遗残社会医疗保险计划的经办机构将疾病诊断分组作为医疗保险支付的定价单元，不断更新版本，开拓了按照同类医疗服务的成本或者均值定价的新局面。经济合作与发展组织（Organisation for Economic Co-operation and Development，OECD）成员国中的奥地利、智利、捷克、立陶宛、法国、德国、匈牙利、日本、荷兰、波兰、斯洛文尼亚、瑞士等国家陆续进入了质量付费阶段。DRG是根据住院患者的病情严重程度、治疗方法的复杂程度、诊疗的资源消耗（成本）程度以及合并症、并发症、年龄、住院转归等因素，将患者分为若干的“疾病诊断相关组”。例如，1例65岁、需要手术的男性阑尾炎患者，归为消化系统阑尾疾病手术组，如果有穿孔，再进一步归到更细分的组里。

主要特点：①关注质量。医疗保险经办机构开始关注医疗服务成本、时间、复杂程度和患者死亡率等质量和绩效的指标，医疗机构开始关注科室建设和医生组的工作质量、难度和成本等绩效指标。②均值定价。一是参考急诊住院的病组数及入组率、病组权重、病案数等因素形成支付点数，再用当年支出预算总额除以总点数和形成支付点值；如果在一个统筹地区当年待支付的点数减少（减少病种、重症和患者），则可支付的点值增加，由此形成“降点增值”的游戏规则，以及医疗保险基金没有亏损且收支平衡的长效机制。③结余留用、合理超支分担。医疗机构开始控制成本和抑制过度医疗，从而获得盈余，由此形成公立医院之间和公立医院内部的内部市场竞争机制；医疗机构开始培养疾病诊断组的疗效和成本的综合分析人才，以提高与医疗保险经办机构的谈判能力，从而获得超支付费。④健康评估与奖励机制。城区和县域紧密型医疗集团按人头加权预算、总额预算付费和结余留用，对疾病、人群甚至个人进行健康评估和绩效奖励。

综上所述，一个具有战略目标的复合型付费机制，引导医疗机构开始关注社区居民健康管理、慢病管理和院前术前的准备工作，提高医院治疗重症的手术等级和CMI值（customer medicine information，反映疾病复杂程度），进入低成本、高效率的高质量发展阶段。

3. 价值付费法将关注患者体验和疗效 2010年，奥巴马医改方案强调，医生既要关注质量，也要关注成本。医生、科室、医疗机构和医疗地区应当同时关注基本医护的可及性、安全性和可支付性，通过取舍找到三者之间的平衡，即铁三角价值链的定价机制和支付方式。价值付费法建立在医疗服务和医保管理标准化、信息化、智能化和一体化的基础上，是医保支付改革下一步的发展方向，目前可以分步进行试验。

美国哈佛大学经过10年研究，建立了一种以资源耗费为基础的相对价值标准（resource-based relative value scale，RBRVS），包括医生服务的时间、复杂程度、技术及努力程度、机会成本、接受培训的时间、管理费用等因素形成分摊系数和计算指数。使用这种定价和付费的方式的结果使全科医生增加了收入。

在美国，近年来采用资源利用三组分类为慢性病管理定价和支付。第一组是按临床服务工作量进行分类，如康复、精神、老年科、儿科等；第二组按患者日常活动功能进行分类；第三组按思维障碍、行为问题等临床表现和护理人员实施服务进行分类。这种方法有利于分类医护，实现住院、康复、护理之间的合理转诊，但常常出现组合式付费，难以监控。

主要特点：①关注基本保健服务的可及性。可及性不仅指服务供给的距离，更加关注对患者实施全生命周期的健康管理和改善就医体验，由此推动了分级诊疗、分类医护和医疗保险基金的分类付费。以柳州市医疗保险支付为例，以往由西医治疗的疾病组，如果改用中医治疗，经过安全性观察期（半年以上），按照西医疾病组费用的80%支付。以锁骨骨折为例，中医治疗成本仅为西医手术治疗的30%，住院天数增加3天，患者满意度非常好。中医组获得结余留用额达到50%。②关注基本保健服务可及性、安全性和成本的综合价值评估。由此推动了基层紧密型医疗共同体、专科医生联盟和社区基本保健服务的制度建设，国家也随之进入以国民健康为中心的、优质高效卫生医护服务体系建设阶段。

医疗保险各种付费方式均有利和弊（表7-6）。项目付费的优点是可以支持医生充分利用资源提高医疗服务质量，弊端是可能存在过度医疗且难以监控；人头人次付费的优点是容易监控，但因费用是确定的，在激励控费的同时，会产生过度控费，甚至减少服务的弊端。

表7-6 各种医保付费方法的利弊比较

支付方式	费用控制	服务质量	管控要求
项目付费	差	好	难
人头人次付费	好	较好	容易
疾病组打包付费、结余留用	好	较差	较难
总额预算、结余留用	好	较好	容易
支付工资	较好	差	容易
相对价值付费	好	好	容易
资源利用付费	好	好	难

疾病组打包付费和节约留用可以激励控制成本，可能发生推诿重症患者，难以评价和监控。总额预算和结余留用可以激励控制成本，在有健康评估的条件下可以保证服务质量，否则可能存在减少服务。政府医院直接向医生支付工资，服务质量相对好、但管理绩效相对低。综上所述，医保支付方式的公共选择需要取其利避其弊，打造综合治理机制。

2017年6月28日，国务院办公厅印发的《关于进一步深化基本医疗保险支付方式改革的指导意见》(以下简称《意见》)要求，2017年起，进一步加强医保基金预算管理，全面推行以按病种付费为主的多元复合式医保支付方式。到2020年，医保支付方式改革覆盖所有医疗机构及医疗服务，按项目付费占比明显下降。

四、基本医疗保险结算管理

(一)参保患者费用结算

2021年5月实施的《医疗保障基金使用监督管理条例》第十七条规定了参保人员的相关权利和义务：①应当持本人医疗保障凭证就医、购药，并主动出示接受查验。②参保人员有权要求定点医药机构如实出具费用单据和相关资料。③参保人员应当妥善保管本人医疗保障凭证，防止他人冒名使用。因特殊原因需要委托他人代为购药的，应当提供委托人和受托人的身份证明。④参保人员应当按照规定享受医疗保障待遇，不得重复享受。⑤参保人员有权要求医疗保障经办机构提供医疗保障咨询服务，对医疗保障基金的使用提出改进建议。

参保患者以上待遇均可以按照《中华人民共和国社会保险法》第二十九条规定，由医疗保险经办机构与医疗机构、药品经营单位直接结算，个人仅支付自负和自费部分的医药费用。在东莞市等统筹地区，先行先试了医保一卡通服务，大大方便了参保患者就医和即时结算。

知识链接 / 东莞市医疗保障服务一卡通

东莞市是我国基本医疗保险费率最低，社区医疗发展最早，医疗保险基金使用效率最高的城市之一。2008年，东莞市社会保障部门与卫生健康联合建设社区医疗和健康档案管理系统。东莞市社保局直接隶属市长分管，三医联动建设了信息系统。2013年，二代社保卡具有如下功能：①就诊身份识别：可通过社保卡上相关信息识别使用者身份；②社保信息查询：可自助查询参保、缴费、就医结算等信息；③医保结算：实现社保卡一卡结算报销门诊、住院待遇；④金融支付：社保卡中设有医保账户和银行账户两个账户，医保账户用于支付符合规定的医药费用；银行账户用于支付个人自付费用。每次付费只能选择医保账户或银行账户其中一个账户付费；⑤诊疗一卡通：社保卡具备诊疗卡功能，可取代各医疗机构自行发放的诊疗卡在市内各定点医疗机构互认互用，并可自助完成挂号、缴费及诊疗等，实现社保卡诊疗一卡通；⑥健康档案信息查询：社保卡兼有居民健康卡功能，日后可凭社保卡自助查阅本人健康档案信息。

2021年7月16日，国家医疗保障局发布《关于优化医保领域便民服务的意见》，提出加快推进基本医保跨省异地就医直接结算，实现全国统一的异地就医备案，扩大异地就医直接结算范围。2021年底前，各省份60%以上的县至少有1家普通门诊费用跨省联网医疗机构，各统筹地区基本实现普通门诊费用跨省直接结算；2022年底前，每个县至少有一家定点医疗机构能够提供包括门诊费用在内的医疗费用跨省直接结算服务。

（二）医疗保障基金结算清单

1. 基本要求 医疗保障基金结算清单（以下简称“医保结算清单”）是指医保定点医疗机构在开展住院、门诊慢特病等医疗服务后，向医保部门申请费用结算时提交的数据清单。《国家医疗保障局关于印发医疗保障定点医疗机构等信息业务编码规则和方法的通知》（医保发〔2019〕55号）的基本要求如下。

（1）医保结算清单是各级各类医保定点医疗机构开展住院、门诊慢特病、日间手术等医疗服务后，向医保部门申请结算时提交的数据清单。

（2）医保结算清单数据指标共有190项，其中基本信息部分32项、门诊慢特病诊疗信息部分6项、住院诊疗信息部分57项、医疗收费信息部分95项。

（3）医保结算清单填写应当客观、真实、及时、规范，项目填写完整，准确反映患者诊疗、医疗收费等信息。

（4）医保结算清单中常用的标量、称量等数据项应当使用国家和医保、卫生行业等相关标准。其中，诊疗信息数据指标填报主要来自于住院病案首页数据，医疗收费信息数据指标填报口径应与财政部、国家卫生健康委员会、国家医疗保障局统一的"医疗住院收费票据"信息一致。

（5）西医疾病诊断代码统一使用《医疗保障疾病诊断分类与代码》，手术和操作代码统一使用《医疗保障手术操作分类与代码》，中医疾病诊断代码统一使用《医疗保障中医诊断分类与代码》，日间手术病种代码统一使用《医保日间手术病种分类与代码》。填写疾病诊断、手术及操作项目时应当同时填写名称及代码。

（6）凡栏目中有"□"的，应当在"□"内填写相对应项的序号。

（7）凡栏目中标注"*"的代表选填数据指标，其他项目为必填数据指标，有则必填，无则空项处理。

（8）凡栏目中有"……"的，由各统筹地区根据本地实际情况增添数据指标。原则上，增添数据指标前应向国家医疗保障局报备。

2. 数据采集标准 包括基本信息数据指标、门诊慢特病诊疗信息数据指标、住院诊疗信息数据指标和医疗付费信息数据指标。

医疗收费信息部分包含95项数据指标，主要反映定点医疗机构与患者结账时的实际医疗费用。医疗收费信息与"医疗住院收费票据"信息一致。

（1）业务流水号：医疗卫生机构收费系统自动生成的流水号码。

（2）票据代码：为定点医疗机构按照财政部门票据管理相关规定出具的医疗收费电子票据上的票据代码。

（3）票据号码：为定点医疗机构按照财政部门票据管理相关规定出具的医疗收费电子票据上的票据流水号。

（4）结算期间：定点医疗机构与患者当次结算费用的起止时间。

（5）金额合计：定点医疗机构与患者当次结算费用的总和。其中，甲类、乙类、自费、其他按相关政策填写。金额合计含床位费、诊察费、检查费、化验费、治疗费、手术费、护理费、卫生材料费、西药费、中药饮片费、中成药费、一般诊疗费、挂号费和其他费14类。填报口径按照《医疗服务项目分类与代码》映射归集填写。

（6）医保统筹基金支付：患者本次就医所发生的医疗费用中按规定由基本医疗保险统筹基金支付的金额。

（7）其他支付：患者本次就医所发生的医疗费用中按规定由大病保险、医疗救助、公务员医疗补助、大额补充、企业补充等基金或资金支付的金额。

（8）大病保险支付：患者本次就医所发生的医疗费用中按规定由大病保险支付的金额。

（9）医疗救助支付：患者本次就医所发生的医疗费用中按规定由医疗救助基金支付的金额。

（10）公务员医疗补助：患者本次就医所发生的医疗费用中按规定由公务员医疗补助基金支付的金额。

（11）大额补充：患者本次就医所发生的医疗费用中按规定由大额补充基金支付的金额。

（12）企业补充：患者本次就医所发生的医疗费用中按规定由企业补充基金支付的金额。

（13）个人自付：患者本次就医所发生的医疗费用中由个人负担的属于基本医疗保险目录范围内自付部分的金额，以及开展按病种、病组、床日等打包付费方式且由患者定额付费的费用。

（14）个人自费：患者本次就医所发生的医疗费用中按照有关规定不属于基本医疗保险目录范围而全部由个人支付的费用。

（15）个人账户支付：按政策规定用个人账户支付参保人的医疗费用（含基本医疗保险目录范围内和目录范围外的费用）。

（16）个人现金支付：个人通过现金、银行卡、微信、支付宝等渠道支付的金额。

（17）医保支付方式：医保经办机构与定点医疗机构根据不同医疗服务的性质和特征，将医疗服务划分为不同的付费单元并确定付费标准的措施，分为：按项目付费、按单病种付费、按病种分值付费、按DRG付费、按床日付费、按人头付费、按定额付费等。

第五节　医疗保障基金风险管理

医疗保障基金风险是指在其运行过程中所面临的各种不确定性因素及其损害，直接危及医疗保障制度的安全运行和可持续发展。医疗保险基金风险管控是利用风险管理的基本理论和定量分析方法，描述各种风险对医疗保险基金收入支出的影响和强度，并进行监测和控制的过程。党中央5号文件提出：“医疗保障基金是人民群众的保命钱，必须始终把维护基金安全作为首要任务。”《医疗保障法（征求意见稿）》第二十八条规定：“国家建立全国医疗保障风险管控机制。”本节主要以基本医疗保险基金为主探索风险管理问题。

一、基本医疗保险基金风险的主要特征和分类

（一）基本医疗保险基金风险的主要特征

1. 多主体性 医疗保险由医患保三方的社会关系构成，影响医疗保险基金安全性的风险可能来自三方中的任何一方，如医患勾结骗保、医保经办机构工作人员监守自盗等。

2. 多环节性 医疗服务由多个环节构成，包括医生、护理、药物、卫生材料、医疗设备和医院管理的方方面面，医疗风险可能来自其中任何一个方面，单一风控措施必然会遭遇“鼹鼠效应”。例如，取消药品加成后出现过度检查和医用耗材的增加。

3. 难以识别、评价与监控 医疗服务个性化、专业性非常强，需要逐渐认识，其风险是隐蔽和难以识别的。例如，国家医疗保障法律对医疗机构和医务人员提出“合理医疗”的要求。什么是合理医疗，需要经办机构与参保人和医护人员通过不断的循证过程达成共识。以癌症晚期患者靶向用药为例，尽管有指导手册，但是指导手册的更新比较慢，也比较困难执行。

（二）基本医疗保险风险分类

1. 道德风险 医疗非交易、药品非普通商品。将医生当雇员、将医疗机构当作普通企业来研究是非常错误的。医疗充满伦理和文化的问题，医务人员必须坚持“对患者有利和保密”的信念，患者必须对医生有信任感，医患关系是个人健康的信托关系。因此，任何违反“有利和保密”伦理原则的行为和事件均会引起道德风险发生。例如，某市某家中医院在一段时间内，医生们都在大量开出一种药，显然背后有医院和药企勾结的问题。再如，在通过刷医保卡开药、卖药的集团背后，一定有医院、医生和参保患者勾结骗保的问题。

2. 政策风险 科学决策有如下4个条件：一是对社会背景的准确判断，特别是供求关系的判断；二是对政策目标作出符合社会发展趋势的判定；三是制定具有创新力和可操作的政策措施；四是政策评价和绩效评估，确保实现政策目标。上述4个问题中的任何一个环节出现问题都会引发政策风险。例如，1992年，国务院下发《关于深化卫生改革的几点意见》，开启我国医疗市场化进程。但当时并没有就公共财政、基本医疗保险与公立医院之间的“内部市场”做出规制，由此导致公立医院走向“以药养医”的歧途。在美国，奥巴马政府针对低收入人群推出医疗保险平价法案，政策目标是解

决近5000万人没有第三方付费的社会风险。特朗普政府否定了这个平价法案，这样反复就是政策风险的表现。而满足科学决策的4个条件可有效规避政策风险。例如，浙江省金华市在全国首先推出门诊打包付费（AGP）改革方案，同时对与家庭医生签约服务的参保人员进行按人头加权预算和总额付费。对这样一个重大的医疗保障政策改革，金华市政府请第三方专业团队对政策进行评估。在评估中发现，金华市医疗保障局和第三方专业机构建立的大数据平台已经覆盖了全市一、二、三级所有医疗机构，并拥有比较完善的医疗数据平台，该政策可以在大数据平台上做预分配，预分配的结果完全符合分级诊疗和加强基层医疗机构的目标，且可以发现盈余和亏损医疗机构的主要原因。所以，第三方评价机构作出“风险可控、政策可行”的评估结论。

3. 管理风险 医疗过程充满风险，“奶酪理论”和“冰山理论”揭示了医疗过程中漏洞及由此形成的系统性风险。在医疗保险发展初期，因缺乏互联网、病案管理、循证医学的支持，不能拥有医疗大数据，医疗保险陷入信息不对称的困境。医疗保险经办机构人员很难走进医院、走近临床，通常只在医院门外做“切豆腐”的工程，不能发挥医疗保险支付的引导、激励的治理作用，医疗保险基金被浪费甚至亏损的情况不断发生。20世纪70年代开始，伴随电子病案和互联网的发展，医疗保险经办机构逐渐掌握了智能审核与监控的工具，学会如何与医院医生对话，由此开始将医疗保险支付与医疗服务的质量、安全和绩效挂钩，从外部向医疗机构和医疗过程渗透管理，加强了医疗风险管理、增加了医疗服务的合理性，大大抑制了医疗保险基金支出的风险和提高了医疗保险基金的使用效率。以医疗救助基金为例，在缺乏公共管理一体化信息平台的条件下，难以识别和掌握家庭经济状况，由此导致医疗救助面对三个挑战：一是悬崖效应；二是搭便车现象；三是应保未保。

4. 基金风险 医疗保险基金风险来自筹资政策，征收环节使用环节。医疗保险基金风险可以分为3个级别：①发展趋势出现风险，即基金收入增长率下降、基金支出增长率上升的发展趋势难以改变；②当期支出出现缺口，即基金当期支出大于当期收入，不得不使用累计结余或财政补贴弥补缺口以保证当期支出；③系统性风险，即用尽累计结余，当期资金缺口难越来越大，甚至难以维持正常支付，即“出险”。因此，需要建立医疗保险基金风险管理机制，做到早发现、早预防，确保不出现系统性风险。

5. 外部风险 又称社会风险。例如，科技进步带动了医疗成本上升，人口老龄化导致参保缴费人员占比下降、高龄老人医疗照护需求和照护成本的上升。

二、医疗保障基金风险管控机制

党中央5号文件提出：“加强基金预算管理和风险预警”，这需要针对医疗过程多环节、多要素的特点建立综合治理抑制，抑制“鼹鼠效应”。中国全民医疗保障和地方统筹的管理体制有利于建立综合治理机制。

（一）完善医疗保障预算管理

1. 科学编制收支预算 夯实地市医疗保险统筹管理。

（1）严格按照“以收定支、收支平衡、略有结余”的原则，根据缴费基数（或缴费标准）、缴费率、参保人数等因素，全面、准确、完整编制基本医疗保险基金收入预算，包括职工医疗保险个人账户、地方各级财政部门要按照规定足额安排行政事业单位参加基本医疗保险单位缴费支出预算、政府对城乡居民基本医疗保险参保居民补助支出预算、社会医疗救助、生育保险等。

（2）综合考虑以前年度支出规模、本地经济增长、医疗费用水平、医疗费用控制目标、参保人员年龄结构、享受待遇人数、待遇政策调整等因素编制年度支出预算，原则上不应编制当年赤字预算和历年累计结余赤字预算。确需动用历年累计结余弥补当年支出的，需符合医疗保险基金财务制度有关规定，并作出详细说明，报同级人民政府审批。

（3）各地要在做好年度预算工作基础上，根据国家关于社会保险基金预算和中期财政规划具体部署和安排，结合地方中期财政规划，做好基本医疗保险基金中期收支测算工作。

（4）适应异地就医直接结算、“互联网+医疗”和医疗机构服务模式发展需要，探索开展跨区域基金预算试点。

统筹区医保基金年度预算总额=统筹区上年度住院医保基金支出清算总额×（1+基金支出增长率）。还要区分急诊住院、各级门诊和社区医疗（含家庭病床）的医保基金年度预算。逐渐加大社区医疗预算占比，支持分级诊疗和分类医护，实现“一小一老”的医养结合。

2. 加强预算执行监督 医疗保障行政部门、财政部门、审计机关按照各自职责，对医疗保险基金的收支、管理和运营情况实施监督。依法依规及时纠正社会保险基金管理中的违法违规行为。对医疗保险基金管理中的违法行为，按照《中华人民共和国社会保险法》《中华人民共和国预算法》《财政违法行为处罚处分条例》等法律法规追究法律责任。涉嫌犯罪的，依法移送司法机关处理。

2015年4月，人力资源和社会保障部《关于全面推进基本医疗保险医疗服务智能监控的通知》（人社〔2015〕54号）要求，以业务需求为导向、信息系统建设为基础，在全国所有统筹地区普遍开展智能监控工作，逐步实现对门诊、住院、购药等各类医疗服务行为的全面、及时、高效监控。2016年11月8日，中共中央办公厅、国务院办公厅转发国务院深化医改领导小组《关于进一步推广深化医药卫生体制改革经验的若干意见》中要求利用信息化手段对所有医疗机构门诊、住院诊疗行为和费用开展全程监控和智能审核。以金华市为例，智能监控体系包含事前信息查阅、事中诊间审核、事后智能审核、医保医师管理、临床知识库、药品电子监管码、全体库存监督等医保、医疗和医药等各方面，并对医疗质量评价进行探索，为制定和执行医保基金预算和支付改革提供了技术支持。2021年4月8日，国家医疗保障局印发《医疗保障基金智能审核和监控知识库、规则库管理办法（试行）》，并自发布之日起施行。

3. 全面实施预算绩效管理　绩效管理是指在政策或计划目标既定的条件下，及时总结、评估和纠正不足，以确保政策或计划目标的实现。基本医疗保险基金预算，绩效管理应当从以下三个方面建立指标体系：①宏观看政府调控，包括医疗保险基金收支平衡、略有结余，合理分布、合理增长；财政预算、社会互济和个人自负比例等指标体系。②中观看医保基金支付的引导、约束和激励机制，包括医保付费方式对医疗行为、医院管理和优化医疗资源配置的引导和激励作用，由此提高基本保健的可及性、安全性和可支付性。③微观看医院管理，包括医保支付结果与医院、医药、医养协同发展，有利于完善公立医疗机构内部绩效考核和收入分配机制，引导医疗机构以健康为中心，合理定位、科学规划，整合医疗、合理接诊，提高医疗机构现代医院管理水平。同时要建立第三方评价机制，包括前期包括政策制定。包括前期政策评估、中期执行评估、后期结果评估。

（二）加强中长期精算，构建收支平衡机制

1. 医保基金精算　保险精算是对各种医疗保险计划的保费收入、支出和风险准备金及其相关影响因素进行科学测算和分析。在精算的基础上建立基金运行风险评估和预警机制，为构建5~10年中期和10年以上长期收支平衡机制奠定基础。例如，人均GDP的增长速度、人口老龄化和灵活就业对基本医疗保险参保率和医疗保险基金收入的影响。健全基金运行风险评估、预警机制。

2. 成本控制措施　医保管理已经形成保证质量、控制成本的一系列措施和综合治理机制，包括年度支出的总额控制、医保支付的待遇清单、节约留用的激励政策、智能监控的管理手段、与参保患者共付制。共付制由起付线、封顶线、分担比例等措施构成。

3. 收支平衡机制　基本医疗保险基金收支平衡机制是指基于总额预算和病组点数付费形成医保支付点值，由此形成降点增值的激励机制，确保基本医疗保险基金收支平衡。具体措施如下：①强化总额预算、中期风险评估（10~15年）和三级预警管理；②完善降点增值的激励机制；③加强利益相关方对话和奖惩制度；④基于智能监控系

统建立监督制度和信用管理；⑤完善风险储备金和省级调剂金制度；⑥在保证安全的前提下，按照国务院规定投资运营实现保值增值；⑦建立信息披露制度，医疗保障经办机构应当定期向社会公布医疗保障基金的收入、支出、结余等情况，接受社会监督。财政部门应当建立健全财政专户风险管理制度，定期向社会公告管理、存储结构、收益等情况，接受社会监督。

案例分析 / 金华市病组点数付费与综合治理机制

2012年，金华市统一了城乡居民医保政策体系、医保经办体系和信息系统，2015年引入智能监控系统，2017年实现市级统筹。2016年7月1日开始探索病组点数法，有4家三级医院（占全市三级医院的80%）、2家二级医院、1家一级医院参与试点，7家医院提供的住院服务总量占到城区总量的80%以上。2017年7月全市急诊住院正式实行病组点数法付费。

具体措施：①总额预算公开，合理控制基金支出增长率水平，2016年金华全市GDP增长率7.5%；②建设分组器、通过5轮沟通谈判形成595个疾病分组，2017年增至625个；③按成本和复杂程度的权重确定单个病组点数［最初三年引入（成本）差异系数］和总点数；④按医疗服务点数和病案数分配预算基金确定点值；⑤根据年初预算与全市医院总点数计算每个点数对应的医保资金，再据此算出每家医疗机构所分得的总医保资金，结余留用、超支自负，复杂病组单议，合理超支分担；对医疗服务质量进行考核与奖励；⑥智能监控与数据管理跟进医疗保险基金运行情况和医院同步改革情况，风险可控。

2017年评估结果显示，临床路径管理应用和CMI值普遍提高，增效节支收益超过4%；分解住院、推诿重症患者情况有所好转；参保患者自负费用增速下降，投诉减少，满意度提升；基金预算结余311万元，当年实际支出增长率为7.11%；一级、二级医疗机构服务量增速和收入增速均快于三级医疗机构。

总结：一要基于智慧医保和智能监控管理大数据，实施科学预算管理、预测和掌控支付改革的实施情况，做到风险可控；二要动员全部各类医护机构参与，实行精细化管理，预先明确结余留用规则并严格执行；建立医保医药持续学习、对话和改进的协同机制和综合治理机制；三是制定中长期规划和行动计划，有序推进急性治疗、门诊和急性后期治疗、基层医护机构和紧密型医疗共同体的支付方式改革。

本章小结

本章主要介绍了医疗保障基金分类，预算、决算，收入、征缴、支出，资产、负债，账户管理，会计管理，支付、结算，以及基金风险管理的基本原理。在掌握医疗保障基金管理的主要内容和知识结构的基础上，为学习2018年国家医疗保障局成立以来陆续出台的一系列技术标准、基本政策、法律法规奠定了基础。重点掌握在总额预算管理下，通过医保支付方法改革，如何强化建立医保基金风险管理和建立长效平衡机制。

（杨燕绥）

第八章　医疗保障服务协议

学习目标

1. 掌握　医疗保障协议的基本原理，医疗保障协议订立和履行的基本规范、医疗保障协议管理、医疗保障协议纠纷处理的相关规定，能够准确界定违约责任与违规责任、违法责任的区别。

2. 熟悉　国家医疗保障协议的法律法规。

3. 了解　如何通过履行医疗保障服务协议保障参保患者的合法权益。

第一节　医疗保障服务协议概述

一、医疗保障协议的定义

1. 协议的基本原理　协议（agreement）是指经过协商取得一致和共同遵守的文件。协议是在特定领域，经过利益相关人协商取得一致的，对国家法律法规的补充性规定和执行性规定。主要特征如下：①协议是国家法律法规补充，协议维护的主要受益人可能是第三方；不同于民事主体之间的合同，以维护合同双方当事人利益为主，不对第三方当事人造成损害即可；②协议属于社会契约范畴，非公法、非私法；具有软法约束功能；③协议发生在特定领域，其当事人是特定领域的利益群体，而不是民事主体的个人。

合同是民事主体之间设立、变更、终止民事法律关系的协议。

2. 医疗保障服务协议的定义　医疗保障服务协议（简称“医保协议”）是指由经办机构与医疗机构、零售药店经协商谈判而签订的，用于规范医疗服务行为以及明确双方权利、义务及责任等内容的协议。定点医疗机构是指自愿与统筹地区经办机构签订医保协议，为参保人员提供医疗服务的医疗机构。定点零售药店是指自愿与统筹地区经办机构签订医保协议，为参保人员提供药品服务的实体零售药店。

2010年颁布的《中华人民共和国社会保险法》第三十一条规定：“社会保险经办机构根据管理服务的需要，可以与医疗机构、药品经营单位签订服务协议，规范医疗服务行为。医疗机构应当为参保人员提供合理、必要的医疗服务。”2015年，人力资源社会保障部下发的《关于完善基本医疗保险定点医药机构协议管理的指导意见》规定，医保协议是社会保险（即医疗保险）经办机构与通过审查的医疗机构和零售药店（以下简称“医药机构”）签订的定点服务协议。2021年2月22日，国家医疗保障局发布《医疗机构医疗保障定点管理暂行办法》（简称“2号令”）第三条规定：“经办机构负责确定定点医疗机构，并与定点医疗机构签订医疗保障服务协议（以下简称‘医保协议’），提供经办服务，开展医保协议管理、考核等。定点医疗机构应当遵守医疗保障法律、法规、规章及有关政策，按照规定向参保人员提供医疗服务。”

二、医保协议的主要特征

1. 医保协议是医疗保障法律法规的补充　国家立法机构制定的医疗保障法律，是规范医疗保障社会关系的法律规范的总称，是指导、制定医疗保障服务协议的依据。《医疗保障基金使用监督条例》第二十三条规定：“国务院医疗保障行政部门负责制定服务协议管理办法，规范、简化、优化医药机构定点申请、专业评估、协商谈判程序，制作并定期修订服务协议范本。”国务院医疗保障行政部门制定服务协议管理办法时，应当听取有关部门、医药机构、行业协会、社会公众、专家等方面意见。该范本具有协议特征，协议属于软法范畴，具有社会契约的特征。

医疗保险经办机构与特定医药机构订立的医疗保障服务协议，具有团体合同的特征。作为协议乙方的医药机构、职能部门和责任人应当承担违约责任。

2. 外部公益性　前述三者从法律法规和协议的角度维护公民医疗保障合法权益。医疗保险经办机构具有医疗保险全体参保人法定受托人（公益信托）的属性，其职责不是维护经办机构自身利益，而是维护全体参保人和参保患者的利益。定点医护机构以公益机构为主，不以营利为目标，作为医保协议的乙方，以维护公民医疗保障合法权益为目标，同时满足医护机构运营与发展需要，并合理补偿医务人员。医保协议核心价值是维护参保人医疗保障合法权益，协议的甲方和乙方均应当以参保患者的利益为中心。

3. 医保协议属于第三法域的社会契约　医保协议具有非公法、非私法的特征，属于第三法域，即社会契约范畴。医保服务协议的双方是医疗保险基金的经办机构和医药服务机构。一个是医疗保险参保人的法定代理人，一个是基本保健服务的提供方，二者之间地位平等、相互制约，共同目标是提供合理的基本保健服务，保障公民医疗保障合法权益。

医疗保障经办机构作为协议的甲方具有如下优先权：①根据国家法律法规规定的筛选乙方的标准，选择定点服务机构和订立医保协议的短名单；②根据国家法律法规的规定和协议的规定内容，对定点医药机构实施指导和监督管理；对定点医疗机构违法、违规和违约行为，依法作出处理。这使得医保服务协议具有了“亦公”的特征，强调对参保患者健康权的保护，对医疗保障利益相关人利益共赢的承认。

医疗保险属于准公共品，医疗保险基金、参保患者和医药机构是三类社会群体，都是医疗保险的利益相关人，应当坚持平等协商、相互制约的原则，建立利益共赢的运行机制，这属于社会契约范畴。医疗保险经办机构的甲方优先权，意在以参保患者为中心履行社会契约，实现保障公民医疗保障合法权益的目标，并不违背社会契约原则。

4. 医疗保障行政机构监督下的医保协议行政特征　行政协议、行政合同都是不确定的法律概念。医疗非交易、药品非普通商品。国家设立医疗保障行政部门，对医疗服务和药品医用耗材等实施管理，意在建立合理分担与补偿机制，确保医药服务质量（原型多为奢侈品）和全体公民获得基本保健的权利（转化为必需品）。国家有责任通过医疗保障行政部门以指导、监督、处罚和纠纷处理等方式实施对医保协议的管理，可以增加医保协议中的行政意识表示，不等于医保协议即行政协议、行政合同，轻易地将纠纷送至法庭和司法程序。

政府责任和市场功能均有边界和刚性，建设具有韧性的城市和社区需要培育社会契约文化，依法规范社会契约行为。2021年，中华人民共和国民法典进入实施，在保护公民私有房产业主和租户的权利的基础上，为维护社区居民的公共利益，社区里的社会契约精神和文化正在形成。

5. 定点医药机构的地位和作用　《医疗保障基金使用监督管理条例》规定：“定点医药机构应当按照规定提供医药服务，提高服务质量，合理使用医疗保障基金，维护公民健康权益。”定点医药机构是提供医疗保障服务的专属机构，以政府举办的医护机构和社会资金举办的非营利医护机构为主。定点药店以商业机构为主。定点医药机构承担如下职能：①按照医疗保障的目录和要求提供基本保健服务；②引领基本保健的临床创新、人才培养和改善服务质量；③合理使用医疗保障基金，支持医保支付改革和建立长效收支平衡机制；④以维护公民健康为中心，参与构建优质高效医护体系，合理定位，做好基层紧密型医共体的龙头。

在定点医护机构中有医保医师。医保医师是指依据医保服务协议履行基本医疗保障服务职责的医师、药师、护理人员、医技人员等医务人员的总称。在《医疗保障法

（征求意见稿）》中提出，他们是执行医疗保障法律和履行医保定点服务协议的责任人，应当承担相关的法律责任。

6．医疗保障领域的三类合同　①在医疗保障经办机构与公立公益医疗机构之间具有内部零和博弈关系，通过协商订立服务协议。②医疗保障经办机构与药品和医用耗材供应商之间属于准外部市场，通过评价与目录管理、量价挂钩的方式订立供给合同。③医疗服务机构与药品和医用耗材供应商之间也属于准外部市场，一方面，医疗机构要执行国家和地区的带量采购协议；另一方面，医疗机构有部分自主采购权。

第二节　医保协议的主要内容

医保协议内容包括规定内容和补充内容。规定内容即范本，所有医保协议均必须具备的内容，即甲乙双方约定的责任和义务、权利和利益。医保协议内容的客体是指责、权、利所指向的对象，包括人、财、物、信息、时间等要素。补充内容是在特定地区，经过与特定机构协商后增加或者保留（即暂时不执行规定内容的说明）的内容。如某市规定："市医保中心应与定点医疗机构签订包括医保服务人群、服务范围、服务内容、服务质量、医疗费用结算办法、医疗费用支付标准以及医疗费用审核与控制等内容的服务协议，明确双方的权利和义务。服务协议有效期一般为2年以上。"

国务院医疗保障行政部门制作并定期修订医保协议范本，国家医疗保障经办机构制定经办规程并指导各地加强和完善医保协议管理。地市级及以上的医疗保障行政部门及经办机构在此基础上，可根据实际情况分别细化制定本地区的医保协议范本及经办规程。医保协议内容应与法律、法规、规章和医疗保障政策调整变化相一致，医疗保障行政部门调整医保协议内容时，应征求相关定点医疗机构意见。

一、总则

阐明订立医保协议的依据和目的。

二、医疗机构协议双方的权利和义务

1．甲方（经办机构）的履约责任

《医疗机构医疗保障定点管理暂行办法》提出9项权利性规定和3项义务性规定。

权利性规定：①经办机构有权掌握定点医疗机构运行管理情况，从定点医疗机构

获得医保费用稽查审核、绩效考核和财务记账等所需要的信息数据等资料。②定点医疗机构实行属地管理，对属地定点医疗机构为本地和异地参保人员提供的医疗服务承担管理服务职责。③经办机构应当完善定点申请、组织评估和协议签订、协议履行、协议变更和解除等管理流程，制定经办规程，为定点医疗机构和参保人员提供优质高效的经办服务。④做好对定点医疗机构医保政策、管理制度、支付政策、操作流程的宣传培训，提供医疗保障咨询、查询服务；落实医保支付政策，加强医疗保障基金管理。⑤应当建立完善的内部控制制度，明确对定点医疗机构申报费用的审核、结算、拨付、稽核等岗位责任及风险防控机制；完善重大医保费用支出集体决策制度。⑥应当加强医疗保障基金支出管理，通过智能审核、实时监控、现场检查等方式及时审核医疗费用；对定点医疗机构进行定期和不定期稽查审核；按协议约定及时足额向定点医疗机构拨付医保费用，原则上应当在定点医疗机构申报后30个工作日内拨付符合规定的医保费用。⑦有条件的统筹地区经办机构可以按国家规定向定点医疗机构预付一部分医保资金，缓解其资金运行压力；在突发疫情等紧急情况时，可以按国家规定预拨专项资金；定点医疗机构违规申报费用，经审查核实的，经办机构不予支付。⑧应当依法依规支付参保人员在定点医疗机构发生的医疗费用，为参保人员提供医保政策咨询；除急诊和抢救外，参保人员在非定点医疗机构就医发生的费用医疗保障基金不予支付。⑨经办机构或其委托符合规定的第三方机构，对定点医疗机构开展绩效考核，包括健康评估，建立动态管理机制；考核结果与年终清算、质量保证金退还、协议续签等挂钩；绩效考核办法由国家医疗保障部门制定，省级医疗保障部门可制定具体考核细则，经办机构负责组织实施。

义务性规定：①对于定点医疗机构结算周期内未超过总额控制指标的医疗费用，经办机构应根据协议按时足额拨付；对定点医疗机构因参保人员就医数量大幅增加、接诊重症等形成的合理超支，建立申报评审制度，给予适当补偿。②应遵守数据安全的有关制度，保护参保人员隐私，确保医疗保障基金安全。③向社会公开医保信息系统数据集和接口标准，定点医疗机构自主选择与医保对接的有关信息系统的运行和维护供应商，经办机构不得以任何名义收取任何费用及指定供应商。

2．乙方（医护机构）的履约责任

《医疗机构医疗保障定点管理暂行办法》提出3项权利性规定和10项义务性规定。

权利性规定：①定点医疗机构具有依法依规为参保人员提供医疗服务后获得医保结算费用；②对经办机构履约情况进行监督；③对完善医保政策提出意见建议等权利。

义务性规定：①应当严格执行医保协议，合理诊疗、合理收费，严格执行医保药品、医用耗材和医疗服务项目等目录，优先配备使用医保目录药品，控制患者自费比例，提高医疗保障基金使用效率；不得为非定点医疗机构提供医保结算；经办机构不予支付的费用、定点医疗机构按医保协议约定被扣除的质量保证金及其支付的违约金等，定点医疗机构不得作为医保欠费处理。②定点医疗机构及其工作人员应当执行实名就医和购药管理规定，核验参保人员有效身份凭证，按照诊疗规范提供合理、必要的医药服务，向参保人员如实出具费用单据和相关资料，不得分解住院、挂床住院，不得违反诊疗规范过度诊疗、过度检查、分解处方、超量开药、重复开药，不得重复收费、超标准收费、分解项目收费，不得串换药品、医用耗材、诊疗项目和服务设施，不得诱导、协助他人冒名或者虚假就医、购药；确保医疗保障基金支付的费用符合规定的支付范围；除急诊、抢救等特殊情形外，提供医疗保障基金支付范围以外的医药服务的，应当经参保人员或者其近亲属、监护人同意。③应当制定相应的内部管理措施，严格掌握出入院指征。按照协议执行医保总额预算指标，执行按项目、按病种、按疾病诊断相关分组、按床日、按人头等支付方式；不得以医保支付政策为由拒收患者。④按有关规定执行集中采购政策，优先使用集中采购中选的药品和耗材；医保支付的药品、耗材应当按规定在医疗保障行政部门规定的平台上采购，并真实记录“进、销、存”等情况；应当严格执行医疗保障行政部门制定的医药价格政策。⑤应当参加由医疗保障行政部门或经办机构组织的宣传和培训；应当组织开展医疗保障基金相关制度、政策的培训，定期检查本单位医疗保障基金使用情况，及时纠正医疗保障基金使用不规范的行为。⑥在显著位置悬挂统一样式的定点医疗机构标识。⑦应当按要求及时向统筹地区经办机构报送医疗保障基金结算清单等信息，包括疾病诊断及手术操作，药品、医用耗材、医疗服务项目费用结算明细，医师、护士等信息，并对其真实性负责；应当按要求如实向统筹地区经办机构报送药品、耗材的采购价格和数量；应向医疗保障部门报告医疗保障基金使用监督管理及协议管理所需信息，向社会公开医药费用、费用结构等信息。⑧应当配合经办机构开展医保费用审核、稽核检查、绩效考核等工作，接受医疗保障行政部门的监督检查，并按规定提供相关材料。⑨应当优化医保结算流程，为参保人员提供便捷的医疗服务，按规定进行医保费用直接结算，提供费用结算单据和相关资料；为符合规定的参保人员提供转诊转院服务；参保人员根据有关规定可以在定点医疗机构购药或凭处方到定点零售药店购药。⑩应当做好与医保有关的信息系统安全保障工作，遵守数据安全有关制度，保护参保人员隐私；重新安装信息系统时，应当保持信息系统技术接口标准与医保信息系统有效对接，并按规定及时全面准确向医保信息系统传送医保结算和审核所需的有关数据。

3．定点药店协议双方的权利和义务

（1）甲方（经办机构）的履约责任:《零售药店医疗保障定点管理暂行办法》做出6项权利性规定：①有权掌握定点零售药店的运行管理情况，从定点零售药店获得医保费用稽查审核、绩效考核和财务记账等所需要的信息数据等资料。②应当完善定点申请、组织评估、协议签订、协议履行、协议变更和解除等流程管理，制定经办规程，为定点零售药店和参保人员提供优质高效的经办服务。③应做好对定点零售药店医疗保障政策、管理制度、支付政策、操作流程的宣传培训，提供医疗保障咨询、查询服务。④应当落实医保支付政策，加强医疗保障基金管理；建立完善的内部控制制度，明确对定点零售药店医保费用的审核、结算、拨付、稽核等岗位责任及风险防控机制；完善重大医保药品费用支出集体决策制度。⑤应当加强医疗保障基金支出管理，通过智能审核、实时监控、现场检查等方式及时审核医保药品费用。⑥经办机构或其委托的第三方机构，对定点零售药店开展绩效考核，建立动态管理机制。考核结果与年终清算、质量保证金退还、医保协议续签等挂钩。绩效考核办法由国家医疗保障部门制定，省级医疗保障部门可制定具体考核细则，经办机构负责组织实施。

4项义务性规定如下：①对定点零售药店进行定期和不定期稽查审核，按医保协议约定及时足额向定点零售药店拨付医保费用。原则上，应当在定点零售药店申报后30个工作日内拨付符合规定的医保费用。定点零售药店经审查核实的违规医保费用，经办机构不予支付。②经办机构应当依法依规支付参保人员在定点零售药店发生的药品费用。参保人员应凭本人参保有效身份凭证在定点零售药店购药。不得出租（借）本人有效身份凭证给他人，不得套取医疗保障基金。在非定点零售药店发生的药品费用，医疗保障基金不予支付。③向社会公开医保信息系统数据集和接口标准。定点零售药店自主选择与医保对接的有关信息系统的运行和维护供应商。经办机构不得以任何名义收取任何费用及指定供应商。④应遵守数据安全有关制度，保护参保人员隐私，确保医疗保障基金安全。

（2）乙方（定点药店）的履约责任:《零售药店医疗保障定点管理暂行办法》提出4项权利性规定：①符合规定条件的定点零售药店可以申请纳入门诊慢性病、特殊病购药定点机构，相关规定由统筹地区医疗保障部门另行制定。②定点零售药店具有为参保人员提供药品服务后获得医保结算费用。③对经办机构履约情况进行监督。④对完善医疗保障政策提出意见建议等权利。

11项义务性规定：①应当为参保人员提供药品咨询、用药安全、医保药品销售、医保费用结算等服务；经办机构不予支付的费用、定点零售药店按医保协议约定被扣除的质量保证金及其支付的违约金等，定点零售药店不得作为医保欠费处理。②应当严格执行医保支付政策。鼓励在医疗保障行政部门规定的平台上采购药品，并真实记录“进、销、存”情况。③按照公平、合理、诚实信用和质价相符的原则制定价格，遵守医疗保障行政部门制定的药品价格政策。④应当凭处方销售医保目录内处方药，药师应当对处方进行审核、签字后调剂配发药品；外配处方必须由定点医疗机构医师开具，有医师签章。定点零售药店可凭定点医疗机构开具的电子外配处方销售药品。

⑤应当组织医保管理人员参加由医疗保障行政部门或经办机构组织的宣传和培训；开展医疗保障基金相关制度、政策的培训，定期检查本单位医疗保障基金使用情况，及时纠正医疗保障基金使用不规范的行为。⑥在显著位置悬挂统一格式的定点零售药店标识。⑦应按要求及时如实向统筹地区经办机构上传参保人员购买药品的品种、规格、价格及费用信息，定期向经办机构上报医保目录内药品的“进、销、存”数据，并对其真实性负责。⑧应当配合经办机构开展医保费用审核、稽核检查、绩效考核等工作，接受医疗保障行政部门的监督检查，并按规定提供相关材料。⑨应核对参保人员有效身份凭证，做到人证相符。特殊情况下为他人代购药品的应出示本人和被代购人身份证；为参保人员提供医保药品费用直接结算单据和相关资料，参保人员或购药人应在购药清单上签字确认；凭外配处方购药的，应核验处方使用人与参保人员身份是否一致。⑩应将参保人员医保目录内药品外配处方、购药清单等保存2年，以备医疗保障部门核查。⑪应做好与医保有关的信息系统安全保障工作，遵守数据安全有关制度，保护参保人员隐私。定点零售药店重新安装信息系统时，应当保持信息系统技术接口标准与医保信息系统有效对接，并按规定及时全面准确向医保信息系统传送医保结算和审核所需的有关数据。

此外，还有违约处理，约定甲乙双方各自违约的处理方式；争议处理，约定双方协商解决、申请行政复议或提起行政诉讼（见第十一章）；附则，规定协议期限，协议生效时间，协议变更，协议续签等。

第三节　医保协议的订立和履行

医保协议管理涉及订立、履行、变更、中止、解除、终止和续订7个台账。

一、医保协议的订立

订立是第一个环节，即协议主体坚持自愿、公平和诚实信用原则进行意思表示和达成合意的过程。

（一）申请医保定点

以下取得医疗机构执业许可证或中医诊所备案证的医疗机构，以及经军队主管部门批准有为民服务资质的军队医疗机构可申请医保定点：①综合医院、中医医院、中西医结合医院、民族医医院、专科医院、康复医院；②专科疾病防治院（所、站）、妇幼保健院；③社区卫生服务中心（站）、中心卫生院、乡镇卫生院、街道卫生院、门诊部、诊所、卫生所（站）、村卫生室（所）；④独立设置的急救中心；⑤安宁疗护中心、血液透析中心、护理院；⑥养老机构内设的医疗机构；⑦互联网医院可依托其实体医疗机构申请签订补充协议，其提供的医疗服务所产生的符合医保支付范围的相关费用，由统筹地区经办机构与其所依托的实体医疗机构按规定进行结算。

申请医保定点的医疗机构应当同时具备以下基本条件：①正式运营至少3个月；②至少有1名取得医师执业证书、乡村医生执业证书或中医（专长）医师资格证书且第一注册地在该医疗机构的医师；③主要负责人负责医保工作，配备专（兼）职医保管理人员；100张床位以上的医疗机构应设内部医保管理部门，安排专职工作人员；④具有符合医保协议管理要求的医保管理制度、财务制度、统计信息管理制度、医疗质量安全核心制度等；⑤具有符合医保协议管理要求的医院信息系统技术和接口标准，实现与医保信息系统有效对接，按要求向医保信息系统传送全部就诊人员相关信息，为参保人员提供直接联网结算。设立医保药品、诊疗项目、医疗服务设施、医用耗材、疾病病种等基础数据库，按规定使用国家统一的医保编码；⑥符合法律法规和省级及以上医疗保障行政部门规定的其他条件。

医疗机构向统筹地区经办机构提出医保定点申请，至少提供以下材料：①定点医疗机构申请表；②医疗机构执业许可证或中医诊所备案证或军队医疗机构为民服务许可证照复印件；③与医保政策对应的内部管理制度和财务制度文本；④与医保有关的医疗机构信息系统相关材料；⑤纳入定点后使用医疗保障基金的预测性分析报告；⑥省级医疗保障行政部门按相关规定要求提供的其他材料。

（二）定点申请评估

省级医疗保障行政部门可以在《医疗机构医疗保障定点管理暂行办法》基础上，根据实际情况，制定具体评估细则。医疗机构提出定点申请，统筹地区经办机构应即时受理。对申请材料内容不全的，经办机构自收到材料之日起5个工作日内一次性告知医疗机构补充。

统筹地区经办机构应组织评估小组或委托第三方机构，以书面、现场等形式开展评估。评估小组成员由医疗保障、医药卫生、财务管理、信息技术等专业人员构成。自受理申请材料之日起，评估时间不超过3个月，医疗机构补充材料时间不计入评估期限。评估内容包括：①核查医疗机构执业许可证或中医诊所备案证或军队医疗机构为民服务许可证；②核查医师、护士、药学及医技等专业技术人员执业信息和医师第一注册地信息；③核查与服务功能相适应的诊断、治疗、手术、住院、药品贮存及发放、检查检验放射等基础设施和仪器设备；④核查与医保政策对应的内部管理制度和财务制度，卫生健康部门医疗机构评审的结果；⑤核查与医保有关的医疗机构信息系统是否具备开展直接联网结算的条件。

评估结果分为合格和不合格。统筹地区经办机构应将评估结果报同级医疗保障行政部门备案。对于评估合格的，应将其纳入拟签订协议医疗机构名单，并向社会公示。对于评估不合格的，应告知其理由，提出整改建议。自结果告知送达之日起，整改3个月后可再次组织评估，评估仍不合格的，1年内不得再次申请。

医疗机构有下列情形之一的不予受理定点申请：①以医疗美容、辅助生殖、生活照护、种植牙等非基本医疗服务为主要执业范围的；②基本医疗服务未执行医疗保障行政部门制定的医药价格政策的；③未依法履行行政处罚责任的；④以弄虚作假等不正当手段申请定点，自发现之日起未满3年的；⑤因违法违规被解除医保协议未满3年或已满3年但未完全履行行政处罚法律责任的；⑥因严重违反医保协议约定而被解除协议未满1年或已满1年但未完全履行违约责任的；⑦法定代表人、主要科室负责人或实际控制人曾因严重违法违规导致原定点医疗机构被解除医保协议，未满5年的；⑧法定代表人、主要负责人或实际控制人被列入失信人名单的；⑨法律法规规定的其他不予受理的情形。

（三）协议订立过程

统筹地区经办机构与评估合格的医疗机构协商谈判，达成一致的，双方自愿签订医保协议。原则上，由地市级及以上的统筹地区经办机构与医疗机构签订医保协议并向同级医疗保障行政部门备案。医保协议应明确双方权利、义务和责任。签订医保协议的双方应当严格执行协议约定。协议期限一般为1年。

统筹地区经办机构应向社会公布签订医保协议的定点医疗机构信息，包括名称、地址等，供参保人员选择。统筹地区参保人将根据公布的信息，根据个人居家就近、专科需求和综合医院需求选择就医机构。

二、医保协议的履行

履行协议是医疗保险经办机构和定点医药机构依据法律和按照协议全面履行各自职责的过程。任何违约行为均应当依据法律和协议的规定进行处罚，确保医疗协议履行即保障参保人权益的法治保障措施。

（一）医保协议履行原则

1. 全面履行　又称适当履行原则或正确履行原则。要求当事人按协议约定内容、标准、方式、地点、期限等，全面完成协议义务。依法成立的协议对订立协议的双方均具有约束力。

2. 诚实信用 根据合同的性质、目的和交易习惯履行通知、协助、保密等义务。诚信是医保协议管理的重要内容之一。要求人们在市场活动中讲究信用，恪守诺言，诚实不欺，在不损害他人利益和社会利益的前提下追求自己的利益。

3. 协作原则 医患保不可分，相互协作是诚信的组成部分。

4. 情势变更 在协议生效后、履行前，因不可归责的原因而使履行协议的基础发生变化，如定点医院进入紧密型医疗共同体，责权和功能发生变化，要求协议内容随之进行调整。如果继续履行协议将会造成显失公平的后果，法律允许当事人协商变更协议内容或者解除协议。情势变更也是诚信原则的具体运用，不允许单方变更协议内容。

（二）地方经办机构履责要求

1. 掌握定点医疗机构运行管理情况，从定点医疗机构获得医保费用稽查审核、绩效考核和财务记账等所需要的信息数据等资料。定点医疗机构实行属地管理，经办机构对属地定点医疗机构为本地和异地参保人员提供的医疗服务承担管理服务职责。

2. 完善定点申请、组织评估和协议签订、协议履行、协议变更和解除等管理流程，制定经办规程，为定点医疗机构和参保人员提供优质高效的经办服务。

3. 做好对定点医疗机构医保政策、管理制度、支付政策、操作流程的宣传培训，提供医疗保障咨询、查询服务。

4. 落实医保支付政策，加强医疗保障基金管理。

5. 完善的内部控制制度，明确对定点医疗机构申报费用的审核、结算、拨付、稽核等岗位责任及风险防控机制。完善重大医保费用支出集体决策制度。

6. 有条件的可以按国家规定向定点医疗机构预付一部分医保资金，缓解其资金运行压力。在突发疫情等紧急情况时，可以按国家规定预拨专项资金。

7. 依法依规支付参保人员在定点医疗机构发生的医疗费用，为参保人员提供医保政策咨询。除急诊和抢救外，参保人员在非定点医疗机构就医发生的费用医疗保障基金不予支付。对于定点医疗机构结算周期内未超过总额控制指标的医疗费用，经办机构应根据协议按时足额拨付。对定点医疗机构因参保人员就医数量大幅增加等形成的合理超支给予适当补偿。

8. 向社会公开医保信息系统数据集和接口标准，定点医疗机构自主选择与医保对接的有关信息系统的运行和维护供应商，经办机构不得以任何名义收取任何费用及指定供应商。经办机构应遵守数据安全有关制度，保护参保人员隐私，确保医疗保障基金安全。

（三）定点医疗机构履责要求

1. 应当严格执行医保协议，合理诊疗、合理收费，严格执行医保药品、医用耗材和医疗服务项目等目录，优先配备使用医保目录药品，控制患者自费比例，提高医疗保障基金使用效率。不得为非定点医疗机构提供医保结算。

2. 定点医疗机构及其工作人员应当执行实名就医和购药管理规定，核验参保人员有效身份凭证，按照诊疗规范提供合理、必要的医药服务，向参保人员如实出具费用单据和相关资料，不得分解住院、挂床住院，不得违反诊疗规范过度诊疗、过度检查、分解处方、超量开药、重复开药，不得重复收费、超标准收费、分解项目收费，不得串换药品、医用耗材、诊疗项目和服务设施，不得诱导、协助他人冒名或者虚假就医、购药。

3. 应当确保医疗保障基金支付的费用符合规定的支付范围；除急诊、抢救等特殊情形外，提供医疗保障基金支付范围以外的医药服务的，应当经参保人员或者其近亲属、监护人同意。

4. 应当制定相应的内部管理措施，严格掌握出入院指征。按照协议执行医保总额预算指标，执行按项目、按病种、按疾病诊断相关分组、按床日、按人头等支付方式。不得以医保支付政策为由拒收患者。

5. 按有关规定执行集中采购政策，优先使用集中采购中选的药品和耗材。医保支付的药品、耗材应当按规定在医疗保障行政部门规定的平台上采购，并真实记录“进、销、存”等情况。严格执行医疗保障行政部门制定的医药价格政策。

6. 参加由医疗保障行政部门或经办机构组织的宣传和培训。组织开展医疗保障基金相关制度、政策的培训，定期检查本单位医疗保障基金使用情况，及时纠正医疗保障基金使用不规范的行为。在显著位置悬挂统一样式的定点医疗机构标识。

7. 按要求及时向统筹地区经办机构报送医疗保障基金结算清单等信息，包括疾病诊断及手术操作，药品、医用耗材、医疗服务项目费用结算明细，医师、护士等信息，并对其真实性负责。定点医疗机构应当按要求如实向统筹地区经办机构报送药品、耗材的采购价格和数量。向医疗保障部门报告医疗保障基金使用监督管理及协议管理所需信息，向社会公开医药费用、费用结构等信息。

8. 配合经办机构开展医保费用审核、稽核检查、绩效考核等工作，接受医疗保障行政部门的监督检查，并按规定提供相关材料。

9. 优化医保结算流程，为参保人员提供便捷的医疗服务，按规定进行医保费用直接结算，提供费用结算单据和相关资料。为符合规定的参保人员提供转诊转院服务。参保人员根据有关规定可以在定点医疗机构购药或凭处方到定点零售药店购药。

10. 做好与医保有关的信息系统安全保障工作，遵守数据安全有关制度，保护参保人员隐私。定点医疗机构重新安装信息系统时，应当保持信息系统技术接口标准与医保信息系统有效对接，并按规定及时全面准确向医保信息系统传送医保结算和审核所需的有关数据。

（四）定点药店履责要求

①取得药品经营许可证，并同时符合以下条件的零售药店均可申请医疗保障定点：在注册地址正式经营至少3个月；至少有1名取得执业药师资格证书或具有药学、临床药学、中药学专业技术资格证书的药师，且注册地在该零售药店所在地，药师须签订1年以上劳动合同且在合同期内；至少有2名熟悉医疗保障法律法规和相关制度规定的专（兼）职医保管理人员负责管理医保费用，并签订1年以上劳动合同且在合同期内；②按药品经营质量管理规范要求，开展药品分类分区管理，并对所售药品设立明确的医保用药标识；③具有符合医保协议管理要求的医保药品管理制度、财务管理制度、医保人员管理制度、统计信息管理制度和医保费用结算制度；④具备符合医保协议管理要求的信息系统技术和接口标准，实现与医保信息系统有效对接，为参保人员提供直接联网结算，建立医保药品等基础数据库，按规定使用国家统一医保编码；⑤符合法律法规和省级及以上医疗保障行政部门规定的其他条件。

统筹地区经办机构向社会公布签订医保协议的定点零售药店信息，包括名称、地址等，供参保人员选择。有下列情形之一的，不予受理定点申请：①未依法履行行政处罚责任的；②以弄虚作假等不正当手段申请定点，自发现之日起未满3年的；③因违法违规被解除医保协议未满3年或已满3年但未完全履行行政处罚法律责任的；④因严重违反医保协议约定而被解除医保协议未满1年或已满1年但未完全履行违约责任的；⑤法定代表人、企业负责人或实际控制人曾因严重违法违规导致原定点零售药店被解除医保协议，未满5年的；⑥法定代表人、企业负责人或实际控制人被列入失信人名单的；⑦法律法规规定的其他不予受理的情形。

三、医疗协议的中止、解除与终止

（一）医保协议的中止

协议中止是指因某种原因的发生而暂时停止履行协议，当该原因消失后，可以继续履行协议。例如，按照《医疗保障基金使用监督条例》第三十条的规定，参保人员涉嫌骗取医疗保障基金支出且拒不配合调查的，医疗保障行政部门可以要求医疗保障经办机构暂停医疗费用联网结算。暂停联网结算期间发生的医疗费用，由参保人员全额垫付。经调查，属于骗取医疗保障基金支出的，依照本条例第四十一条的规定处理；

不属于骗取医疗保障基金支出的，按照规定结算。

2021年2月1日起施行的《零售药店医疗保障定点管理暂行办法》（国家医疗保障局令第3号，以下简称“3号令”）规定，定点零售药店的名称、法定代表人、企业负责人、实际控制人、注册地址和药品经营范围等重要信息发生变更的，应自有关部门批准之日起30个工作日内向统筹地区经办机构提出变更申请，其他一般信息变更应及时书面告知。医保协议中止是指经办机构与定点零售药店暂停履行医保协议约定，中止期间发生的医保费用不予结算。中止期结束，未超过医保协议有效期的，医保协议可继续履行；超过医保协议有效期的，医保协议终止。

定点零售药店可提出中止医保协议申请，经经办机构同意，可以中止医保协议，但中止时间原则上不得超过180日，定点零售药店在医保协议中止超过180日仍未提出继续履行医保协议申请的，原则上医保协议自动终止。定点零售药店有下列情形之一的，经办机构应中止医保协议：①根据日常检查和绩效考核，发现对医疗保障基金安全和参保人员权益可能造成重大风险的；②未按规定向医疗保障行政部门及经办机构提供有关数据或提供数据不真实的；③根据医保协议约定应当中止医保协议的；④法律法规和规章规定的应当中止的其他情形。对于医疗保障经办机构作出中止协议决定的依据和理由，定点医药机构及其相关责任人员有权进行陈述、申辩。

（二）医保协议的解除与续签

协议解除是指合同关系成立以后，因当事人一方或双方的意思而使协议关系提前消灭的一种行为。协议解除即提前终止尚未完成的协议，总会导致一方或者双方权益损失，因此各国各类合同法律均对解除环节做出“一个规范、多个条款”的严格规定。根据《医疗保障基金使用监督条例》第四十条规定，定点医药机构通过下列方式骗取医疗保障基金支出的，直至由医疗保障经办机构解除服务协议。3号令规定，续签应由定点零售药店于医保协议期满前3个月向经办机构提出申请或由经办机构统一组织。统筹地区经办机构和定点零售药店就医保协议续签事宜进行协商谈判，双方根据医保协议履行情况和绩效考核情况等决定是否续签。协商一致的，可续签医保协议；未达成一致的，医保协议解除。对于医疗保障经办机构作出解除协议决定的依据和理由，定点医药机构及其相关责任人员有权进行陈述、申辩。

（三）医保协议的终止

协议终止是指协议当事人之间的权利义务履行完毕，协议到期和协议约束效力正常终止。这是协议关系最理想的状态。医保服务并非一次性交易，在协议到期终止后还要做好续订工作，以保持工作的连续性和低成本、高效率的运行。

第四节　医保协议监督管理

一、行政监督

医疗保障行政部门依法依规通过实地检查、抽查、智能监控、大数据分析等方式对定点医疗机构和定点零售药店的协议履行情况、医疗保障基金使用情况、医疗服务行为、购买涉及医疗保障基金使用的第三方服务等进行监督。各级人民代表大会常务委员会听取和审议本级人民政府对医疗保障基金的收支、管理、投资运营以及监督检查情况的专项工作报告，组织对本法实施情况的执法检查等，依法行使监督职权。

医疗保障行政部门和经办机构应拓宽监督途径、创新监督方式，通过满意度调查、第三方评价、聘请社会监督员等方式对定点医疗机构进行社会监督，畅通举报投诉渠道，及时发现问题并进行处理。

知识链接 / 全国依法打击欺诈骗保犯罪专项整治行动

2021年4月9日，国家医疗保障局会同公安部、国家卫生健康委员会部署开展全国依法打击欺诈骗保犯罪专项整治行动。截至2021年9月底，共打掉犯罪团伙251个，抓获犯罪嫌疑人3819名，追缴被骗的医保基金2.3亿元，联合医保部门关停处置医药机构277家。

据公安部食品药品犯罪侦查局介绍，此类犯罪主要呈现以下特点：一是非法回收手段多样，有的不法分子在医院周边摆摊设点收购药品，有的通过代刷医保卡直接从医院骗取药品，还有少数不法分子勾结医药机构、医保定点药店或其工作人员合伙骗开药品。二是犯罪活动职业化、团伙化。从一些医疗资源丰富的大中城市低价非法回收的药品，层层加价后销售牟利。三是涉案药多为慢性疾病用药，中药注射液、中药材特别是单体价格较高的滋补中药材也占有一定的比例。四是利用互联网手段勾结日趋明显。

2021年以来，各地公安机关共侦破非法经营医保药品案件300余起，抓获犯罪嫌疑人1000余名，涉案金额11.6亿余元。同年，国家医疗保障局将专项整治行动与日常监管有力结合，主要做了以下工作：

一是“全覆盖”。压实地方监管责任，组织各级医保部门对辖区内定点医药机构开展全覆盖检查，确保监管无“漏洞”，检查无“死角”。2021年1月至8月，全国共检查定点医药机构51.66万家，查处21.25万家，其中行政处罚3297家，暂停协议9777家，取消协议2398家，追回医保基金88.12亿元。

二是“强震慑”。持续开展飞行检查（简称飞检），发挥国家飞检的威慑效应、示范效应，进一步擦亮飞检“利剑”，强化对欺诈骗保行为的打击和震慑作用。2021年1月至8月，国家医疗保障局直接开展飞检7组次，检查医疗机构14家，医保经办机构7家，查出涉嫌违法违规资金1.31亿元。

三是“聚合力”。加强与公安、卫生健康等部门的互补作用，强化部门综合监管合力。截至2021年8月，共查处涉及“三假”类型案件2637起，共暂停医保服务协议78家、解除医保服务协议45家、移交司法机关438家（人），移交纪检监察机关26家（人），追回医保基金及违约金0.71亿元，处行政罚款0.18亿元。

四是“勤曝光”。加强基金监管宣传和典型案例曝光，完善举报投诉和曝光制度。2021年1月至8月，全国曝光典型案例14 397起，各级医保部门向欺诈骗保线索举报人兑现奖励金69.66万元。

经办机构发现违约行为，应当及时按照协议处理，作出中止相关责任人员或者所在部门涉及医疗保障基金使用的医药服务、中止和解除医保协议等处理时，要及时报告同级医疗保障行政部门。医疗保障行政部门发现定点医疗机构存在违约情形的，应当及时责令经办机构按照医保协议处理，经办机构应当及时按照医保协议处理。医疗保障行政部门依法查处违法违规行为时，认为经办机构移交相关违法线索事实不清的，可组织补充调查或要求经办机构补充材料。

医疗保障行政部门实施监督检查，有权采取下列措施：①查阅、记录、复制与监督检查相关的资料；②运用信息技术开展实时监测，并从相关信息系统中调取数据；③对可能被转移、隐匿、灭失或有初步证据证明可能被转移、隐匿或者灭失的资料等予以查封、扣押；④询问与调查事项有关的单位和个人，要求其对与调查事项有关的问题作出说明、提供有关证明材料；⑤聘请符合条件的会计师事务所等第三方机构和专业人员协助开展检查；⑥对隐匿、转移、侵占、挪用医疗保障基金的行为予以制止并责令改正；⑦其他依法可以采取的措施。为此，医疗保障行政部门下设实施监督检查职能的执法类机构和专业人员。

二、智能监控

信息化和智能化是处理大量诊疗信息的工具，也是监督医疗行为和医院管理的必要条件。通过对医疗机构医院信息系统（Hospital Information System，HIS）系统的对接联通，实现过程监管、数据监测、结果评价、信息查询等综合监督。同时，要处理好专业性、信息安全和成本问题。

（一）政策支持

《关于进一步加强基本医疗保险医疗服务监管的意见》（人社部发〔2014〕54号，以下简称“54号文件”）和（人社厅发〔2015〕56号，以下简称“56号文件”）提出，在总结医疗保险医疗服务监控重点联系城市做法经验的基础上，决定全面推进基本医疗保险医疗服务智能监控（以下简称智能监控）工作。2022年，《医疗保障基金智能审核和监控知识库、规则库管理办法（试行）》，适用于医疗保障基金“两库”的建设和管理。

（二）目标任务

1. 以业务需求为导向、信息系统建设为基础，在全国所有统筹地区普遍开展智能监控工作 2015年，全国50%的统筹地区开展智能监控工作，已开展智能监控工作的地区进一步完善监控规则、扩大监控范围、提高监控质量与效率，完善相关知识库建设。2016年，全国所有统筹地区开展智能监控工作。同时，完善相关知识库，建成一支专业化的智能监控人员队伍，不断提高监控质量与效率。

2. 优化监控体系 监控对象应包括定点医疗机构、定点零售药店、为参保人员提供医疗服务的科室、医务人员（简称医保医生）和参保人员，要对门诊、住院、药店购药等全方位监控，对疑似违规行为进行查实和处理。

3. 选择监控规则和指标 结合医疗保险制度运行和付费方式的特点，深入研究医疗服务监控需求，对潜在的欺诈违规问题进行分类判断，确定适合本地的监控规则和指标。监控工作初期可以选择单项监控规则和指标开展工作；积累一定经验后，将单项指标组合为复合式监控规则和指标进行监控。

4. 合理确定指标阈值 各地要根据本统筹地区医疗保险管理服务能力，按选定的监控规则和指标，结合智能监控系统建设和医疗机构的级别、专科特色等情况，根据疑似违规行为数量、查实违规数量与监督检查能力相匹配的原则确定指标阈值。针对不同的监控对象，合理确定监控周期、指标和阈值。

5. 优化监控流程 医疗服务监控以事后监控为重点，对有明确特征的违规行为，在费用结算过程中给予事中控制；对医保政策、用药诊疗合理性等提示性信息，通过向定点医疗机构和零售药店前端传递，实现事前违规提醒。监控以发现疑似违规信息为起点，对违规信息进行分析，对有重大违规嫌疑的信息，经办机构应向监控对象了解情况或到现场检查核实，检查结果应向对方反馈确认，并接受定点医疗机构对检查结果的申诉，根据反馈确认情况对违规行为进行处理。

6. 引导定点医疗机构建立医生工作站　将一些成熟的监控规则和指标嵌入医疗机构信息系统，第一时间发现疑似违规信息，阻止违规行为的发生和蔓延。

7. 发挥医学知识库的作用　起步阶段可重点利用医保监控指标实现监控，逐步扩充监控内容。积极引入医学知识库（包含诊疗知识和药学知识），帮助发现疑似违规和确定违规诊疗及就医行为。

8. 做好基础数据管理　各地要按照统一监控基础指标（包括药品、医疗机构、医务人员、疾病、就诊结算等指标及其代码）的规范要求，以社会保险管理信息系统（以下简称业务系统）为源头建设规范标准的监控基础信息库。首先完成业务系统现有数据的指标对照、代码转换、数据采集等工作，支持智能监控系统的起步应用。然后进一步规范就诊结算源头数据，明确细化与定点医疗机构和零售药店的接口信息规范，利用业务系统接口上传原始数据，并提高数据的完整性和规范性。

9. 规范监控系统建设　组织制定监控基础指标、监控规则和国家（行业）标准，研发并升级智能监控系统，作为各地开展医疗服务监控工作的基础条件。同步推进《社会保险药品分类与代码》（LD/T90-2012）等行业标准的贯彻执行。

三、稽核管理

2021年，国家医疗保障局制定了《医疗保障稽核管理暂行办法（征求意见稿）》。医疗保障稽核是指医疗保障经办机构依法依规对定点医疗机构、定点零售药店（以下统称“定点医药机构”）履行医保协议情况，参保人员享受医疗保障待遇情况以及其他单位和个人涉及医疗保障基金使用情况实施的检查。稽核工作坚持以事实为依据，以法律为准绳，以协议约定为框架，以规范为目的，遵循依法依规、公平公正、廉洁高效的原则，由县级以上医疗保障经办机构（以下简称经办机构）具体实施。各级经办机构之间应当加强联合协作，信息交流共享，同一时期对同一被稽核对象实施核查应当联合进行，避免重复、多头检查。

（一）稽核职责

①通过定点医药机构获得医保费用稽核所需要的信息数据资料，包括但不限于医疗保障基金结算清单，药品、医用耗材的“进、销、存”数据等；②对被稽核对象落

实医疗保障政策、履行医保协议、使用医保基金、享受医保待遇等情况进行调查、询问；采取记录、复制、拍照、录音、录像等方式收集稽核有关情况和资料；③依据医保协议约定，对协议履行情况进行稽核。定点医药机构申报费用有不符合医保支付政策规定及违反医保协议的，经核查属实，依据协议给予相应处理；④督促定点医药机构在规定的期限内落实整改检查意见，并确认整改结果。

（二）稽核内容

①就医和购药管理、医疗服务、价格管理、支付范围、支付标准、支付方式、费用结算等规定的执行情况；②医疗保障基金结算清单，药品、医用耗材的“进、销、存”数据，与医疗保障基金结算有关的处方、病历、治疗检查记录、费用明细、会计凭证、财务账目等；③申请支付的医疗服务项目、药品、医用耗材等费用情况；④参保人员享受医保待遇情况及遵守医疗保障政策规定情况；⑤其他事项。

（三）稽核人员

①取得开展医疗保障稽核工作的相关证件；②熟悉医疗保障业务及相关法律、法规和政策，具备开展稽核工作的相应能力；③坚持原则，作风正派，公正廉洁。

（四）稽核守则

①不得妨碍被稽核对象正常的工作秩序；②不得泄露被稽核对象的商业秘密和个人信息，不得将工作中获取、知悉的被稽核对象相关资料或者信息用于医疗保障以外的其他目的；③不得泄露举报人的相关信息；④不得参与被稽核对象安排的任何有碍公平公正开展稽核工作的活动；⑤稽核人员遵守回避规则。

（五）稽核类型及方式

1. 稽核类型 包括日常稽核、专项稽核与重点稽核。经办机构根据医疗保障基金风险评估、数据分析、业务运行中的突出问题或突发事件等情况以及医疗保障行政部门交办转办的投诉举报线索，实施重点事项稽核。

2. 稽核方式 主要包括网络方式、实地方式、书面方式、问询方式，可以多种方式联合使用。实施稽核时，经办机构根据实际稽核需要，报请医疗保障行政部门及时将有关数据与公安、人社、民政、卫健、税务、司法等部门相关业务信息系统进行共享，实行大数据分析比对。

（六）稽核实施

1. 稽核人员应不少于2人，向被稽核对象表明身份并出示医疗保障稽核检查相关证件。

2. 通过实地、书面、问询方式稽核时，稽核人员应当制作医疗保障检查记录，将稽核内容和重要事项予以记录和摘录。需要异地调查取证的，可发书面函或通过全国异地就医结算平台网络委托相关经办机构协助调查取证；必要时，可以派人直接调查取证或者参与就医地经办机构的调查取证。将稽核信息、证据、资料等汇总分析并依据有关规定及协议约定条款形成稽核结论。

3. 经办机构稽核发现问题的，应当向被稽核对象发送医疗保障稽核情况告知书；被稽核对象如有异议，有权在5个工作日内书面或口头进行陈述申辩，并提供有关资料；经办机构应进行复核，必要时组织合议，邀请相关医疗、医保、财务、法律等专家，经讨论后形成合议结论。

4. 稽核结束后形成医疗保障稽核意见书，并于7个工作日内送达被稽核对象。

5. 被稽核对象对稽核处理意见仍存在异议的，可以请求同级医疗保障行政部门协调处理，也可以依法申请行政复议或者提起行政诉讼。在稽核过程中，对可能涉及行政处罚、司法处理或需要其他专案处理的，经办机构应当依法报请同级医疗保障行政部门处理。需要医疗保障行政部门提前介入的，要报请联合调查。

6. 发现定点医药机构存在违反协议约定情形的，应当督促定点医药机构根据稽核结果进行改正，按协议约定进行相应处理。医疗保障稽核资料应当按有关法律法规和档案管理规定归档存储。经办机构应当汇总稽核情况并报告医疗保障行政部门，可以通过网站等渠道通报典型案例，接受社会监督。

四、绩效考核

2019年，在全国启动三级公立医院绩效考核工作，绩效考核指标体系、标准化支撑体系、国家级和省级绩效考核信息系统初步建立，探索建立绩效考核结果运用机制。2020年，基本建立较为完善的三级公立医院绩效考核体系，三级公立医院功能定位进一步落实，内部管理更加规范，医疗服务整体效率得到提升。国务院要求各地方要强化组织领导，财政、发展改革、教育、人力资源与社会保障、卫生健康、医保、中医药等部门要建立协调推进机制，及时出台政策措施，确保绩效考核工作落到实处。各级医疗保障部门应当将绩效考核纳入医保协议管理，组织开展定点医药机构、签约家庭医生团队的医护服务与健康绩效评估，在病组分值付费、人头加权预算的基础上，实行结余留用附加健康绩效奖励，由此形成以健康为中心的医保补偿机制。

第五节 医保协议的纠纷处理

协议纠纷是指因协议的生效、内容与责权的解释、履行要求、变更与解除请求、终止等行为而引起的协议当事人之间的争议。纠纷处理是在协议履行过程中经常出现的问题，是协议法律法规、协议履行和协议管理不可回避的内容。

《医疗保障基金使用监督条例》第十三条规定，医疗保障经办机构违反服务协议的，定点医药机构有权采取如下措施：①要求医疗保障经办机构及时纠正。这属于针对违约行为的提示行为，可能引起双方调解与和解的要求和过程。②提请医疗保障行政部门协调处理、督促整改。这种情况应当发生在医药机构要求医疗保障经办机构及时纠正违约行为未果的情况下，属于医保协议纠纷处理的行政调解和处理范畴。③对协作调处决定不满的，可以申请上级医疗保障行政部门进行复议或者提起行政诉讼。复议属于医保协议纠纷的行政纠纷处理范畴。一旦提起行政诉讼即进入司法程序。由于司法程序周期很长，国际贸易和医疗纠纷一般不进入司法程序，尽量通过双方和解、行政调处和专业仲裁处理纠纷。

案例讨论

【案例】2019年1月28日，某市医疗保障事业管理中心（简称“医保中心”）接到参保人员举报如下情况：某社区卫生服务站涉嫌非法骗取医保基金。

2019年1月30日，该医保中心派出3名稽核人员前往该站进行现场检查，调取该站2018年1月至2019年1月的所有药品入库单据和2019年1月门诊慢性病处方，发现该站存在以下不良行为：①在门诊慢性病患者就诊时，按照起付线（该市为职工400元、居民300元、退休300元）数额虚记账、实际并未给患者拿药；②门诊慢性病处方中多名患者处方雷同，其上传医保系统的数据与实际用药情况不符，无电子门诊病历，疑似伪造处方和虚假上传药品数量。检查过程全程录像，现场检查人员将检查情况及申诉条款告知事项等记录在《定点机构服务协议执行情况检查表》中，并当场请该站负责人予以签字确认。

适用法律法规：该医保中心认为该站的行为违反了以下相关规定和《基本医疗保险定点医药机构服务协议》（以下简称《服务协议》）的有关条款：①国家

医疗保障局《关于当前加强医保协议管理确保基金安全有关工作的通知》(医保办发〔2018〕21号)第一条第二款“定点医疗机构发生以下违约行为的，一律解除服务协议：通过伪造医疗文书、财务票据或凭证等方式，虚构医疗服务‘假住院、假就诊’骗取医保基金”。②《服务协议》第二十四条：“乙方有下列情形之一的，甲方自动终止与其签订的医疗服务协议，并向社会公布。由人力资源和社会保障局行政执法部门责令退回骗取的社会保险金，并处骗取金额4~5倍的罚款。第二款收集门诊慢性病参保人员的医保卡，虚构报销资料，套取医保基金的；第四款未能为门诊慢性病参保人员建立病历档案并形成电子门诊病历的。”

处理：2019年2月5日，该医保中心依据以上相关规定对该站发出《关于终止春雨社区卫生服务站定点医疗服务协议的通知》，主要内容如下：①即日起解除服务协议且3年内不予受理定点申请。②退回2018年1月至2019年1月医保统筹基金144 720.23元并处以5倍罚款。

【讨论】①本案针对举报的调查做到了及时立案，认定事实清楚、证据确凿、适用法规准确，但医保中心立案、调查、处置行为需要有法可依，还要区分医保中心对违约事件履行调查与医保执法大队对违规违法事件进行查处的职责。②医保中心作为医保协议的甲方，有权根据乙方严重违反协议规定的事实做出解除协议的决定，但由于涉及众多患者权益，有必要经过当地医保行政主管部门审核后再执行。③医保中心有权要求退回医药机构违约、违规、违法使用的医保统筹基金，但无权作出处罚决定。解决上述问题，有待于国家制定规范的医保协议文本、完善医疗保障法律法规、对接刑事犯罪的相关规定。为在实践中合理界定违约责任、规责任和违法责任提供依据。

本章小结

医疗保障服务协议是调动医疗保障经办机构、医药机构、医务人员和参保患者积极性，弘扬社会契约文化的先行实验区。本章在综述国家医疗保障协议的法律法规的基础上，重点描述了医疗保障服务协议的属性、订立与履行的基本规范、医保协议监督与管理、医疗保障服务协议纠纷处理的基本原理和相关规定。以下两点值得关注：一是通过完善医疗保障服务协议制度，建立利益相关人长期合作和实现共赢的机制；二是建立医疗保障服务协议履行机制，能够准确界定违约责任、违规责任和违法责任，建立相应的追责制度。学生通过本章学习应熟悉医疗保障服务协议订立、履行、中止、解除、终止和续订环节的要求和台账制度，知晓医疗保障经办机构应当如何按照服务协议的约定，及时结算和拨付医疗保障基金。定点医药机构应当如何按照规定提供医药服务，提高服务质量，合理使用医疗保障基金，维护公民健康权益。

（杨燕绥）

第九章　医疗保障药物管理

学习目标

1. 掌握　医疗保障药物管理的社会背景、社会价值和基本制度安排。

2. 熟悉　我国医疗保障药物管理的相关制度安排和对公立医疗机构的具体要求。

3. 了解　我国医疗保障药物管理制度的发展过程、实施现状和发展趋势。

第一节　药品和医用耗材集中采购制度

一、政策与平台建设

（一）药品集中采购政策与平台建设发展历程（表9-1）

药品和医用耗材非普通商品，其管理一直是我国公立医院改革与发展、医疗保障制度改革与发展的主题之一。

1. 药品集中采购初探期　20世纪90年代，部分地区为了整治医药行业中的不正之风，解决药品定价高等相关问题，逐渐开始探寻药品采购的新模式。1993年，河南省卫生厅成立药品器材采购咨询服务中心，要求直属医院通过公开招标的7家医药企业进行药品定点采购，在控制药价方面取得了良好的效果。之后，其他地区也逐渐开始创新药品采购方式。同时，国家出台了多项政策来整治医药行业乱象，维护市场秩序，发布了《医药行业关于反不正当竞争的若干规定》等文件，大力纠正医药行业的不良之风。1996年，国务院发布《关于继续整顿和规范药品生产经营秩序加强药品管理工作的通知》，要求各地区按照国务院的部署，对本地区、本部门的药品管理状况进行清查。通过此次清查整顿，取缔了一批非法的药品集贸市场，查处了一批非法的药品生产、经营单位和个体工商户，打击了制售假劣药品的违法犯罪活动，使整顿和规范药品生产经营秩序的工作取得了一定效果。无论是从地方还是从中央来说，这些政策措施均能够起到医药整治行业不良之风的作用，但值得注意的是，这一时期中央相关政策仅针对行业乱象，并没有关注到药品采购制度。

2. 药品集中采购形成期 2000年，国务院办公厅发布《关于城镇医药卫生体制改革的指导意见》，首次提出探索药品集中采购试点工作，规范相关医疗机构的购药行为。同年7月，卫生部联合国家计委、国家经贸委、药品监管局、中医药局发布《医疗机构药品集中招投标采购试点工作若干规定》，要求各地区要尽快抓好药品集中采购工作试点，通过试点对集中采购的招标、投标、开标、评标、中标以及中标药品配送等工作程序和相关法律责任进行探索，卫生部也将抓好河南省、海南省、厦门市和辽宁省省直单位的试点工作。2001年，国家卫生部印发了《医疗机构药品集中招标采购工作规范（试行）》《医疗机构药品集中招标采购和集中议价采购文件范本（试行）》等多项文件，除规定政府行政部门不得不得以任何借口、任何方式利用集中招标采购牟取部门或者个人利益外，还规定医疗机构药品集中招标采购当事人是指在医疗机构药品集中招标采购活动中享有权利并承担义务的各类主体，包括招标人、投标人和药品招标代理机构。国家计委于同年年初发布《关于集中招标采购药品价格政策有关问题的通知》，规定集中招标采购药品降价后产生的价差（指政府定价药品的规定零售价格或市场调节价药品的实际零售价格与中标价格之差）在患者和医疗机构之间的分配比例时，要先扣除医疗机构零售环节应获得的合理差价收入，然后再按照大部分利益让给患者的原则确定分配比例。分配比例由省级价格主管部门根据本地实际情况统一确定。2004年，国家卫生部印发了《关于进一步规范医疗机构药品集中招标采购的若干规定》，扩大了集中采购的药品范围，要求医疗机构药品集中招标采购以省或市（地）为组织单位，县（市）或单一医疗机构不得单独组织招标采购活动。同年，国家发改委发布《集中招标采购药品价格及收费管理暂行规定》，规定价格高的药种顺加低差率，价格低的药种顺加高差率，其主要作用在于抑制医疗机构采购、使用高价药的行为，保护廉价药、普通药。

3. 药品集中采购逐步规范期 这一时期，各地区陆续开始建设集中采购省级平台，同时开始探索集中采购的新模式。2005年12月，药品集中采购座谈会在四川成都举行，会议强调集中采购学习四川做法，并推荐以政府为主导、以省为单位开展工作。2009年，卫生部等有关部门印发了《关于进一步规范医疗机构药品集中采购工作的意见》，明确规定医疗机构药品集中招标采购应当坚持质量优先、价格合理，遵循公开、公平、公正和诚实信用原则，任何地区或者部门不得限制、排斥本行政区外的投标人参与投标，同时积极利用现代信息网络技术，在政府有关部门的监督管理下建立和完善医药商品电子商务系统，减少中间环节，提高工作效率，降低交易成本。2010年出台的《医疗机构药品集中采购工作规范》进一步明确集中采购应以政府为主导，省级为单位成统一要求，同时药品集中采购工作管理机构要设在卫生行政部门，要明确承办日常事务的处室。2010年11月，国务院办公厅下发《建立和规范政府办基层医疗卫生机构基本药物采购机制的指导意见》，指出对实施基本药物制度的政府办基层医疗卫生机构使用的基本药物（包括各省区市增补品种）实行以省（区、市）为单位集中采购、统一配送，发挥集中批量采购优势，最大限度地降低采购成本，促进基本药物生产和供应。2014年，为解决部分临床常用药品供应不足甚至断货、影响患者临床用药的问题，国家卫生计生委等8部门联合印发了《关于做好常用低价药品供应保障工作的意见》，指出完善采购办法对纳入低价药品清单的药品实行以省（区、市）为单位的集中采购。省级药品集中采购机构将具备相应资质条件的生产企业直接挂网，由医疗机构网上采购交易。对纳入国家定点生产的药品加强政策引导，提高配送集中度。

4. 药品集中采购稳步发展期 2018年11月14日，中央全面深化改革委员会第五次会议审议通过《国家组织药品集中采购和使用试点方案》，明确了国家组织集中带量采购的总体思路，选择北京、天津、上海、重庆、沈阳、大连、厦门、广州、深圳、成都、西安11个试点城市，从通过质量和疗效一致性评价的仿制药对应的通用名药品中遴选试点品种，国家组织药品集中采购和使用试点，实现药价明显降低，减轻患者药费负担，净化流通环境，改善行业生态，引导医疗机构规范用药，支持公立医院改革并探索完善药品集中采购机制和以市场为主导的药品价格形成机制。2021年6月16日，国家医疗保障局在关于《医疗保障法（征求意见稿）》公开征求意见的公告中提出，省级医疗保障行政部门组织辖区内公立医疗机构开展药品和医用耗材集中采购并监督实施，按照国务院医疗保障行政部门统一规划和标准建立集中采购平台，由省级集中采购机构负责管理。省级集中采购机构应当执行医疗保障行政部门制定的交易规则和标准，开展药品和医用耗材招标、采购、交易、结算等工作，并监测相关信息。公立医疗机构应按规定从省级集中采购平台采购所需的药品和医用耗材，同时鼓励非公立医疗机构参与药品、医用耗材集中采购。

综上所述，药品集中采购制度经历了从分散到集中，从地市集中到政府主导、依托省级平台，再到采购模式、监管制度、监管体制都相对成熟的阶段。

表9-1　国家药品集中采购政策与平台建设发展历程相关政策

阶段	时间	文件名
初探期（1993—1999年）	1993年	《医药行业关于反不正当竞争的若干规定》
	1996年	《关于继续整顿和规范药品生产经营秩序加强药品管理工作的通知》
形成期（2000—2005年）	2000年	《关于城镇医药卫生体制改革的指导意见》
	2000年	《医疗机构药品集中招投标采购试点工作若干规定》
	2001年	《医疗机构药品集中招标采购工作规范（试行）》
	2001年	《医疗机构药品集中招标采购和集中议价采购文件范本（试行）》
	2001年	《关于集中招标采购药品有关价格政策问题的通知》
	2004年	《关于进一步规范医疗机构药品集中招标采购的若干规定》
	2004年	《集中招标采购药品价格及收费管理暂行规定》
逐步规范期（2005—2017年）	2009年	《关于进一步规范医疗机构药品集中采购工作的意见》
	2010年	《医疗机构药品集中采购工作规范》
	2010年	《建立和规范政府办基层医疗卫生机构基本药物采购机制的指导意见》
	2014年	《关于做好常用低价药品供应保障工作的意见》
稳步发展期（2018年至今）	2018年	《国家组织药品集中采购和使用试点方案》
	2021年	《医疗保障法（征求意见稿）》

（二）国家药品集中采购统一管理办法

2019年1月1日，国务院办公厅发布《关于印发国家组织药品集中采购和使用试点方案的通知》（国办发〔2019〕2号），要求北京、天津、上海、重庆、沈阳、大连、厦门、广州、深圳、成都、西安11个试点城市要按照《国家组织药品集中采购和使用试点方案》中的要求，结合实际制定实施方案和配套政策，标志着我国4个直辖市，即北京、天津、上海、重庆；7个副省级城市，即沈阳、大连、厦门、广州、深圳、成都和西安开始共同试点实行“4+7”带量采购政策。此外，该方案对药品的质量要求、生产企业的产能要求、各地区预采购量都作出了明确规定，在保障药品质量的情况下，真正实现“带量采购”。2月28日，国家医疗保障局又发布了《关于国家组织药品集中采购和使用试点医保配套措施的意见》，这表明我国正式实行第一批国家组织“4+7”带量采购。9月30日，国家医疗保障局等9部门颁布《关于国家组织药品集中采购和使用试点扩大区域范围实施意见》，规定将在全国25个省（市、自治区）推广实行带量采购，扩大了“4+7”带量采购模式的影响范围，并对“4+7”政策进行了改进并作出更加详细的规定。该意见坚持了国办发〔2019〕2号文的配套衔接政策，形成“三医联动”政策合力：一是探索试点城市医保支付标准与采购价的协同，原则上对同一通用名下的原研药和通过一致性评价的仿制药采用相同医保支付标准。二是腾笼换鸟，推动公立医疗机构改革，允许公立医院使用中选药品形成的结余，用于医务人员薪酬支出。三是鼓励医院使用质优价廉的中选药品，加强对医院和医务人员的绩效考核和宣传培训，促进科学合理用药，保障患者用药安全。

二、医药企业投标规制

根据2020年11月20日国家医疗保障局发布的《医药价格和招采信用评价的操作规范（2020版）》，医药企业包含药品生产许可持有人、药品和医用耗材生产企业、与生产企业具有委托代理关系的经销企业，以及配送企业。其中，药品上市许可持有人包括境外药品上市许可持有人指定的境内代理人。2018年国家医疗保障局成立以来，出台了一系列政策致力于保障医药价格和招标采购工作顺利开展。2021年6月，国家医疗保障局发布《医疗保障法（征求意见稿）》，其中第三十二条明确规定了制定医药企业投标规制标准（表9-2）。

表9-2　医药企业投标规制相关政策

时间	文件	主要内容
2021年6月	国家医疗保障局官网发布《医疗保障法（征求意见稿）》	参加投标的医药企业应遵循公平、合法和诚实信用、质价相符的原则，合理定价，不得以低于成本的报价竞标，不得以欺诈、串通投标、滥用市场支配地位等方式竞标。中标的医药企业应当保障药品、医用耗材的安全性、有效性和质量可控性，及时签订购销协议，按照购销协议要求保障供应、配送到位
2020年12月	国家医疗保障局办公室发布《关于加快落实医药价格和招采信用评价制度的通知》（医保办发〔2020〕59号）	实现守信承诺基本覆盖，有效应对拒绝承诺情况，强化信用评价工作调度
2020年11月	《医药价格和招采信用评级的裁量基准（2020版）》（医保价采中心函〔2020〕25号）	规定医药企业失信等级评定“一般”“中等”“严重”“特别严重”四个等级，并设立主动修复信用裁量基准
2020年11月	《医药价格和招采信用评价的操作规范（2020版）》的通知（医保价采中心〔2020〕24号）	规定信用评价目录清单，落实企业守信承诺，采集记录失信信息，对失信行为信用评级，对失信责任进行分级处置，规定医药企业信用修复机制，完善信用评价制度的信息化建设

续 表

时间	文件	主要内容
2020年9月	《关于建立医药价格和招采信用评价制度的指导意见》(医保发〔2020〕34号)	一是目录清单，将给予回扣等有悖诚实信用的行为纳入评价范围。二是企业承诺，要求参加药品和医用耗材集中采购的医药企业作出守信承诺。三是信息记录，采取企业报告与平台记录相结合的方式掌握医药企业失信信息。四是信用评级。五是对失信违约的分级处置措施。六是信用修复，鼓励企业整改
2020年9月	最高人民法院与国家医疗保障局签署合作备忘录，建立医药商业贿赂案件信息交流共享机制	建立医药领域商业贿赂案件定期通报制度，积极拓展医药领域商业贿赂案件司法成果在医药价格和招采领域运用，共同推动全系统各层级开展信息交流共享
2019年1月	国务院办公厅下发《关于印发国家组织药品集中采购和使用试点方案的通知》(国办发〔2019〕2号)	通过招标、议价、谈判等不同形式确定的集中采购品种，试点地区公立医疗机构应优先使用，确保1年内完成合同用量
2018年8月	《关于印发2018年纠正医药购销领域和医疗服务中不正之风专项治理工作要点的通知》(国卫医函〔2018〕186号)	一是规范药品耗材产销用行为，健全供应保障体系。包括鼓励自主生产，加强质量监管；净化流通秩序，提倡集中采购；规范医疗使用，净化服务环境。二是推进医药代表备案管理，构建回扣治理体系。包括完善医药代表管理制度，规范院内工作行为；完善医药耗材监管制度，形成综合治理体系

（一）投标原则

1. 公平性原则 要求给予所有投标人平等的机会，使其享有同等的权利并履行相应的义务，不歧视任何一方。每个潜在投标人都享有参与平等竞争的机会和权利，不得设置任何条件歧视排斥或偏袒保护潜在投标人，招标人与投标人应当公平交易。要根据规定的交易流程，在合同条款中明确双方权利义务及风险责任分配方案，以维护交易双方之间的公平地位。

2. 合法性原则 医药企业的投标行为必须严格遵守和执行《中华人民共和国招标投标法实施条例》，一切投标活动都要以法律为依据，严格遵守法律的有关规定，不得享有法外的特权，超越其权限的行为无效，一切投标违法行为都必须承担相应的法律责任。有法可依是投标合法性原则的前提，违法必究是投标合法性原则的关键。

3. 诚实信用原则 《中华人民共和国民法典》规定诚实信用是民事活动的最基本原则。招标投标活动是以订立采购合同为目的的民事活动，在招投标活动中当然也适用这一原则。根据这一原则，要求招标投标各方都要诚实守信，不得有欺骗、背信的行为。招标人不得以任何形式搞虚假招标；投标人递交的资格证明材料和投标书的各项内容都要真实。中标订立合同后，各方都要严格履行合同，对违反诚实信用原则，给他方造成损失的，应依法承担赔偿责任。

4. 质价相符原则 投标服务收费应合乎“质价相符”原则，不得对未提供实质性服务、未带来实质性收益、未提升实质性效率的产品和服务收取费用。同时也要厘清服务收费项目及价格，列出收费目录清单，并按照要求进行公示公开。

（二）投标规制要求

1. 定价策略

（1）合理定价：一是不得以低于成本的报价竞标，不得以欺诈、串通投标、滥用市场支配地位等方式竞标。二是医药企业定价、营销、投标、履约过程中不得实施法律法规禁止、有悖诚信和公平竞争的行为以牟取不正当利益，如在医药购销中给予回扣或其他不正当利益（以下简称“医药商业贿赂”）、实施垄断行为、价格和涉税违法、恶意违反合同约定、扰乱集中采购秩序等。

（2）具体内容：①医药购销中，给予各级各类医疗机构、集中采购机构及其工作人员回扣或其他不正当利益。②取得虚开的增值税发票（善意取得虚开的增值税专用发票除外）。③因自身或相关企业实施垄断协议、滥用市场支配地位等被依法处罚，不主动纠正涉案产品的不公平高价。④捏造、散布涨价信息，哄抬价格，推动价格过高上涨等违反《价格法》的行为。⑤医药企业因不正当价格行为，被医药价格主管部门函询、调查、约谈、告诫、检查等，推诿、拒绝、不能充分说明原因或作出虚假承诺的。⑥属于“以低于成本的报价竞标，以欺诈、串通投标、滥用市场支配地位等方式竞标，扰乱集中采购秩序”。⑦无正当理由拒绝履行承诺事项、拒绝履行购销或配送合同。

2. 质量控制 中标的医药企业应当保障药品、医用耗材的安全性、有效性和质量可控性。医药企业的经营者从管理的目标和需求出发，坚持以人民群众的健康作为首位管理宗旨，切实提高医药企业的社会责任意识及管理安全性，促进医药企业质量管理措施能有效落实，并向前发展。

在医药企业经营管理的过程中，为了更好地促进医药企业的可持续发展，有关的管理人员应结合《药品经营质量管理规范》《医疗机构医用耗材管理办法》中的相关标准学习，同时尝试将国外药品流通管理的先进理念和管理经验，如供应链管理理念引入到实际的管理过程中去，并结合医药企业的发展现状重视多媒体信息技术的先进管理措施，如药品冷链管理、仓储温湿度自动监测管理及计算机信息化管理等。此外，还应在医药企业内部构建质量风险评估与管理、质量体系审核与验证等管理手段，以此在药品的生产、存储、经营等全过程中实施严格的规定和管理。

医药企业在药品和医用耗材的采购和销售过程中应对首营供应商、首营药品提出纸质版资质符合法律法规及行业标准的要求，并在国家食品药品监督管理网站中查询其合法性，最大程度上保证药品和医用耗材生产、存储、流通、使用等过程的安全性。

3. 企业信用

（1）在投标前期，参加药品和医用耗材集中采购的医药企业要作出守信承诺。医药企业守信承诺包括，承诺对其员工（含雇佣关系，以及劳务派遣、购买服务、委托代理等关系），或具有委托代理关系的经销企业，实施失信行为使己方药品或医用耗材获得或增加交易机会、竞争优势的，承担失信违约责任。

（2）在履约期间，医药企业要及时签订购销协议，按照购销协议要求保障供应、配送到位。医药企业或其具有独立法人资格的下属子公司作为医药产品挂网、中标或配送主体的，亦作为承诺主体和承担失信责任的主体。下属子公司作为承诺主体和承担失信责任的主体时，违背承诺的失信责任不自动扩展到母公司和母公司的具有独立法人资格的其他子公司。

（3）在信用评级阶段，相关政府部门对未履行自我承诺、垄断市场、拒绝配送等违反法律法规和医药采购相关政策的生产（经营）企业，列入“失信企业名单”，在规定时间内不得参与全省公立医疗机构医药集中采购。同时对失信企业进行分级处置，规定医药企业信用修复机制，鼓励失信企业进行整改。

三、集采与付款方式

2020年6月，《关于深化医疗保障制度改革的意见》发布，该意见指出：“要推进医保基金与医药企业直接结算，完善医保支付标准与集中采购价格协同机制。”开展药品集中带量采购，推进医保基金与医药企业的直接结算是深化医药卫生体制改革的重要举措之一，通过直接支付，提高药品货款的支付效率，缩减药品流通的环节，不仅可以有效解决药品生产企业回款压力大的问题，还可以有效降低药品的采购价格，让群众看病更便宜。医保经办机构与医药企业的直接结算将成为我国药品集中采购过程中的主要结算方式。以下是我国近年来药品集中采购过程中涉及支付方式的部分政策（表9-3），基本呈现“多票制”到“两票制”再到“直接结算”的政策发展趋势。

表9-3 药品集中采购结算方式相关政策

发文时间	政策文件	相关内容
2015年2月	《关于完善公立医院药品集中采购工作的指导意见》（国办发〔2015〕7号）	鼓励医院与药品生产企业直接结算药品货款、药品生产企业与配送企业结算配送费用

续　表

发文时间	政策文件	相关内容
2016年12月	《关于在公立医疗机构药品采购中推行“两票制”的实施意见（试行）的通知》（国医改办发〔2016〕4号）	在公立医疗机构药品采购中推行“两票制”，鼓励公立医疗机构与药品生产企业直接结算药品货款、药品生产企业与流通企业结算配送费用
2019年11月	《关于以药品集中采购和使用为突破口 进一步深化医药卫生体制改革的若干政策措施》（国医改发〔2019〕3号）	鼓励由医保经办机构直接与药品生产或流通企业结算药品货款
2020年6月	《关于深化医疗保障制度改革的意见》	推进医保基金与医药企业直接结算，完善医保支付标准与集中采购价格协同机制
2021年6月	《医疗保障法（征求意见稿）》	医疗机构应按照购销协议约定及时支付款项，鼓励医疗保障基金与医药企业直接结算

（一）两票制

2016年12月，《关于在公立医疗机构药品采购中推行“两票制”的实施意见（试行）的通知》（国医改办发〔2016〕4号）发布，我国开始推行“两票制”。所谓“两票制”，即药品生产企业到流通企业开一次发票，流通企业到医疗机构开一次发票。以往由于药品流通环节不够规范，药品代理经销层次过多，层层加码，“过票”“倒票”的现象十分严重，不仅降低了药品流通效率，而且明显提高了药品的虚高价格。实行“两票制”后，可以压缩药品流通环节，使中间加价透明化，进一步降低药品虚高价格，减轻群众用药负担。但是随着“两票制”政策的逐渐推开，一些问题也逐渐暴露出来，比如：①药企对药品出厂价格的可能“高开”；②药企回款压力的增大；③“潜在”药品流通环节很难根除等。

（二）直接结算

2021年9月，国务院办公厅印发《“十四五”全民医疗保障规划》（国办发〔2021〕36号），再次强调：“推进并规范医保基金与医药企业直接结算，完善医保支付标准与集中采购价格协同机制”。不同于“两票制”，通过医保基金直接结算进行药械采购将使得以往药械采购过程中“经办机构－医院－医药企业”的多主体关系变成“经办机构－医药企业”的双主体关系，各级医院的采购权力将被进一步约束，采购环节也将再次减少。医保基金直接结算将有助于：①提升药品货款支付效率，有效解决医保、医院、供应商之间的“三角债”问题，从源头上解决企业的回款问题；②通过医保经办机构与医药企业直接结算，在医用耗材的采购环节中剔除经销商，可以进一步压缩药品流通环节，推动医保部门“以量换价”的力度，最大幅度地降低医用耗材的虚高价格。

四、零售药店管理办法

零售药店是指符合《中华人民共和国药品管理法》的规定，拥有药品经营许可证的药品零售企业。定点零售药店是零售药店的重要组成部分，其是指自愿与统筹地区经办机构签订医保协议，为参保人员提供药品服务的实体零售药店。

（一）我国对零售药店的管理历程（表9-4）

1998年，国务院印发《关于建立城镇职工基本医疗保险制度的决定》（国发〔1998〕44号），确定了基本医疗保险实行定点医疗机构和定点药店管理，1999年，为贯彻该决定要求，劳动和社会保障部等三部门联合印发了《城镇职工基本医疗保险定点零售药店管理暂行办法》（劳社部发〔1999〕16号），确定了定点医药机构管理的基本框架。2015年，为落实“放管服”要求，人社部印发了《关于完善基本医疗保险定点医药机构协议管理的指导意见》（人社部发〔2015〕98号），全面取消“两定”资格审查，完善协议管理。随着医保定点管理工作形式与环境的变化，亟需对定点零售药店的规范化与法制化做出新的要求，为此，2020年12月，《零售药店医疗保障定点管理暂行办法》公布。

表9-4　零售药店管理的基本历程

发布时间	政策名称	主要内容
1998年12月	《关于建立城镇职工基本医疗保险制度的决定》（国发〔1998〕44号）	确定了基本医疗保险实行定点医疗机构和定点药店管理
1999年4月	《城镇职工基本医疗保险定点零售药店管理暂行办法》（劳社部发〔1999〕16号）	确定了定点医药机构管理的基本框架
2015年12月	《关于完善基本医疗保险定点医药机构协议管理的指导意见》（人社部发〔2015〕98号）	全面取消“两定”资格审查，完善协议管理
2020年12月	《零售药店医疗保障定点管理暂行办法》	加强和规范零售药店医疗保障定点管理

（二）零售药店医疗保障定点管理

1. 定点零售药店的准入机制　《零售药店医疗保障定点管理暂行办法》第四条规定：“统筹地区医疗保障行政部门根据公众健康需求、管理服务需要、医疗保障基金收支、参保人员用药需求等确定本统筹地区定点零售药店的资源配置。”

申请定点医疗保障的零售药店除获得药品经营许可证以外，还必须符合：①在注册地址正式经营至少3个月；②至少有1名取得执业药师资格证书或具有药学、临床药学、中药学专业技术资格证书的药师，且注册地在该零售药店所在地，药师须签订1年以上劳动合同且在合同期内；③至少有2名熟悉医疗保障法律法规和相关制度规定的专（兼）职医保管理人员负责管理医保费用，并签订1年以上劳动合同且在合同期内；④按药品经营质量管理规范要求，开展药品分类分区管理，并对所售药品设立明确的医保用药标识；⑤具有符合医保协议管理要求的医保药品管理制度、财务管理制度、医保人员管理制度、统计信息管理制度和医保费用结算制度；⑥具备符合医保协议管理要求的信息系统技术和接口标准，实现与医保信息系统有效对接，为参保人员提供直接联网结算，建立医保药品等基础数据库，按规定使用国家统一医保编码；⑦符合法律法规和省级及以上医疗保障行政部门规定的其他条件。

2. 定点零售药店的权利与义务

（1）定点零售药店的权利：《零售药店医疗保障定点管理暂行办法》第十二条规定："定点零售药店具有为参保人员提供药品服务后获得医保结算费用，对经办机构履约情况进行监督，对完善医疗保障政策提出意见建议等权利。"

（2）定点零售药店的义务：定点零售药店应该履行的义务主要包括：①为参保人员提供药品咨询、用药安全、医保药品销售、医保费用结算等服务；②严格执行医保支付政策（鼓励在医疗保障行政部门规定的平台上采购药品）；③按照公平、合理、诚实信用和质价相符的原则制定价格，遵守医疗保障行政部门制定的药品价格政策；④凭处方销售医保目录内处方药，药师应当对处方进行审核、签字后调剂配发药品；⑤组织医保管理人员参加由医疗保障行政部门或经办机构组织的宣传和培训；⑥在显著位置悬挂统一格式的定点零售药店标识；⑦按要求及时如实向统筹地区经办机构上传参保人员购买药品的品种、规格、价格及费用信息，定期向经办机构上报医保目录内药品的"进、销、存"数据，并对其真实性负责；⑧配合经办机构开展医保费用审核、稽核检查、绩效考核等工作，接受医疗保障行政部门的监督检查，并按规定提供相关材料；⑨提供药品服务时应核对参保人员有效身份凭证，做到人证相符；⑩将参保人员医保目录内药品外配处方、购药清单等保存2年，以备医疗保障部门核查；⑪做好与医保有关的信息系统安全保障工作，遵守数据安全有关制度，保护参保人员隐私。

3. 医保经办管理服务 医保经办机构有权掌握定点零售药店的运行管理情况，从定点零售药店获得医保费用稽查审核、绩效考核和财务记账等所需要的信息数据。在对定点零售药店进行管理的过程中，经办机构需要：①完善定点申请、组织评估、协议签订等流程管理，制定经办规程，为定点零售药店和参保人员提供优质高效的经办服务；②做好对定点零售药店医疗保障政策、管理制度、支付政策、操作流程的宣传培训；③落实医保支付政策，加强医疗保障基金管理；④建立完善的内部控制制度，明确对定点零售药店医保费用的审核、结算、拨付、稽核等岗位责任及风险防控机制；⑤加强医疗保障基金支出管理，通过智能审核、实时监控、现场检查等方式及时审核医保药品费用；⑥依法依规支付参保人员在定点零售药店发生的药品费用；⑦向社会公开医保信息系统数据集和接口标准，遵守数据安全有关制度，保护参保人员隐私，确保医疗保障基金安全。

4. 定点零售药店的动态管理

（1）定点零售药店的信息变更与续签：定点零售药店的名称、法定代表人、企业负责人、实际控制人、注册地址和药品经营范围等重要信息发生变更的，应自有关部门批准之日起30个工作日内向统筹地区经办机构提出变更申请，其他一般信息变更应及时书面告知。

续签应由定点零售药店于医保协议期满前3个月向经办机构提出申请或由经办机构统一组织。统筹地区经办机构和定点零售药店就医保协议续签事宜进行协商谈判，双方根据医保协议履行情况和绩效考核情况等决定是否续签。

（2）医保协议终止：医保协议中止是指经办机构与定点零售药店暂停履行医保协议约定，中止期间发生的医保费用不予结算。中止期结束，未超过医保协议有效期的，医保协议可继续履行；超过医保协议有效期的，医保协议终止。

根据《零售药店医疗保障定点管理暂行办法》第三十九条规定，定点零售药店有以下情形之一的，经办机构应中止医保协议：①根据日常检查和绩效考核，发现对医疗保障基金安全和参保人员权益可能造成重大风险的；②未按规定向医疗保障行政部门及经办机构提供有关数据或提供数据不真实的；③根据医保协议约定应当中止医保协议的；④法律法规和规章规定的应当中止的其他情形。

（3）医保协议解除：医保协议解除是指经办机构与定点零售药店之间的医保协议解除，协议关系不再存续，医保协议解除后产生的医药费用，医疗保障基金不再结算。

根据《零售药店医疗保障定点管理暂行办法》第四十条规定，定点零售药店有下列情形之一的，经办机构应解除医保协议：①医保协议有效期内累计2次及以上被中止医保协议或中止医保协议期间未按要求整改或整改不到位的；②发生重大药品质量安全事件的；③以弄虚作假等不正当手段申请取得定点的；④以伪造、变造医保药品“进、销、存”票据和账目、伪造处方或参保人员费用清单等方式，骗取医疗保障基金的；⑤将非医保药品或其他商品串换成医保药品，倒卖医保药品或套取医疗保障基金的；⑥为非定点零售药店、中止医保协议期间的定点零售药店或其他机构进行医保费用结算的；⑦将医保结算设备转借或赠与他人，改变使用场地的；⑧拒绝、阻挠或不配合经办机构开展智能审核、绩效考核等，情节恶劣的；⑨被发现重大信息发生变更但未办理变更的；⑩医疗保障行政部门或有关执法机构在行政执法中，发现定点零售药店存在重大违法违规行为且可能造成医疗保障基金重大损失的；⑪被吊销、注销药品经营许可证或营业执照的；⑫未依法履行医疗保障行政部门作出的行政处罚决定的；⑬法定代表人、企业负责人或实际控制人不能履行医保协议约定，或有违法失信行为的；⑭因定点零售药店连锁经营企业总部法定代表人、企业负责人或实际控制人违法违规导致连锁零售药店其中一家分支零售药店被解除医保协议的，相同法定代表人、企业负责人或实际控制人的其他分支零售药店同时解除医保协议；⑮定点零售药店主动提出解除医保协议且经经办机构同意的；⑯根据医保协议约定应当解除协议的；⑰法律法规和规章规定的其他应当解除的情形。

知识链接／药品零售行业代表赴京递交自律公约

药品零售行业需要“他律”，更需要“自律”。2019年1月7日，为表达全国主流连锁药店企业规范经营，提升专业，呼应医保新政的决心，老百姓大药房董事长谢子龙、鸿翔一心堂董事长阮鸿献、益丰大药房董事长高毅等药品零售行业界代表赴京与相关领导进行交流，向国家医疗保障局正式递交行业自律公约。《医保定点药店诚信经营自律公约》（以下简称《公约》）由全国排名靠前的28家连锁药店企业作为发起单位，共同签署。这28家企业的门店遍布全国除港澳台和西藏自治区之外的所有省份，据不完全统计，年销售规模在千亿元以上，接近全产业规模三分之一。

《公约》分别从合规经营、诚信经营、专业经营等角度提出自律要求。在制订《公约》的过程中，“坚决反对诱导或放任参保人超范围刷卡的消费需求”“把改善参保人的健康状况作为工作核心”等指导思想给医保定点药店经营提出了新时代的要求。参与《公约》制订的连锁企业都意识到，在今后医保严管时代，行业自律会变成常态，因此，要开展企业自查和相互监督，共同维护医保定点药店经营的秩序，不能为了追逐眼前利益，跟风不规范经营行为。

国家医疗保障局领导对《公约》表示欢迎，对药品零售行业积极响应医保新政的态度表示赞赏，希望《公约》签约企业言行一致，真正起到示范作用，让整个行业的规范经营、诚信经营提速。

第二节　基本医疗服务价格管理

一、基本医疗服务价格管理发展历程

药物价格是基本保健服务成本的重要组成部分。我国基本医疗服务价格管理经历了计划经济时期的补偿性管理到市场经济时期的医院自主型管理，再到新时期价格管理的发展演变。

（一）计划经济时期的补偿性管理

中华人民共和国成立初期实行的是高度集中的计划经济体制，医疗机构公有或集体所有。1951年4月，卫生部颁布《关于健全和发展全国卫生基层组织的决定》，这一时期公立医院实行的是“统收统支”的财政政策，医疗卫生人员都是公职人员，其服务价格实行政府定价，价格普遍低于成本。1953年调整为“以收抵支，差额补助”，1954年改为以床位计算补助的“全额管理，定额补助”。1960年，卫生部、财政部联合下发了《关于医院工作人员的工资全部由国家预算开支的联合通知》确定县级以上医院实行“全额管理、定向补助”，即医务人员的基本工资及3%的附加工资均由国家财政承担，其他一切支出由医院自行解决。1979年发布的《关于加强医院经济管理试点工作的意见》提出“全额管理、定额补助、结余留用”，按编制床位实行定额补助。这一时期由于国家经济发展缓慢，人民经济承受能力不足，片面强调社会主义制度优越性，基本保健服务和药品价格多次降价，价格管理以国家财政补偿干涉为主。

（二）市场经济时期的医院自主型管理

改革开放以后计划经济向市场经济转轨，国家财政补助不足以支撑医院的快速发展，财政投入占公立医院收入比重逐渐下降。医院开始进行自主经济管理的初步尝试，按照经济规律办事，打破“平均主义”和“大锅饭”的分配方式，要求放开服务价格，医疗设备服务按成本收费一定程度调动工作人员的积极性。1985年卫生部下发《关于大型医疗检验设备有偿占用的通知》，1988年，卫生部和财政部下发《医院财务管理办法》和《医院会计制度》的通知（《医院会计制度》属于已失效通知）。20世纪80年代中期进行医疗收费价格改革，实行“老项目老价格”“新项目新价格”2种价格收费机制，即手术费、护理费、挂号费等医疗服务项目价格保持不变或调价幅度很小，对新药品、新的大型设备、新技术等则制定新价格保证盈利水平高，以此弥补医疗服务价格亏损。这种不合理的医疗服务价格政策一定程度上带来医疗机构的寻租行为，“高价处方”“高额药品”“多开检查多提成”逐渐演变为“看病贵、看病难”问题。80年代后期积极推行各种形式的医院承包责任制，医院成本费用急剧上升，卫生资源配置利用率低，资源浪费现象严重。这一时期由于相关医疗保障制度的缺乏使得医院自主管理形式产生了诸多问题，公立医院的公益性缺失也影响了社会的稳定发展。

（三）新时期的医疗服务价格政策改革历程

1997年中共中央国务院发布《国务院关于卫生改革与发展的决定》（中发〔1997〕3号），这是中华人民共和国成立以来最高规格的医疗卫生制度改革文件，提出“完善政府对卫生服务价格的管理，区别卫生服务性质，实行不同的作价原则”。21世纪以来我国医疗服务价格改革不断深入，相关政策不断完善（表9-5）。

表9-5　新时期我国医疗服务价格相关政策文件

时间	政策文件	政策主要内容
1997年1月15日	中共中央国务院《国务院关于卫生改革与发展的决定》（中发〔1997〕3号）	完善政府对卫生服务价格的管理，区别卫生服务性质，实行不同的作价原则
2000年2月21日	国务院办公厅《关于城镇医药卫生体制改革的指导意见》（国办发〔2000〕16号）	将医疗机构分为非营利性和营利性两类进行管理，非营利性医疗机构在医疗服务体系中占主导地位，享受相应的税收优惠政策，营利性医疗机构医疗服务价格放开，依法自主经营，照章纳税；对非营利性医疗机构的收入实行总量控制，结构调整
2000年7月20日	《关于改革医疗服务价格管理的意见的通知》（计价格〔2000〕962号）	对医疗服务价格实行政府指导价和市场调节价，取消政府定价
2001年10月	国家计委、卫生部、国家中医药管理局联合印发《全国医疗服务价格项目规范（试行2001年版）》	首次统一了全国医疗服务价格项目的名称和编码，颁布医疗服务价格项目3966项
2006年5月19日	《关于进一步整顿药品和医疗服务市场价格秩序的意见的通知》（发改价格〔2006〕912号）	进一步降低药品价格，对实行市场调节价的药品，推行由生产企业在药品零售外包装上标示建议零售价格的制度，以增加价格透明度
2009年11月9日	《关于印发改革药品和医疗服务价格形成机制的意见的通知》（发改价格〔2009〕2844号）	药品价格实行分级管理，实行政府指导价的药品，生产经营单位在不突破政府规定价格的前提下，根据市场供求情况自主确定实际购销价格
2012年9月3日	《关于推进县级公立医院医药价格改革工作的通知》（发改价格〔2012〕2787号）	取消试点医院药品加成政策，调整医疗服务价格，要结合财政补偿和医保支付水平的具体情况，补偿取消药品加成政策后减少的合理收入
2015年4月23日	国务院办公厅《关于全面推开县级公立医院综合改革的实施意见》（国办发〔2015〕33号）	建立以成本和收入结构变化为基础的价格动态调整机制，根据需要可将价格调整权限下放到县（市）

续 表

时间	政策文件	政策主要内容
2015年5月6日	国务院办公厅《关于城市公立医院综合改革试点的指导意见》(国办发〔2015〕38号)	逐步减少按项目定价的医疗服务项目数量，积极探索按病种、按服务单元定价，逐步理顺不同级别医疗机构间和医疗服务项目的比价关系
2015年10月12日	《关于推进价格机制改革的若干意见》(中发〔2015〕28号)	公立医疗机构医疗服务项目价格实行分类管理，对市场竞争比较充分、个性化需求比较强的医疗服务项目价格实行市场调节价，其中医保基金支付的服务项目由医保经办机构与医疗机构谈判合理确定支付标准
2016年7月1日	《关于印发推进医疗服务价格改革意见的通知》(发改价格〔2016〕1431号)	改革医疗服务项目管理，改进价格管理方式，结合公立医院综合改革同步调整医疗服务价格，公立医疗机构提供的特需医疗服务及其他市场竞争比较充分、个性化需求比较强的医疗服务，实行市场调节价
2016年8月24日	国家发展改革委办公厅《关于贯彻落实推进医疗服务价格改革意见的通知》(发改办价格〔2016〕1864号)	建立多种形式并存的定价方式，合理确定和调整医疗服务政府定价范围及价格，强化价格行为监管，综合考虑东中西部地区特点，选择部分城市作为改革联系示范点，跟踪指导示范点城市加快推进改革
2021年8月31日	《深化医疗服务价格改革试点方案》(医保发〔2021〕41号)	建立更可持续的价格管理总量调控机制，通用型医疗服务的政府指导价围绕统一基准浮动，复杂型医疗服务的政府指导价引入公立医疗机构参与形成
2021年9月23日	《关于印发“十四五”全民医疗保障规划的通知》(国办发〔2021〕36号)	医疗服务价格合理调整机制初步形成，基本医疗保险覆盖13.6亿人，覆盖率稳定在95%以上，职工和城乡居民基本医疗保险政策范围内住院费用基金支付比例分别稳定在80%左右和70%左右，国家组织药品和高值医用耗材集中带量采购价格平均降幅50%以上

二、公立医疗机构服务定价机制

2021年8月31日，国家医疗保障局、国家卫生健康委、国家发展改革委、财政部、人力资源和社会保障部、市场监管总局、国家中医药局、国家药监局发布了经中央全面深化改革委员会第十九次会议审议通过的《深化医疗服务价格改革试点方案》(医保发〔2021〕41号)，明确5个试点城市，有序推进医疗服务价格改革。《医疗保障法(征求意见稿)》中指出当前我国公立医疗机构提供的基本医疗服务实行政府指导价，特需等非基本医疗服务实行市场调节价，非公立医疗机构提供的医疗服务实行市场调节价。医疗保障行政部门负责开展药品和医用耗材成本价格调查，实施医药价格和招标采购信用评价制度，依法加强对以价格垄断、哄抬价格等方式侵害医疗保障基金的违法行为的监督检查。

（一）公立医疗机构基本医疗服务实行政府指导价

医疗服务价格政策作为医疗服务管理和经济补偿的重要手段，是深化医疗卫生体制改革的重点与难点，也是社会关注的热点。2021年8月国家医疗保障局等8部门发布《深化医疗服务价格改革试点方案》的通知（医保发〔2021〕41号），提出建立规范有序的价格分类形成机制，将公立医疗机构服务分类定价，一类是通用型医疗服务，另一类是复杂型医疗服务，应当对两类服务实行不同的价格构建机制。

（二）通用型医疗服务政府指导价围绕统一基准浮动

医疗机构普遍开展、服务均质化程度高的诊察、护理、床位、部分中医服务等列入通用型医疗服务目录清单。通用项目是指各级医疗机构均可以开展的、频次比较高的、均质化比较高的、大众使用程度较高的，通常说的门诊检查费、住院检查费、护理费等费用，通用项目调价不会那么频繁。基于服务要素成本大数据分析，结合宏观指数和服务层级等因素，制定通用型医疗服务政府指导价的统一基准，不同区域、不同层级的公立医疗机构可在一定范围内浮动实施，促进通用型医疗服务规范化标准化和成本回收率均等化。通用型医疗服务项目基准价格参照城镇单位就业人员平均工资、居民消费价格指数变化进行定期评估、动态调整。城镇单位就业人员平均工资累计增幅达到触发标准、居民消费价格指数低于一定水平的，按规则调整基准价格。

（三）复杂型医疗服务的政府指导价引入公立医疗机构参与形成

未列入通用型医疗服务目录清单的复杂型医疗服务，构建政府主导、医院参与的价格形成机制，尊重医院和医生的专业性意见建议。复杂项目是体现专业技术劳务价值的这一部分，以前是政府来定，后来引入的机制是医院和医生充分参与，确定价格的过程是双方协商的过程，不再是单方的管理。公立医疗机构在成本核算基础上按规则提出价格建议。各地集中受理，在价格调整总量和规则范围内形成价格，严格控制偏离合理价格区间的过高价格，统一公布政府指导价。建立薄弱学科的调查监测和政策指引机制，允许历史价格偏低、医疗供给不足的薄弱学科项目价格优先调整，推动理顺比价关系。充分考虑中医医疗服务特点，支持中医传承创新发展。支持技术难度大、风险程度高、确有必要开展的医疗服务适当体现价格差异。引导公立医疗机构加强成本管理和精算平衡、统筹把握调价项目数量和幅度，指导公立医疗机构采取下调偏高价格等方式扩大价格调整总量。

建立健全调价综合评估指标体系，将医药卫生费用增长、医疗服务收入结构、要素成本变化、药品和医用耗材费用占比、大型设备收入占比、医务人员平均薪酬水平、医保基金收支结余、患者自付水平、居民消费价格指数等指标列入评估范围，明确动态调整的触发标准和限制标准。定期开展调价评估，符合标准时集中启动和受理公立医疗机构提出的价格建议。

（四）特需等非基本保健服务实行市场调节价

非公立医疗机构提供的医疗服务实行市场调节价。依法实行市场调节价的药品和医用耗材，以及医疗服务应当按照公平、合法、质价相符、诚实守信的原则形成价格。特需服务和试行期内新增项目实行市场调节价。《深化医疗服务价格改革试点方案》的通知（医保发〔2021〕41号）指出公立医疗机构确定特需服务和试行期内新增项目（试行期1~2年）的价格，并报医疗服务价格主管部门备案。定价要遵守政府制定的价格规则，与医院等级、专业地位、功能定位相匹配，定价增加的医疗服务费用占用价格调整总量。严格控制公立医疗机构实行市场调节价的收费项目和费用所占比例，不超过全部医疗服务的10%。新增项目试行期满后，按通用型或复杂型项目进行管理。

医疗机构应当以明确清晰的方式公示药品、医用耗材和医疗服务价格，加强合理使用药品和医用耗材的管理，如实出具费用单据和相关资料，接受医疗保障等部门的价格监测、指导、检查和成本调查。

三、基本保健服务价格形成机制

根据国家医疗保障局《医疗保障法（征求意见稿）》第三十四条，医疗保障行政部门负责开展药品和医用耗材成本价格调查，实施医药价格和招标采购信用评价制度，依法加强对以价格垄断、哄抬价格等方式侵害医疗保障基金的违法行为的监督检查。医疗保障行政部门应当建立医疗服务价格宏观管理、分类管理、动态调整、监测考核机制，确定医疗服务定调价程序，对医疗机构开展医疗服务价格监测、指导、检查、成本调查和考核。

（一）成本调查

根据《深化医疗服务价格改革试点方案》，建立严密高效的价格监测考核机制，加强公立医疗机构价格和成本监测，对监测发现医疗服务价格异常、新增项目定价偏高的，必要时组织开展成本调查或监审、成本回收率评价、卫生技术评估或价格听证。实行医疗服务价格公示、披露制度，编制并定期发布医疗服务价格指数。防止项目价格畸高畸低。建立完整的管理体系和政策闭环，使价格管理和医院运行之间形成正向的互动关系。

（二）信用评价

根据《国家医疗保障局关于建立医药价格和招采信用评价制度的指导意见》实施医药价格和招标采购信用评价制度，依法加强对以价格垄断、哄抬价格等方式侵害医疗保障基金的违法行为的监督检查。首先，建立信用评价目录清单。国家医疗保障局建立医药价格和招采失信事项目录清单，实行动态调整。第二，实行医药企业主动承诺制。第三，建立失信信息报告记录渠道。通过企业报告和平台记录相结合的方式，及时全面、完整规范地采集医药企业失信行为信息，建立失信信息库。第四，开展医药企业信用评级。根据失信行为的性质、情节等因素，将医药企业在本地招标采购市场的失信情况评定为一般、中等、严重、特别严重4个等级，每季度动态更新。第五，分级处置失信违约行为。第六，鼓励医药企业修复信用。第七，正确运用医药价格和招采信用评价。第八，共同推进信用评价制度建设。密切跟踪医疗服务价格项目管理机制改革进展，定期评估新增项目执行效果，与制定和调整医疗服务价格挂钩，支撑医疗服务价格新机制稳定高效运行。

（三）动态管理

医疗保障行政部门应当建立医疗服务价格宏观管理、分类管理、动态调整、监测考核机制，确定医疗服务定调价程序，对医疗机构开展医疗服务价格监测、指导、检查、成本调查和考核。实行公立医疗机构价格责任考核制度。制定公立医疗机构医疗服务价格主体责任考核办法。稽查公立医疗机构内部价格管理和定价的真实性、合规性，检查公立医疗机构医疗服务价格执行情况，考核公立医疗机构落实改革任务、遵守价格政策、加强经营管理、优化收入结构、规范服务行为等情况。稽查、检查和考核结果与公立医疗机构价格挂钩。

基本保健服务价格涉及14亿人民群众、787万医务人员、5万多医疗机构的利益。应坚持“宏观调控、分类管理、动态调整、规范项目、监测考核”的新思路，探索医疗服务价格形成新机制。将价格监测从一般性的工作要求，上升为专门的价格机制，紧密配合总量调控、分类形成、动态调整等价格机制。

本章小结

20世纪70年代以后，一方面，医药科技及其转化快速发展；另一方面，医疗费用快速增长，药物管理逐渐成为医疗综合治理和持续发展的重要组成部分。

2018年，国家医疗保障局成立之后的第一步工作重点是通过4+7带量采购的行动计划，推动建立机制和平台，解决药价虚高和流通领域腐败问题。医保药物管理的长效机制是既要坚持合理用药，保障参保患者合法权益；也要坚持合理定价和付费，探索医保基金垫付制度，支持医药产业的健康发展。在强制药物一致性评价的同时和大力开发临床药物评价的技术标准和人才队伍，促进集合药物研发、定价和使用的综合信息平台应运而生和不断成熟。

（杨燕绥）

第十章 医疗保障补偿战略与现代医院管理

学习目标

1. 熟悉 医疗保障补偿的基本原理和战略形成，现代医院管理的社会背景和基本问题。

2. 掌握 公立医院高质量发展的基本要求和主要内容，医疗保障的补偿原则，及其二者的协同发展机制。

3. 了解 我国医保支付方式改革与公立医院高质量发展的协同机制和发展趋势。

第一节 中国医疗保障补偿战略

一、医疗保障补偿的基本原理

1. 补偿定义 补偿（compensation）是对发生的成本和贡献的事后补足，非现场交易。对劳动的补偿即薪酬，包括当期工资、岗位津贴和延期支付的福利（如医疗保险、养老保险等）。医疗非交易、药品非普通商品，第三方付费并非完全依赖市场定价和支付，需要有管理的竞争机制。因此，财政预算和医保基金支付公益医药服务属于事后补偿，包括预付制和后付制，并非直接市场交易。

2. 补偿战略 医疗保障领域的第三方付费具有两大功能，即分担参保患者的医药费用和补偿医药机构的成本和贡献。20世纪70年代以后，全球医疗保障第三方付费的补偿战略均朝着“合理补需方”保障民生和“有效补供方”促产业发展的方向转移，试图找到均衡二者的治理之路。

2020年，党中央5号文要求，通过深化改革建立“管用高效的医疗保险支付方式”，标志中国医疗保障从“建基金”和被动分担参保患者医疗费用的发展阶段，进入“建机制”和主动询价和战略补偿的发展阶段。

二、医疗保障补偿的战略目标和基本原则

（一）医疗保障补偿的战略目标

党中央5号文提出“发挥医保基金战略性购买作用，推进医疗保障和医药服务高质量协同发展”“保障群众获得优质医药服务、提高基金使用效率”的一个战略和三个目标（图10–1）。一个战略即医保基金“约束–激励”的补偿（购买）战略。三个目标即让群众获得优质医药服务、提高医疗保障基金的使用效率、促进医药服务高质量发展。

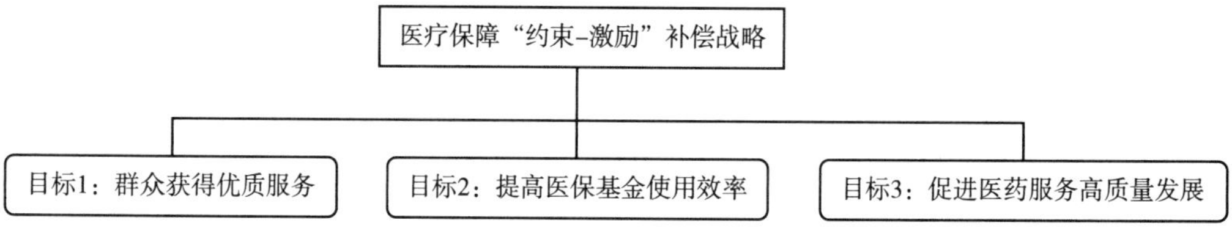

图10-1　医疗保健补偿的一个战略和三个目标

（二）医疗保障补偿的基本原则

医保支付改革的基本原则：建机制、立法治，加强定点医药机构协议管理，打造以公立医护机构为主，民营非营利医护机构为辅，适度嵌入营利医护机构（以商业健康保险支付为主）的基本保健服务供给体系。

1. 建机制　指基于总额预算管理和支付方式改革，抑制过度医疗、促进维护健康，引导医护合理资源配置，提高医疗保障基金的使用效率，打造医疗保障基金长效平衡机制。医疗保障长效平衡机制包括缴费基准制度，待遇清单制度，定价与支付方式，管理、服务与监督。1995年以来，我国公立医院收入和门急诊次均费用的年均增速持续高于同期的GDP和CPI年均增速。2020年，我国卫生总支出占GDP的比重达到7.1%，符合同期国家的平均水平。我国医疗保险费率8.86%，略高于同期国家的平均值。2022年我国进入“63婴儿”退休高峰，医疗保险基金收入增长率开始持续下降。2020年《全国医疗保障事业发展统计公报》数据显示，我国住院率达到15%左右（因疫情等原因，较上年的18%左右有所下降），对标全球平均水平（全球平均住院率约为10%，数据源于《柳叶刀》2019年1月论文）显示我国存在过度住院问题，不仅导致医护效率低下和医护资源浪费，也加大了患者的医护负担。

2. 立法治　指有法可依、依法治理，在医疗保障领域依法规范政府、行业、社会

和个人的责任，在利益相关人之间建立长期合作与实现共赢的制度安排，建立对违约责任、违规责任和违法责任的追责机制。

三、医疗保障支付改革的价值取向

（一）从总额控制到总额预算

党中央5号文要求完善医保基金总额预算办法，2020年10月，国家医疗保障局发布了《区域点数法总额预算和按病种分值付费试点工作方案的通知》，实行区域总额预算管理。我国基本医疗保险实行全覆盖、地方统筹的管理体制，即一个地区一个基金。该地区全部参保人、医保服务定点医药机构和医疗保险基金都是利益相关人，这种管理体制有利于建立激励相容的综合治理机制，即美国学者提出的闭环管理的凯撒模式。

1. 基本定义　总额预算是指统筹地区要按照以收定支、收支平衡、略有结余的原则，综合考虑各类支出风险、物价水平、参保人医疗消费行为、经济增长率、医疗保险基金收入等因素，合理确定医保总额预算指标和年度支出总额、支出增长率，进而合理确定医保统筹基金在社区医护和综合医院的合理分布。

2. 操作规则

（1）合理确定医保总额预算指标和年度支出总额，年均增长率不得超过10%。

（2）不再细化明确各医护机构的总额控制指标。实现住院病例全覆盖，把项目、病种、床日等付费单元转换为一定点数，年底根据各医护机构所提供服务的总点数和地区医保基金支出预算指标，得出每个点的实际价值，按照各医护机构实际点数付费。

（3）合理确定急诊住院、门诊和社区医护（全科、专科、精神科、康复科等）的总额分布。急诊住院实行病组病种分值付费，基层紧密型医疗共同体实行人头加权预算和总额付费，覆盖门诊和家庭病床等服务。

以金华市为例，在上年度决算总额的基础上，乘以增长率（1+统筹基金年度支出增长率），计算统筹区当年的基金总额预算。医保统筹基金支出增长率在考虑当地经济发展水平、当年统筹基金收入增长水平、重大政策调整等因素的基础上，由医保、卫健、财政、医护机构共同确定并公布。医保统筹基金支出在急诊住院治疗、门诊和急性后期治疗、基层医疗机构和紧密型医共体之间进行单独核算，逐渐形成合理分布。

（二）从后付制到预付制和结余留用

党中央5号文提出“推行以按病种付费为主的多元复合式医保支付方式，结余留用、合理超支分担，有条件的地区可按协议约定向医护机构预付部分医保资金，缓解其资金运行压力”，中国医保支付从后付制走向预付制。

1. 基本定义 后付制是由参保患者就医在先、医保付费在后的制度安排。医疗保险机构根据医保服务定点医院报送的记录患者接受服务项目及各项目收费标准的明细账支付医护费用。弊端如下：①激励医护机构通过多提供服务以获取更多的补偿，不利于成本管理；②不利于医护机构实行预算管理和成本管理。

预付制是总额预算、告知支付标准和垫付资金的总称。垫付资金是指在医疗费用发生之前，保险方按一定标准将医疗费用预先支付给医护服务提供方，可能预支一个月或者一个季度。支付标准在一定时期内是固定的，一段时期后按实际情况的变化再相应调整。预付制符合信息经济学、协议价格的基本原理。

结余留用是指医护服务提供方的病组病种实际成本低于医保支付病组病种平均分值的部分，属于医护服务提供方的病组病种盈余的制度安排。合理超支分担是指符合诊疗标准的超支部分，由医护服务提供方、医疗保险基金和其他机构共同分担。主要覆盖诊治疑难重症和使用新型医药设备的情况。实施合理超支分担政策需要具备如下条件：①合理诊疗标准；②诊治疑难重症和使用新型医药设备的描述性分析报告；③申报和评审评价机制；④多方合理分担机制。

2. 操作规则 预付制符合信息经济学、协议价格的经济原理。结余留用符合剩余索取权的经济法律原理。二者结合使用则构成激励相容和利益相关人共赢的分配机制。

（1）利益和分配规则：总额预算好比“做蛋糕”，告知支付标准好比“切蛋糕”的游戏规则，垫付资金是根据预算额度在评估之前的预支资金，是医保与医药机构协同发展的积极举措。

（2）利益共赢的激励目标：一方面，医护服务提供方会做预算方案，主动降低服务成本和运营成本，获取结余留用利益，有利医护机构提高管理绩效；另一方面，医疗保险基金可预测和调控支出情况，建立风险管理机制，确保医疗保险基金收支平衡。

（三）数量、质量和价值付费改革

从按照医疗机构提供服务的人头人次的数量付费，到按照单病种、疾病诊断分组、MDP跨科室综合治疗付费，再到按照全生命周期维护健康的价值评估付费，是一个循序渐进的发展过程。

1. 基本定义 数量付费是指基于医护机构提供服务的人头人次、项目、住院日等数量进行补偿。党中央5号文提出：“推广按疾病诊断相关分组付费，医疗康复、慢性精神疾病等长期住院按床日付费，门诊特殊慢性病按人头付费。适应医疗服务模式发展创新，完善医保基金支付方式和结算管理机制。”至此，中国正式开始推行引入疾病复杂程度评价、治疗成本管理的病组分值付费，包括病种大数据评估分组

（big date diagnosis-intervention packet，DIP)、疾病诊断分组（diagnosis related groups，DRG)、复杂因素疾病组（complicated factors related groups，CFRG)、门诊诊断分组（ambulatory patient groups，APG)、急性后期住院患者导向（patient driven payment modal，PDPM）等。

2018年，国家医疗保障局印发《关于申报按疾病诊断相关分组付费国家试点的通知》。2019年，国家医疗保障局印发《疾病诊断相关分组（DRG）付费国家试点技术规范和分组方案的通知》，同时公布《国家医疗保障DRG分组与付费技术规范》和《国家医疗保障DRG（CHS-DRG）分组方案》。《疾病诊断相关组（DRG）付费国家试点技术规范和分组方案的通知》提出数据要求，要按照《国家医疗保障局关于印发医疗保障标准化工作指导意见的通知》（医保发〔2019〕39号）和《国家医疗保障局关于印发医疗保障定点医护机构等信息业务编码规则和方法的通知》（医保发〔2019〕55号）要求，统一使用医保疾病诊断和手术操作、医疗服务项目、药品、医用耗材、医保结算清单等5项信息业务编码标准。CHS-DRGs成为国家医保付费病组的"通用语言"。主要包括26个主要诊断大类，依照"临床过程一致性"和"资源消耗相似性"的分组原则进行核心疾病诊断相关组（adjacent diagnosis related groups，ADRGs）分组，1.0版设立376个ADRGs，包括167个外科手术操作组、22个非手术操作组和187个内科诊断组。所使用的诊断和手术操作编码分别为《医疗保障疾病诊断分类及代码（ICD-10）》和《医疗保障手术操作分类与编码（ICD-9-CM-3）》，包含疾病诊断2048个类目、10 172个亚目、33 392个条目，手术和操作890个亚目、3666个细目和13 002个条目。病组编码由4位码构成，均以英文A~Z和阿拉伯数字0~9表示。各位编码的具体含义如下：第一位表示主要诊断大类，根据病案首页的主要诊断确定，进入相应疾病主要诊断大类，用英文字母A~Z表示。第二位表示DRGs的类型，根据处理方式不同，分为外科部分、非手术室操作部分（接受特殊检查，如导管、内镜检查等）和内科部分，用英文字母表示，其中A~J的10个字母表示外科部分，K~Q的7个字母表示非手术室操作部分，R~Z的9个字母表示内科部分。第三位表示ADRGs的顺序码，用阿拉伯数字1~9表示。第四位表示是否有合并症和并发症或年龄、转归等特殊情况，用阿拉伯数字表示，其中"1"表示伴有严重合并症和并发症，"3"表示伴有一般的合并症和并发症，"5"表示无合并症和并发症，"7"表示死亡或转院，"9"表示未作区分的情况，"0"表示小于17岁组，其他数字表示其他需单独分组的情况。

《国家医疗保障DRG分组与付费技术规范》规定的考核监管指标包括组织管理和制度建设、病案质量、医疗服务能力、医疗行为、医疗质量、资源效率、费用控制和患者满意度等（表10-1）。

表10-1　病组分值付费的评价指标和评价内容

分类	指标	评价内容
组织	规范化、信息化	病案首页、电子病例、信息系统
能力	DRGs组数	治疗病例所覆盖疾病类型的范围
	病例组合指数（标化CMI）值	各学科治疗病例的平均技术难度水平
	学科发展均衡性	专业缺失及专业能力指数情况
	总权重数	住院服务总产出
效率	费用消耗指数	治疗同类疾病所花费的费用
	时间消耗指数	治疗同类疾病所花费的时间
安全	低风险组死亡率	疾病本身导致死亡概率极低的病例死亡率

2. 操作规则　2021年12月1日，国家医疗保障局制定了《DRG/DIP支付方式改革三年行动计划》（简称“行动计划”，医保发〔2021〕48号）。主要操作规则如下。

（1）统一使用全国统一的相关医保信息业务编码。为开展医保结算清单、医保费用明细表等的质量控制工作。加强数据治理能力建设，制定数据填写、采集、传输、储存、使用等有关管理办法。开展医保信息系统数据库动态维护、编码映射和有关接口改造等工作。

（2）国家统一确定病种分值目录库、核心与综合病种的划分标准等，按实际费用确定病种分值。确定精神类、康复类及安宁疗护等住院时间较长的病例使用床日付费。制定配套的结算方式。开展病种费用测算，分类汇总病种及费用数据，根据各病种平均费用等因素计算分值。试行分值浮动机制，引入医护机构等级系数，区分不同级别医护机构分值，并动态调整。对适合基层医护机构诊治且基层具备诊治能力的病种，制定的病种分值标准在不同等级医护机构应保持一致。年底对医护机构开展绩效考核，按照协议约定将绩效考核与年终清算挂钩，由此形成降点增值的激励机制。

（3）配套监管措施。针对病种分值付费医疗服务的特点，充分发挥大数据的作用，制定有关监管指标，实行基于大数据的监管。加强基于病种的量化评估，促进地区医疗服务透明化，避免高套编码、冲点数等行为。加强重点病种监测，确保医疗质量。

（4）完善协议管理。规范协议文本，完善按病种分值付费相关内容，对总额预算、数据报送、分组、结算等予以具体规定，强化医疗行为、服务效率等内容。明确医护机构、经办机构等权责关系，落实有关标准、制度。

（5）加强专业技术能力建设。成立包括医保经办机构、医护机构以及大学、科研机构人员等组建的专家队伍。形成以保证质量、控制成本、规范诊疗、提高医务人员积极性为核心的按病种分值付费和绩效管理体系。探索将门诊按人头、按项目，紧密型医共体总额付费转化为点数，并与住院服务点数形成可比关系，实现全区域点数法总额预算。

病组病种分值付费方式的局限性如下：①难以准确反应病组病种的复杂程度，可能忽略危重程度较高的病组，由此导致医疗机构推诿重症患者。②没有加入紧密型医疗共同体的医院，不愿意放弃门诊和将普通专科并组下放到社区医院，或者不愿意将术前院前工作由社区医院完成。因此，病组付费亏损问题难以解决。

（四）从治病救人到维护健康的导向

党中央、国务院高度重视人民健康，建立了覆盖全民的基本医疗保障制度。以患者为中心、坚持健康导向，才符合健康中国的理念。《医疗保障法（征求意见高》第三十九条规定："各级医疗保障部门应当组织开展定点医药机构医疗保障绩效考核，建立动态管理机制。绩效考核办法由国务院医疗保障部门制定，省级医疗保障部门可制定具体考核细则，经办机构负责组织实施。"

1. 基本定义　健康导向的医保支付是以全生命周期维护健康为中心，基于健康绩效付费（pay for health performance，PHP）的制度安排，也称结果导向的补偿机制（pay for performance，PFP）。门诊、急性后期治疗和慢性病管理实行人头加权预算和总额付费，以及结余留用和健康绩效奖励。在人头加权预算中嵌入健康绩效指标，健康绩效评估是指医保基金补偿和定点医药机构服务的参保人健康管理绩效。通过健康绩效评估可以区分具有医疗医院相似需求和相似临床特征的人群，即通过医疗资源耗费和居民健康状况评价健康绩效。综上所述，人头加权预算是由往期医药费用支出、健康绩效、社区医护服务绩效、疾病谱变化、人口结构、经济发展6个因素构成的人头加权预算指数（图10-2），目的是防止出现按照人头拨款的错误做法。

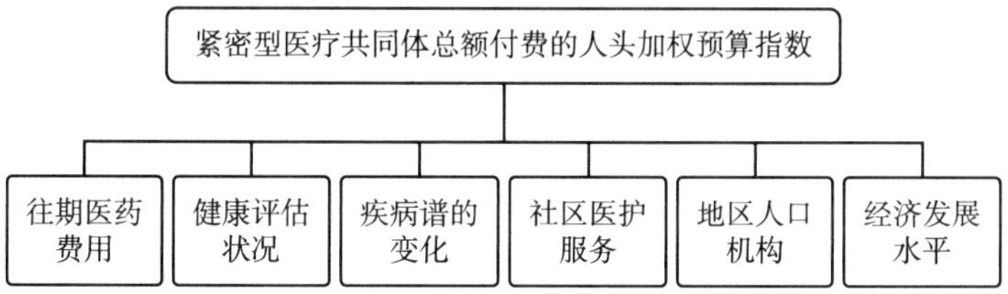

图10-2　人头加权预算指数结构

2. 操作规则 党中央5号文提出："探索对紧密型医疗联合体实行总额付费，加强监督考核，结余留用。"主要操作规则：①以居民健康为目标，建立基本保健责任区（城区和县域）。英国域内划分10个基本保健责任区，台湾地区划分7个基本保健责任区。我国可以城区和县域为大区，再根据居民人数划分小区。②在责任区设立一个或者几个紧密型医疗共同体，实施连续性健康绩效评估，纳入医保支付的人头预算。非紧密型专医专科联盟不使用此方法。③在实施病组病种分值付费2~3年后启动。实施病毒病种分值付费之后，在一定程度上抑制了过度医疗，临床数据相对可靠，可以根据患者资源耗费区分健康状况。④根据健康绩效评估结果支付奖励资金，激励紧密型医疗共同体实施健康促进计划。

实施病组病种分值付费之后，普通专科亏损病组病种，因其复杂程度、资源耗费和补偿水平低于三级医护机构的资源配置，需要制定合理接诊和向下转诊的规则。届时，作为城区县域紧密型医共体的龙头医院，因为没有利益冲突和损失，会毫不犹豫地将普通专科放到下级医护机构处理，通过优化资源配置实现医共体的整体绩效。没有加入紧密型医疗共同体的综合医院则可能会停滞不前，甚至反对创新。

（五）探索综合治理与价值付费

党中央5号文要求："坚持系统集成、协同高效，增强医保、医疗、医药联动改革的整体性、系统性、协同性，保障群众获得高质量、有效率、能负担的医药服务。"医护服务过程环节多、流程长，涉及多方利益相关人。单项评估和改革措施总会遇到鼹鼠效应。以取消药品加成为例，继而出现过度检查和过度门诊问题。进入信息化、数据和人工智能时代，人们获得病案信息和临床数据以后，便有条件和能力建立综合治理机制。在美国，对医保、医疗、医药和利益相关人闭环管理的凯撒模式即综合治理的实践。

中国医疗保障实施党的领导、全覆盖、地方统筹的管理体制，有利于实施综合治理。医疗保障综合治理需要抓住医护服务的质量和成本两条主线，以促进国民健康为目标，以医保支付为引擎，通过宏观调控与总额预算、中观医保支付改革、微观考核与补偿3个维度，从居民和医务人员、医护机构、医药供给商、医保支付和社会公众5个模块，建立长期合作与利益共赢的机制，实现基本保健服务的可及性和改善就医者体验、医护质量和居民健康状况、成本管理和医疗保障可持续发展，健康产业持续发展的"两线、三维、五块"的综合治理机制（图10-3）。

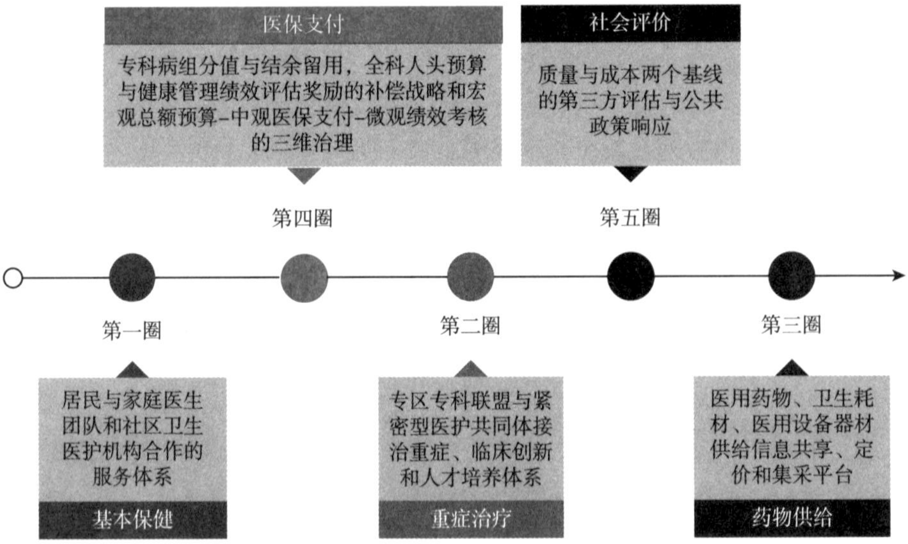

图10-3　医疗保障“两线、三维、五块”综合治理机制

第二节　医保支付改革与现代医院管理

一、现代医院管理的基本问题

现代是个时态词，其内涵包括过去、现在和未来。医疗服务经历了从个人诊所与小型医院到具有救治能力的单体综合医院两个发展阶段。20世纪70年代以后，伴随全生命周期健康管理的需求和互联网的社会背景，发达国家进入优化卫生资源配置和构建优质高效卫生医护体系的发展阶段，从看医生（see doctor）到基本保健服务（health service），进入整合医疗和价值医疗时代。

（一）现代医院管理的定义和特征

1. 现代医院的定义　现代医院管理即传承历史医学经验、满足当今医护需求和面对未来发展的医护机构。现代医院需要高质量发展，是国家地区卫生医护体系的一部分，需要在社区诊所、一级医院、二级医院、综合医院（城区县域紧密型医共体的龙头）、跨地区的医疗中心的体系建设中合理定位，告别医院单体发展的老旧思维方法。

2. 现代医院管理的三大特征　①总结医院管理的经验，如临床路径和质量控制体系等；②立足当今的改革，如电子病案信息化管理、以医保支付为抓手实施绩效管理；

③对未来的挑战，如智慧医疗、医院互联网平台建设。

（二）现代医院管理的四大要素

现代医院管理需要基于科学定位制定发展战略，基于健康促进的医护文化进行组织建设、学科建设和人才培育、质量控制和绩效管理（图10-4）。

- 医护体系与现代医院
  - 科学定位与发展战略
  - 组织创新与文化建设
  - 学科建设与人才培育
  - 质量控制与绩效管理

图10-4　现代医院管理的四大要素

1. 科学定位与发展战略　互联网时代需要系统思维。现代医院需要先科学定位，再制定发展规划。例如，根据地区人口和居住密度，在一级、二级医院上面嵌入的综合医院需要制定“大专科、小综合”的发展战略，以疑难重症为主，三级、四级手术为主，不做普通门诊，有条件的可以下放急诊，成为带动基层医护机构共同发展的龙头医院，优化资源配置，实现管理式医疗、整合就医和价值医疗。

2. 文化建设与组织创新　现代医院组织文化从救死扶伤到全生命周期健康管理，建立以患者为中心的基本保健服务流程、就医模式和医院管理文化与组织体系。在美国，以患者中心论的发展经历了三个阶段：①1967年，美国儿科学会首先启动医疗之家的行动计划，系统全面地收集儿童的病例资料和健康记录，对儿童健康实施持续监测。②1977年，世界卫生组织提出基本保健的服务范围和公共政策。1992年，美国医疗研究所发布《基本保健新时代的美国健康》报告，提出基本保健并非依靠一个确定的临床医生群体，而应设立一个卫生保健职能部门，负责提供综合的、可及的基本保健服务，以满足大多数人的基本保健需求。③2007年，美国4个国家层面的医师组织，即美国家庭医师学会、美国儿科学会、美国内科医师学会和美国骨科协会，联合提出以患者为中心的医疗之家行动计划。

以患者为中心和实施全生命周期健康管理的医护组织，应当是一个内部横向打通和外部系统发展的平台。一级医院是全科、公卫医师提供服务的平台，支持家庭医生团队的工作。二级医院是普通专科急诊急救的平台，支持个案管理师的工作，针对重点病案实施全专融合的病案管理。三级医院是接治疑难重症、临床创新和科技成果转化、培养人才和赋能基层的的平台，支持多学科诊疗（multidisciplinary diagnosis and treatment，MDT）。目前中国大多数医院实行院和科室两级分包管理，学科建设、服务项目、人员安排、绩效管理、行政管理以科室为主，这种组织体制适合医院单体发展，但不符合现代医院平台建设的要求。

3. 学科建设与人才培养 医院的学科建设是医院发展的核心竞争力。现代医院需要根据自己的定位和发展战略，按照需求导向，根据自身能力制定学科发展的短期、中期甚至长期规划，选准重点病组，发展重点学科与科室，培育学术带头人和医护团队，以及相关平台科室和配置人财物的资源。以个案管理师为例，只有树立全生命周期健康管理和全专融合强化基层服务的医护机构才需要设立个案管理师岗位和培养个案管理师人才。

4. 质量控制与绩效管理 医疗质量是医护机构的核心工作。传统医疗质量是以诊断是否正确、治疗是否有效、及时、彻底，疗程长短，差错事故的有无，以及医疗工作效率、费用的高低等来评价的。评价指标都是分解指标，有些医疗质量特性（如尚未影响诊断符合率的诊断缺陷，非手术感染的交叉感染或其他损害等）均未列入医疗质量评价指标。现代医院管理提出新的视角：①以病组为确认医疗质量单元；②按医疗质量单元将各基本特性包含在质量判定之内，并将非医疗质量范围的因素排除在质量判定之外；③医疗质量诸基本特性可以用预定的技术标准为判定依据，采用可循证的数据化方法参与评价，包括病种、人群的评价。

医院绩效管理是结合医院的业务特征、组织结构、工作和职位标准设计、人力特征、薪酬体系、员工培训与开发以及医院文化、医护团队建设、流程再造等，全面系统地实施目标、措施与效果的匹配性管理，实现盈余和留有持续的发展基金。嵌入医保支付的绩效管理，是在质量和成本之间的平衡。

二、公立医院高质量发展的基本问题

以社区医护为基础，建设优质高效的卫生医护体系，告别了医院单体发展的时代。现代医院是医护体系中的组成部分，应当准确定位才能充分发挥自己在医护体系中的作用，这是医院高质量发展的前提。

（一）公立医院的基本原则

与英国早期的政府医院（如今是信托基金医院）、美国政府投资的军人医院、欧洲国家的社会投资公益医院不同，我国的公立医院具有政府补贴和基本医疗保险补偿的“二公”特点，个人自费被限制在一定范围之内（不高于25%），是我国医护机构的主体。基本原则如下。

1. 公益性原则 基于国家经济社会发展水平，向人民群众提供兜底型和普惠型基本保健服务。

2. 系统性原则 立足全生命周期维护健康的卫生医护体系，找准医院定位，制定发展规划和实施计划。

3. 绩效原则 实现运营管理与医疗、教学、科研、预防等核心业务活动的充分融合，找到平衡医护安全、质量和成本的管理方法，提高运行绩效、实现盈余和持续发展。

4. 创新原则 探索适应全生命周期维护健康的医护服务提供模式和患者就医模式。

（二）公立医院高质量发展的主要内容

2021年，国务院办公厅《关于推动公立医院高质量发展的意见》提出构建公立医院高质量发展新体系的主要内容。

1. 打造国家级和省级高水平医院 以推动国家医学进步为目标，依托现有资源规划设置国家医学中心、临床医学研究中心、区域医疗中心（均含中医）和中医药传承创新中心，形成临床重点专科群，集中力量开展疑难危重症诊断治疗技术攻关，开展前沿医学科技创新研究和成果转化，实施高层次医学人才培养，带动全国医疗水平迈上新的台阶。以省域死亡率高、外转率高的疾病为重点，强化国家级高水平医院对省级医院的技术和人才支持，加快补齐专业专科短板，提升省域诊疗能力，减少跨省就医。

2. 发挥公立医院在城市医疗集团中的牵头作用 城区医疗集团由松散型专医专科联盟和紧密型医疗共同体构成。专医专科联盟由专家领队进行医疗科技研发，临床成果转化和迭代升级，提高诊疗能力，促进健康产业发展。紧密型医疗共同体是按照网格化布局管理，组建由三级公立医院或代表辖区医疗水平的医院（含社会办医院、中医医院）牵头，其他若干家医院、基层医疗卫生机构、公共卫生机构等为成员的紧密型城市医疗集团，统筹负责网格内居民预防、治疗、康复、健康促进等一体化、连续性医疗服务。集团内各医院加强协作，结合实际建设优势专业专科，形成特色鲜明、专业互补、错位发展、有序竞争的发展格局，带动基层医疗卫生机构提升服务能力和管理水平。推进以全科医生为主体、全科专科有效联动、医防有机融合的家庭医生签约服务。加强公立医院公共卫生科室标准化建设，提升公共卫生服务能力。

3. 发挥县级公立医院紧密型医疗共同体的龙头作用 按照县乡一体化、乡村一体化原则，积极发展以县级医院为龙头的紧密型县域医共体。加强县级医院（含中医医院）能力建设，提升核心专科、夯实支撑专科、打造优势专科，提高肿瘤、心脑血管、呼吸、消化和感染性疾病等防治能力，提高县域就诊率。加强城市三级医院对县级医院的对口帮扶，逐步使县级公立医院达到二级甲等水平。加强县级医院与专业公共卫生机构的分工协作和业务融合，做实公共卫生服务。加强县级医院对乡镇卫生院、村卫生室的统筹管理，发挥县级医院医务人员对家庭医生团队的技术支撑作用，帮助居民做好个人健康的"守门人"。加快实现县办中医医护机构全覆盖，支持中医医院牵头组建县域医共体。

4．建立健全分级分层分流的重大疫情救治体系 依托现有资源，加快推进传染病、创伤、重大公共卫生事件等专业类别的国家医学中心、区域医疗中心和省级医疗中心、省级区域医疗中心设置建设。支持部分实力强的公立医院在控制单体规模的基础上，适度建设发展多院区，发生重大疫情时迅速转换功能。每个地市选择1家综合医院针对性提升传染病救治能力，对现有独立传染病医院进行基础设施改善和设备升级。县域内依托1家县级医院，加强感染性疾病科和相对独立的传染病病区建设。发挥中医药在重大疫情防控救治中的独特作用，规划布局中医疫病防治及紧急医学救援基地，打造高水平中医疫病防治队伍。发挥军队医院在重大疫情防控救治和国家生物安全防御中的作用。持续强化医院感染防控管理，提高重大疫情应对能力。

三、医保补偿战略协同医院高质量发展

公立医院应当积极申报成为医保服务定点机构、专医专科联盟和基层紧密型医疗共同体的龙头，医疗保险补偿机制应当与之协同发展。2009年，党中央、国务院发布《关于深化医药卫生体制改革的意见》将医疗保障作为四个支柱之一。2011年，我国实施社会保险法以后，基本医疗保险覆盖率快速上升，截至2021年底，参保人数达到13.6亿人，覆盖总人口的95%以上，基本实现了全覆盖的目标。由此形成公立医院"建设靠国家、吃饭靠医保"的局面。2020年，党中央、国务院《深化医疗保障制度改革意见》中提出："推进医保、医疗、医药联动改革系统集成。"2021年《医护机构医疗保障定点管理暂行办法》（简称2号令）要求："医护机构医疗保障定点管理应坚持以人民健康为中心，遵循保障基本、公平公正、权责明晰、动态平衡的原则，加强医保精细化管理，促进医护机构供给侧改革，为参保人员提供适宜的医疗服务。"

（一）医保定点医护机构规范管理

1．与统筹地区医保经办机构订立服务协议 按照相关规定提出申请，评审合格的医护机构与统筹地区经办机构协商谈判，达成一致的，双方自愿签订医保协议，明确双方权利、义务和责任。在显著位置悬挂统一样式的定点医护机构标识。

定点医护机构是医保服务协议的乙方，应当严格执行协议约定。定点医护机构具有依法依规为参保人员提供医疗服务后获得医保结算费用，对经办机构履约情况进行监督，对完善医保政策提出意见建议等权利。享有监督医疗经办机构协作为协议甲方

履行协议的权利，遇到纠纷有申请医疗保障行政部门进行行政调处、申请复议和提供行政诉讼的权利。

医保服务协议期限一般为1年，可以续签。对于绩效考核结果好的定点医疗机构可以采取固定医保协议和年度医保协议相结合的方式，固定医保协议相对不变，年度医保协议每年根据具体情况调整，简化签约手续。续签应由定点医护机构于医保协议期满前3个月向经办机构提出申请或由经办机构统一组织。统筹地区经办机构与定点医护机构就医保协议续签事宜进行协商谈判，双方根据医保协议履行情况和绩效考核情况等决定是否续签。协商一致的，可续签医保协议；未达成一致的，医保协议到期后自动终止。

公立医护机构一般不得主动提出中止或解除医保协议。定点医护机构的部分人员或科室有违反协议管理要求的，可对该人员或科室中止或终止医保结算。定点医护机构与统筹地区经办机构就医保协议签订、履行、变更和解除发生争议的，可以自行协商解决或者请求同级医疗保障行政部门协调处理，也可以依法提起行政复议或行政诉讼。

2. 设立医疗保险管理科室 定点医护机构应当设立主管医疗保险的院长和科室，作为现代医院组织体系的组成部分。要培养熟悉医疗保险政策的医院管理的专业人才，便于了解临床需求，方便与院长和医务人员沟通。要建立医护机构内部和外部的工作机制。在医护机构内部，病组病种的成本管理涉及医、药、护、技、管多部门，需要医生组与科室、药剂科、医技平台、麻醉科、手术室及管理部门的紧密合作。在医护机构的外部，需要与当地医疗保障经办机构合作，并接受医疗保障行政部门和相关部门的监督。

在德国，由疾病基金向协议医护机构派驻审核结算员。我国将医保工作嵌入现代医院组织体系。医保科的主要工作职责如下：①在分管院长的领导下，全面负责本院医保管理工作，制定相应的管理制度和工作流程；依托医院信息化建立医保信息化、精细化管理；②建立医院医疗保险药品目录、诊疗项目、医用设备使用的管理制度，检查临床各科室的执行情况；③加强就医管理，掌握和了解医保患者入院出院标准，对医保患者的转诊转院条件进行审核；推动MDT的整合医疗，提高医护服务质量；④加强病组病种和医保医师管理，建立医院医疗保险收费及结算管理制度，检查医保患者的医疗收费是否严格按照目录规定的标准执行；注重综合绩效管理；⑤强化培训与宣传工作，负责医保政策的宣传和解释，负责和医保中心进行门诊住院费用核对；⑥完成院领导交办的其他工作。

3. 全面履行医保服务协议

（1）全面履行医保服务协议从以下三个“合理”做起（表10-2）。一是合理诊疗：严格执行国家和地区卫生医护规划，合理定位、合理接诊。二是合理收费：公立医护机构提供的基本医疗服务实行政府指导价，特需等非基本医疗服务实行市场调节价。非公立医护机构提供的医疗服务实行市场调节价。依法实行市场调节价的药品和医用耗材，以及医疗服务应当按照公平、合法、质价相符、诚实守信的原则形成价格。三是合理采购：国家建立公立医护机构药品和医用耗材集中采购制度。医疗保障行政部门制定药品、医用耗材的招标采购政策，并监督实施，指导药品、医用耗材集中采购平台建设。省级集中采购机构应当执行医疗保障行政部门制定的交易规则和标准，开展药品和医用耗材招标、采购、交易、结算等工作，并监测相关信息。公立医护机构应按规定从省级集中采购平台采购所需的药品和医用耗材。国家鼓励非公立医护机构参与药品、医用耗材集中采购。定点医护应按照购销协议约定及时支付款项，鼓励医疗保障基金与医药企业直接结算。优先配备使用医保目录药品，控制患者自费比例，提高医疗保障基金使用效率。不得为非定点医护机构提供医保结算。定点医护机构应当以明确清晰的方式公示药品、医用耗材和医疗服务价格，加强合理使用药品和医用耗材的管理，如实出具费用单据和相关资料，接受医疗保障等部门的价格监测、指导、检查和成本调查。

表10-2　国家医疗保障局等出台医疗保险有关的管理办法/方案/指导意见汇总

日期	文件名称	发文机关
2022年4月6日	《医疗保障基金智能审核和监控知识库、规则库管理办法（试行）》医保发〔2022〕12号	国家医疗保障局
2022年1月29日	《医疗保障基金使用监督管理举报处理暂行办法》国家医疗保障局令 第5号	国家医疗保障局
2021年11月26日	《基本医疗保险关系转移接续暂行办法》医保办发〔2021〕43号	国家医疗保障局办公室、财政部办公厅
2021年8月31日	《深化医疗服务价格改革试点方案》医保发〔2021〕41号	国家医疗保障局、国家卫生健康委、国家发展改革委、财政部、人力资源和社会保障部、市场监管总局、国家中医药局、国家药监局
2021年8月13日	《长期处方管理规范（试行）的通知》国卫办医发〔2021〕17号	国家卫生健康委办公厅、国家医疗保障局办公室
2021年7月15日	《按病种分值付费（DIP）医疗保障经办管理规程（试行）》医保办发〔2021〕27号	国家医疗保障局办公室
2021年6月25日	《规范医疗保障基金使用监督管理行政处罚裁量权办法》医保发〔2021〕35号	国家医疗保障局
2021年4月16日	《按疾病诊断相关分组（DRG）付费医疗保障经办管理规程（试行）》医保办发〔2021〕23号	国家医疗保障局办公室
2021年1月8日	《医疗机构医疗保障定点管理暂行办法》国家医疗保障局令 第2号	国家医疗保障局

续 表

日期	文件名称	发文机关
2021年1月8日	《零售药店医疗保障定点管理暂行办法》国家医疗保障局令 第3号	国家医疗保障局
2020年7月31日	《基本医疗保险用药管理暂行办法》国家医疗保障局令 第1号	国家医疗保障局
2019年11月30日	《香港澳门台湾居民在内地（大陆）参加社会保险暂行办法》国家医疗保障局令第41号	人力资源和社会保障部、国家医疗保障局
2019年6月27日	《医疗保障标准化工作指导意见》医保发〔2019〕39号	国家医疗保障局
2018年12月14日	《欺诈骗取医疗保障基金行为举报奖励暂行办法》医保办发〔2018〕22号	国家医疗保障局办公室、财政部办公厅

（2）定点医护机构及其工作人员应当执行实名就医和购药管理规定，核验参保人员有效身份凭证，按照诊疗规范提供合理、必要的医药服务，向参保人员如实出具费用单据和相关资料，不得分解住院、挂床住院，不得违反诊疗规范过度诊疗、过度检查、分解处方、超量开药、重复开药，不得重复收费、超标准收费、分解项目收费，不得串换药品、医用耗材、诊疗项目和服务设施，不得诱导、协助他人冒名或者虚假就医、购药。

（3）确保医疗保障基金支付的费用符合规定的支付范围；除急诊、抢救等特殊情形外，提供医疗保障基金支付范围以外的医药服务的，应当经参保人员或者其近亲属、监护人同意。

（4）制定相应的内部管理措施，严格掌握出入院指征。按照协议执行医保总额预算指标，执行按项目、按病种、按疾病诊断相关分组、按床日、按人头等支付方式。不得以医保支付政策为由拒收患者。

（5）按要求规范病案首页、完成五级以上电子病例和医护机构精细化管理系统，及时向统筹地区经办机构报送医疗保障基金结算清单等信息（表10-3）。严格执行《国家医疗保障局关于印发医疗保障定点医疗机构等信息业务编码规则和方法的通知》（医保发〔2019〕55号）、《关于印发疾病诊断相关分组（DRG）付费国家试点技术规范和分组方案的通知》（医保办发〔2019〕36号）和《医疗保障基金结算清单填写规范（试行）》的要求，对包括疾病诊断及手术操作，药品、医用耗材、医疗服务项目费用结算明细，医师、护士等信息的真实性负责。

（6）定点医护机构应当按要求如实向统筹地区经办机构报送药品、耗材的采购价格和数量，医疗保障基金使用监督管理及协议管理所需信息。向社会公开医药费用、费用结构信息。

（7）配合经办机构开展医保费用审核、稽核检查、绩效考核等工作，接受医疗保障行政部门的监督检查，并按规定提供相关材料。

（8）优化医保结算流程，为参保人员提供便捷的医疗服务，按规定进行医保费用直接结算，提供费用结算单据和相关资料。为符合规定的参保人员提供转诊转院服务。参保人员根据有关规定可以在定点医护机构购药或凭处方到定点零售药店购药。

（9）做好与医保有关的信息系统安全保障工作，遵守数据安全有关制度，保护参保人员隐私。定点医护机构重新安装信息系统时，应当保持信息系统技术接口标准与医保信息系统有效对接，并按规定及时、全面、准确向医保信息系统传送医保结算和审核所需的有关数据。

（二）医保定点医护机构财务管理

医疗保险基金实行总额预算意味着一个地区年内医保支付总额是既定的，定点医护机构在总额预算下提供规定的服务。实行病组病种分值付费、结余留用，使得医护机构管理的最小单位是病组病种，在同类医院之间存在成本的竞争关系，只有成本低于医保支付费用才可以获得结余。医护机构要非常重视预算管理细化，包括病组成本管理，细化到医、药、护、技、管各个环节，建立相关部门合作机制。既要关注成本效益、也要顾及成本效率，不再追求规模最大化。

定点医护机构总额预算管理的主要内容和流程见图10-5。在做好本年度预算执行情况分析的基础上，包括基础数据、统计分析、未来预测，形成下一年度工作目标和计划。由此推算床位、学科、技术、设备等硬件方面和引进人才软件方面的变化，以及由此带来的收治人次、病组病种成本、住院与门诊的总费用收入。还要就院内科室预算、额度分配和管理指标等与相关科室达成共识，确保行动计划具体、明确、可以操作。考核工作要及时准确，确保预算目标的实现。

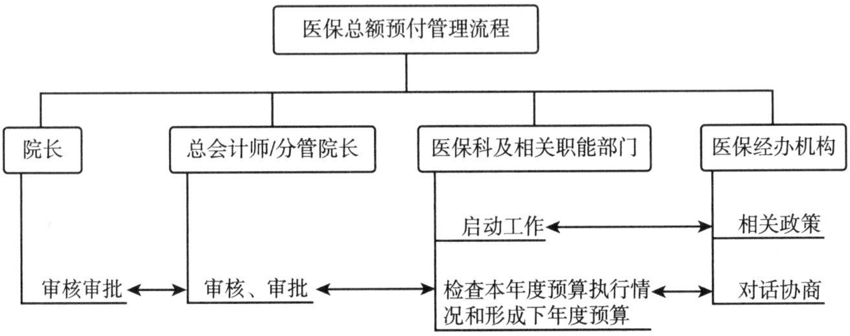

图10-5　定点医护机构总额预算管理流程

（三）医保定点医护机构绩效管理

医疗保障基金补偿战略下的复合型支付方式主要包括两个部分：一是急性治疗病组病种分值付费与结余留用、合理超支分担政策；二是门诊、急性后期治疗和慢性病管理进入紧密型医共体，实行人头加权预算、健康评估与结余留用和绩效奖励。与医疗保障基金补偿战略匹配的公立医院高质量发展策略如下。

1. 病组病种分值付费绩效管理 病组病种成为医院精细化管理的最小单位，预算管理到病组病种。以规范病案首页、电子病例、大数据为基础，建立四级绩效管理平台（图10-6），覆盖医护机构、科室、病组病种、医师（药师、护理等），实施组合标准考核、分析、评估和绩效指标，在疾病的严重程度、时间指数、费用指数、低风险死亡率等指标中求均值（也可以根据医护机构发展需要进行调整）。利用DRG数据实现专科间绩效评价，以全院平均情况（或标杆值）划分象限图比较各科室、各医生组的效率（图10-6、图10-7）。根据病组成本与医保支付费用的比较，区分亏损病组和盈余病组，再进一步分析原因和制定发展措施。

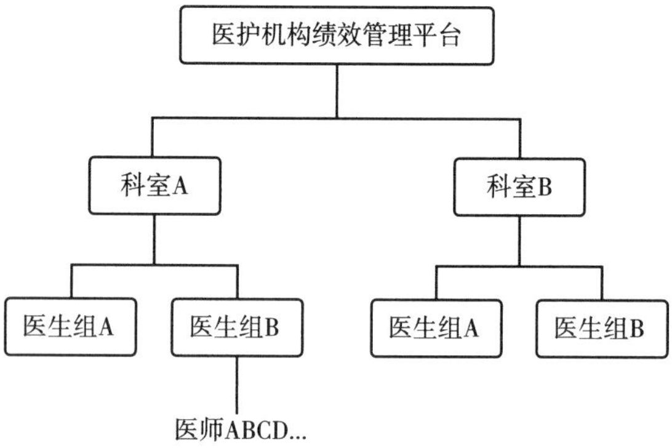

图10-6 定点医护机构绩效管理四级平台

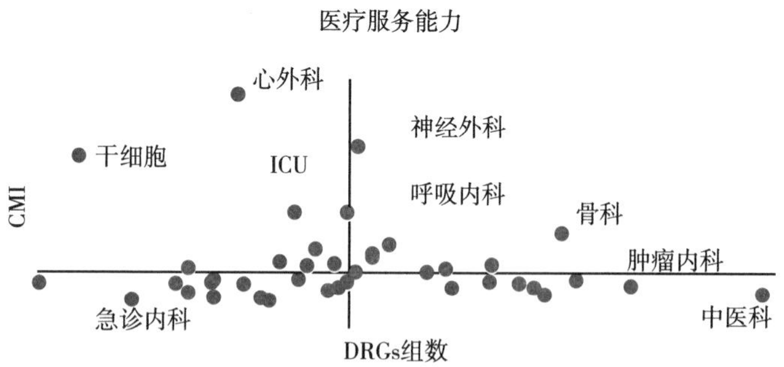

图10-7 科室服务能力评估

以图10-8中的吴医生为例，他是一个实施四级手术的专家型人才。工作绩效如下：①入组70个，入组率排第6位；②CMI 2.51，70个病组难度系数加权平均值排第1位；③总权重，与全院病组病种比较后的复杂程度排第3位；④时间消耗指数，以住院日为主的时间管理绩效排第4位；⑤费用消耗指数，以耗费医保基金为主的成本管理绩效排第16位；⑥低风险死亡率，作为质量控制的初级指标排第15位。最后，吴医生的绩效总得分排第一，是该医护机构的业务骨干和学科带头人。在病组病种分值付费后，医护机构将直接面对“提高质量和控制成本”的挑战，这是世界性难题。一是提高医护服务的CMI值；二是降低时间费用指数；引导医护机构从合理定位、人力资源、成本管理、物资管理、空间布局、流程改造、信息系统等方面，全方位实施精细化、标准化、信息化和智能化管理。

排名	服务能力						服务效率				医疗质量		TOPSIS得分	
	DRG组		CMI		总权重		时间消耗指数		费用消耗指数		低风险组死亡率（%）			
1	汪医生	86	吴医生	2.51	陈医生	1115	曾医生	0.87	陈医生	1.53	李医生	0	吴医生	0.793
2	廖医生	81	王医生	2.18	曾医生	1090	程医生	0.87	黎医生	1.53	曾医生	0	王医生	0.519
3	黄医生	79	黎医生	1.65	吴医生	1024	李医生	0.87	程医生	1.53	刘医生	0	黎医生	0.461
4	张医生	78	卢医生	1.46	黎医生	912.6	吴医生	0.88	汪医生	1.56	袁医生	0	陈医生	0.446
5	程医生	76	刘医生	1.45	程医生	903.1	袁医生	0.88	卢医生	1.57	李医生	0	汪医生	0.419
6	吴医生	70	李医生	1.42	李医生	897.3	廖医生	0.89	黄医生	1.58	张医生	0	张医生	0.406
7	黎医生	67	陈医生	1.37	汪医生	881.8	李医生	0.9	廖医生	1.58	程医生	0	廖医生	0.376
8	程医生A	67	张医生	1.35	张医生	870.8	汪医生	0.9	张医生	1.59	黄医生	0	曾医生	0.362
9	陈医生	63	黄医生	1.33	程医生	825.5	程医生	0.9	王医生	1.59	廖医生	0	程医生	0.354
10	李医生	62	廖医生	1.25	廖医生	797.5	黄医生	0.9	程医生	1.59	汪医生	0	黄医生	0.34
11	卢医生	60	程医生	1.24	袁医生	794.1	刘医生	0.9	李医生	1.62	陈医生	0	程医生	0.33
12	袁医生	59	曾医生	1.23	王医生	734.7	陈医生	0.92	刘医生	1.65	黎医生	0	李医生	0.309
13	王医生	56	汪医生	1.19	卢医生	723.6	黎医生	0.92	袁医生	1.65	程医生A	0	卢医生	0.261
14	李医生	54	程医生	1.18	李医生	708.9	张医生	0.92	曾医生	1.66	卢医生	0.004	袁医生	0.215
15	刘医生	52	李医生	1.18	黄医生	663.2	王医生	0.92	李医生	1.72	吴医生	0.005	李医生	0.197
16	曾医生	48	袁医生	1.15	刘医生	592.9	卢医生	0.92	吴医生	1.74	王医生	0.01	刘医生	0.168

图10-8 医护机构绩效管理平台操作示意图

2. 复杂病组影响因素分析报告与合理超支对话 合理超支分担是针对复杂病组制定的补偿政策，以支持接治重症和临床创新。评价复杂病组需要找到影响因素，是现代医院管理的重要工作之一，需要借鉴药物经济学和评价评估的经验，针对临床影响因素进行研究和撰写教材，实施专业培训和培育专业队伍。

目前有如下两种做法。一是特病单议：由医护机构提出，医保组织专家评论。这种做法随意性较强，一病一议的管理成本很高，缺乏规范性和普适性。二是系数调整：一些医保基金统筹地区根据原有医院级别确定病种病组分值系数，在一定程度上解决了重症病组病种分值的合理性问题。2021年，浙江省医疗保障局设置了基础病组，取消医疗机构级别和成本系数，在区域内有利于实现同病、同质、同治、同价，促进医疗资源合理使用。实施合理超值分担政策的操作规则如下：①医生组提供重症超支的临床描述性报告；②建立申报、评审和答辩制度；③测算超支金额，制定基本医疗保险补偿份额，剩余部分由财政科研经费、医护机构、患者和其他机构承担。

实施病组病种分值付费必然出现如下三种情况：①重症亏损病组病种；②收支平衡略有盈余的病组病种；③普通专科亏损病组病种。为此，医保服务定点医护机构纷纷建立运营部门和聘用医院管理专业的业务人员，分析亏损病组病种的结构和原因，以医保支付为抓手推动医护机构的绩效管理（图10-9）。

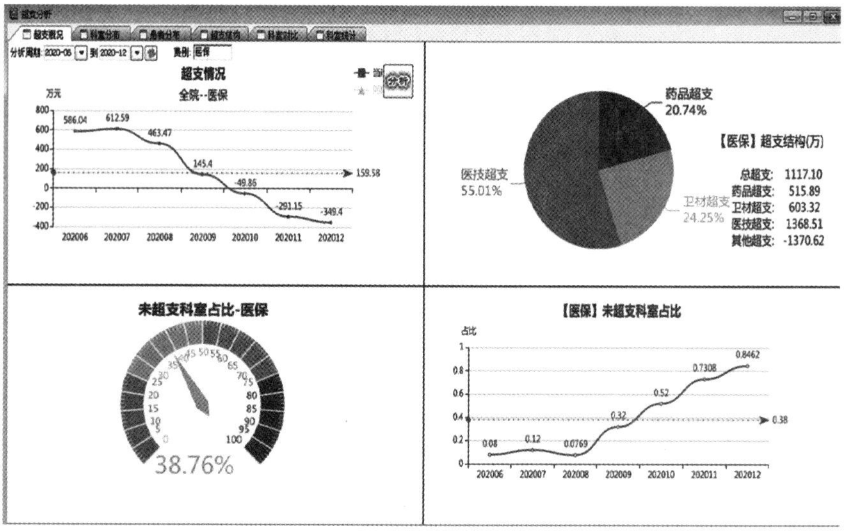

图10-9 病组分值付费的绩效管理平台

定点医护机构需要针对亏损病组病种制定改进措施，进而完善发展战略。一是针对重症亏损病组病种，如果根据机构定位属于重点学科，就要加强质量控制、成本管理、项目管理，撰写病组成本效益分析和描述性报告，提高同行对话和与医保经办机构的谈判能力，争取获得合理超支分担费用以及其他渠道的资金支持。二是将普通专科亏损病转到下级医护机构处理。这种发展战略的结果是该医护机构的CMI值提高，大专科的救治、临床创新和人才培养能力快速提高。反之，普通专科和门诊工作量下降。

3. 总额付费与健康评估绩效奖励　在医保总额预算管理模式下，减少患者是实现降点增值绩效结果的主要渠道。医疗保险战略补偿需要从治病向健康绩效转变。引入ACG居民健康绩效评估之后，在人头加权运算指数中，健康绩效权重越高，对定点医护机构创造健康绩效的激励性就越强。健康绩效依赖居民个人全程参与和家庭医生团队及社区医护机构的共同努力。

在城区和县域紧密型医共体总额付费政策下，医保服务定点医护机构的绩效来自如下两方面：①以优质服务留住患者。在实行首诊制的国家，签约患者不能直接进入三级医院或到非签约地区就诊，我国距离普遍实行首诊制还有很长一段时间，目前实行“钱随人走”的政策。由于我国医护资源分布不均，近期国家难以区分何为“有必要的”异地就医，泛泛支持异地就医和及时结算，“钱随人走”的局面还会加剧，这对紧密型医疗共同体是个挑战。率先建立紧密型医共体的医护机构要从健康档案管理做起，做好签约服务居民的首诊、急诊、门诊、普通专科直至重症专科的整合就医服务，改善居民健康状况和患者就医体验，留住签约居民愿意在本地就医。②提高居民健康绩效。在健康管理责任区内，只要居民少生病、多健康，即产生结余留用资金和健康绩效奖励金两份收入。更重要的是居民的信任。

知识链接 / 专业术语（仅供参考，以国家医疗保障局公布的为准）：

1. 病组分值付费是包括DRG/DIP的中文用语。病种：即疾病的种类。具有相同诊断及相似临床特征的疾病为一个病种；病组：将同一病种根据其主要诊疗方式、合并症并发症及患者年龄等因素分为若干不同的组，每组称为一个病组。

2. 基准病组即选择临床路径明确、并发症与合并症少、诊疗技术成熟、质量可控且费用稳定的病组，作为其余病组和其比较并确定分值的基准；常规病组即基准病组以外的其他病组；复杂病组即影响诊治的影响相对复杂和成本相对高的病组。

3. 病组原始分值：是指未添加基础分值系数和调整系数，仅用该病组的次均医疗费用和基准病组的次均医疗费用比较得出的分值。同一基金池内同病组各家医疗机构原始分值一致。

4. 基础分值系数：根据各医疗机构收费等级、医疗机构类别、省级以上重点专科建设、诚信等级、所在区域GDP、医务人员职称指数（JOB）、疾病复杂指数（CMI）、住院时间指数（LOSI）、医疗机构次均手术费用指标（AOCI）、病组规模指标（DTI）、医院年龄分布综合指数（ACI）和报销比例指数（RR）十二项指标，标化加权后计算得出，用以反映各医疗机构服务能力、服务质量、所在区域社会经济水平等差异。

5. 病组基础分值：由各病组原始分值乘以基础分值系数得出，反映各医疗机构治疗同一病组医疗服务资源消耗的差异。

6. 调整系数：调整系数在年度考核时对平均住院天数增长率、实际报销比增长率、全额自费率增长率、次均费用增长率（指次均统筹支付费用增长率）、人次人头比增长率和检查检验占比增长率六项指标进行考核，根据考核结果，标化加权后计算得出。用以反映各医疗机构年度内医疗质量管理、医保服务协议履行、医疗费用管控及参保人员负担等情况。

7. 当年该病组在该基金池次均医疗费用：指某一病组在某基金池内去除极端费用后计算出的次均医疗费用。

8. 病组结算分值：由病组基础分值乘以调整系数得出，是医保经办机构与医疗机构结算时的各病组的实际分值。

本章小结

本章详细描述了医疗保障补偿的基本原理和战略形成，现代医院管理的社会背景和基本问题，以及我国公立医院高质量发展的基本要求和主要内容，医疗保障的补偿原则。根据党中央5号文的要求，理解医保基金“约束—激励”的补偿战略和三个目标，描述其内涵和价值取向。讨论现代医院发展的四个要素和我国公立医院高质量发展的主要内容。通过本章学习，应思考如何以医保支付方式改革为抓手促进医院高质量发展。在病组分值付费的条件下，如何用好合理超支分担政策接治重症和临床创新；如何用好结余留用政策激励医务人员主动抑制过度医疗，促进医疗机构提质增效功能；如何用好人头加权预算和健康绩效评估的激励机制，推进基层紧密型医疗共同体的发展。

（杨燕绥）

第十一章　法律责任

学习目标

1. 掌握　法律责任的基本原理和违约责任、违规责任与违法责任的区别。

2. 熟悉　我国医疗保障法律责任的主要内容和违约责任、违规责任、违法责任的相关规定和处理措施，以及协调处理机制。

3. 了解　完善我国医疗保障领域法律责任的挑战和发展趋势。

第一节　法律责任的基本原理

一、法律责任

法律责任是指由法律确定或协议约定的义务主体，不履行或者不完全履行法定或约定义务而应当承担的具有国家强制力保证实施的法定或约定责任，即不利后果。

主要特征：①法律责任主要可以分为民事（法律）责任、行政（法律）责任和刑事（法律）责任。民事责任是指民事主体不履行或者不完全履行民事法律义务而应当依法承担的不利法律后果，主要包括违约责任、侵权责任。②违约责任又称违反合同的民事责任，是指合同当事人未履行合同的约定义务或法律规定的合同义务所应承担的民事法律上的不利后果。③侵权责任是在没有合同约定的情形下，行为人以其违法行为致使他人人身、财产权益受到损害而承担的民事法律上的不利后果。④行政责任是指行政法律关系主体由于违反行政法律义务构成行政违法而应当依法承担的不利法律后果。⑤刑事责任是指依照刑法规定，犯罪主体实施刑法禁止的行为所必须承担的不利后果。

二、医疗保障法律责任

医疗保障法律责任是指由医疗保障法律确定或医疗保障服务协议约定的义务主体，

不履行或者不完全履行法定或约定义务所应当承担的具有国家强制力保证实施的法定或约定责任，即不利后果。例如，违反法定缴费要求、医疗保障基金使用相关规定、医药服务协议约定等应承担的法律责任。因缴费义务并非医疗保障所特有，在其他社会保险领域违反法定缴费义务也需承担法律责任，本章不做专门讨论。

主要特征：①违反医疗保障相关法律规定和医药服务协议约定应承担的法律责任，包括违约责任、行政责任、刑事责任及其协调使用。由于医保领域使用协议管理制度，医疗保障经办机构和定点医药机构需签订医药服务协议并在协议中具体约定违约责任。违约责任通常由医药服务协议具体约定。违反医疗保障基金使用的相关法律规定的行为，还可按特定行为是否有欺诈骗保的主观故意区分为一般违法行为和欺诈骗保行为。一般违法行为的法律责任主要由《医疗保障基金使用监管条例》等法律规范加以规定。而对于欺诈骗保行为，中共中央、国务院在2020年3月发布了《中共中央国务院关于深化医疗保障制度改革的意见》，明确要求“综合运用协议、行政、司法等手段，严肃追究欺诈骗保单位和个人责任，对涉嫌犯罪的依法追究刑事责任，坚决打击欺诈骗保、危害参保群众权益的行为”。②按特定行为是否有欺诈骗保的主观故意区分为一般违法行为和欺诈骗保行为。一般违法行为的法律责任主要由《医疗保障基金使用监管条例》等法律规范加以规定。欺诈骗保行为，中共中央、国务院在2020年3月发布了《中共中央国务院关于深化医疗保障制度改革的意见》，明确要求“综合运用协议、行政、司法等手段，严肃追究欺诈骗保单位和个人责任，对涉嫌犯罪的依法追究刑事责任，坚决打击欺诈骗保、危害参保群众权益的行为”。

第二节　违约行为和违约责任

一、违约行为

违约行为是指不履行和不完全履行协议约定与合同条款的行为。违约行为应当承担违约责任。《医疗机构医疗保障定点管理暂行办法》第十四条到第二十四条规定了定点医药机构的一系列义务。定点医药机构未履行（含未完全履行）协议约定义务的即构成违约，应当承担违约责任。

二、违约责任

根据《医疗机构医疗保障定点管理暂行办法》第三十八条的规定：“经办机构发现

定点医疗机构存在违反协议约定情形的，可按协议约定相应采取以下处理方式：①约谈医疗机构法定代表人、主要负责人或实际控制人；②暂停或不予拨付费用；③不予支付或追回已支付的医保费用；④要求定点医疗机构按照协议约定支付违约金；⑤中止相关责任人员或者所在部门涉及医疗保障基金使用的医疗服务；⑥中止或解除医保协议。”

（一）约谈

约谈医疗机构法定代表人、主要负责人或实际控制人意在弄清情况。约谈是双方沟通和检查协议履行的方式，不是违反协议的合同一方当事人就违约行为所应承担的法律责任或后果。如将约谈向社会公开，可能会对被约谈对象的声誉造成一定的负面影响，从而形成一定的声誉处罚的效果。但由于约谈完成前违约事实往往没有得到核实和确认，且公开约谈对被约谈对象造成的声誉负面影响一旦产生往往难以完全消除，故不宜将约谈作为违约责任的一种形式。

（二）财务措施

财务措施包括暂停或不予拨付费用、不予支付或追回已支付的医保费用，由此避免或减少医护机构的坏账损失。以上措施是行使合同履行抗辩权的具体措施。这两项措施在定点医药机构违约（如未能提供合规医药服务）时可由经办机构行使。合同履行抗辩权是负有合同履行义务的一方因对方不履行或履行不合约定的原因拒绝对方请求（履行合同义务）权的对抗权利。在不涉及公序良俗和双方当事人以外的公共利益时，合同履行抗辩权可以由双方当事人进一步明确约定。

理论上，在民事合同一方违约时，从减少损失和促进协议履行的目标出发，合同另一方有权行使合同履行抗辩权而采取不履行协议的措施，合同另一方采取这些不履行措施比追究违约方责任所需的成本更低。无论医保服务协议属于社会契约还是行政协议，经办机构都有必要行使合同履行抗辩权，即前述三项措施，其成本往往低于追究定点医药机构违约责任的执法成本。此外，对于即将发生的医药服务行为的暂停付费，也可通过经办机构要求“中止相关责任人员或者所在部门涉及医疗保障基金使用的医疗服务”的方式实现，因其可能直接涉及该统筹区全体参保人的利益，故不宜由经办机构和定点医药机构双方自行通过协议约定，只能由法律规定。

（三）支付违约金

违约金是指合同的一方当事人不履行或不适当履行合同时，按照合同的约定，为其违约行为支付的一定数额的金钱。违约金一般分为惩罚性违约金和补偿性违约金，两者均属于担保物权的担保范围。在数额限制上，当事人约定违约金的，按约定支付违约金。追回（已付费用）和支付（补偿性）违约金均是赔偿损失的一种形式，旨在填平或补偿因违约行为而受损的合同一方的全部损失。惩罚性违约金是通过震慑约束对方履约，要求违约方支付超出受损合同方全部损失的金额。受损合同方在请求违约方赔偿全部损失的同时，不能另行请求支付补偿性违约金。

《中华人民共和国民法典》第五百八十五条规定："当事人可以约定一方违约时应当根据违约情况向对方支付一定数额的违约金，也可以约定因违约产生的损失赔偿额的计算方法。约定的违约金低于造成的损失的，人民法院或者仲裁机构可以根据当事人的请求予以增加；约定的违约金过分高于造成的损失的，人民法院或者仲裁机构可以根据当事人的请求予以适当减少。"在判断约定违约金是否过高以及调低的幅度时，一般应当以对债权人造成的损失为基准。由于追究违约方的违约责任需要付出时间、精力和律师费、诉讼费用等额外费用，且还有一些损失难以举证，在司法实践中，只要约定违约金不超过因违约造成的实际损失的130%，在性质上即属于补偿性违约金。为避免医保服务协议设定的违约金过高而被司法调整的风险，医保服务协议约定的违约金应限于补偿性违约金，违约的定点医药机构退回或赔偿的医保基金损失加上该机构应支付补偿性违约金的总和，不宜超过其违约造成的总实际损失的130%。

（四）解除协议

解除协议是指在协议有效成立以后，当解除条件具备时，因当事人一方或双方的意思表示，使协议提前消灭的行为。解除协议的后果可能危及协议双方和其他外部利益相关人，需要倍加审慎，各类合同法律均以多条款处理这一个规范行为。解除协议的方式分为协议解除和单方解除。

解除协议不是一种法定的违约责任方式。我国关于合同违约责任的法律规定在《中华人民共和国民法典》合同编（第三编）第八章（违约责任），但合同解除却规定在合同编（第三编）第七章（合同的权利义务终止）。由于解除协议会在很大程度上影响协议双方以外的全体参保人利益，需要采取特别措施来保障全体参保人利益。解除协议通常是在协议目的无法实现或协议一方当事人明确表示或被推断为不履行主要债务时使用。其适用不是为了让缔约方遵守原协议，而是让双方不再受原协议的约束，故其不属于一种违约责任方式，而是一种违约处理的手段。

《医疗机构医疗保障定点管理暂行办法》第四十三条规定："医保协议解除是指经办机构与定点医疗机构之间的医保协议解除，协议关系不再存续，协议解除后产生的医药费用，医疗保障基金不再结算。定点医疗机构有以下情形之一的，经办机构应解除医保协议，并向社会公布解除医保协议的医疗机构名单：①医保协议有效期内累计2次及以上被中止医保协议或中止医保协议期间未按要求整改或整改不到位的；②以弄虚作假等不正当手段申请取得定点的；③经医疗保障部门和其他有关部门查实有欺诈骗保行为的；④为非定点医疗机构或处于中止医保协议期间的医疗机构提供医保费用结算的；⑤拒绝、阻挠或不配合医疗保障部门开展智能审核、绩效考核、监督检查等，情节恶劣的；⑥被发现重大信息发生变更但未办理重大信息变更的；⑦定点医疗机构停业或歇业后未按规定向经办机构报告的；⑧医疗保障行政部门或其他有关部门在行政执法中，发现定点医疗机构存在重大违法违规行为且可能造成医疗保障基金重大损失的；⑨被吊销、注销医疗机构执业许可证或中医诊所备案证的；⑩法定代表人、主要负责人或实际控制人不能履行医保协议约定，或有违法失信行为的；⑪未依法履行医疗保障行政部门作出的行政处罚决定的；⑫定点医疗机构主动提出解除医保协议且经办机构同意的；⑬根据医保协议约定应当解除医保协议的；⑭法律法规和规章规定的应当解除的其他情形。”

医保协议具有外部公益性特点，进行违约处理时必须最大限度地保障参保人利益。由于医疗服务的地域性特点和便民性要求，对从事上述违法违约行为的定点医药机构（特别是医院）一律执行解除服务协议的规定，将使原本在该定点医药机构获得医药服务的多数参保人无法再次从该机构获得同等的医保服务和相关便利，许多参保人将不得不转而使用其他的替代性医疗服务。为了更好保障参保人的利益，医疗保障经办机构提出解除医保协议，需要报送医保行政部门作出决定，在决定解除合同前，应通过听证程序听取参保人的意见，考虑参保人在协议解除后获得替代性医疗服务的可能性，从参保人的角度出发权衡对解除该协议对参保人带来的各种利弊，最终还需通过法制审核程序才能做出是否解除合同的决定。《医疗保障行政处罚程序暂行规定》第三十七条规定：“有下列情形之一，在医疗保障行政部门负责人作出决定之前，应当进行法制审核，未经法制审核或者审核未通过的，不得作出决定：……（二）责令解除医保服务协议等直接关系到当事人或第三人重大权益，经过听证程序的……。”

除采用“解除协议”以外，经办机构和医保行政部门还可采用其他多种违约责任方式和处罚方式，如继续履行、追缴违约金、罚款和资格罚等。这些“解除协议”以外的多种违约责任方式和处罚方式在大多数情况下能实现震慑违约（法）行为、促进守约（法）的目标，同时又可避免因解除协议而对参保人施加的影响和损失。因而可以被更大范围的使用。

第三节 行政责任和行政处罚

一、行政责任

行政责任是指行政法律关系主体由于违反行政法律义务构成行政违法而应当依法承担的不利法律后果，简称违规责任。行政责任的承担主要表现为行政处罚。

二、行政处罚

行政处罚主要有财产罚（如罚款、没收违法所得）、人身自由罚（如行政拘留）、声誉罚（如警告）以及资格罚（如吊销许可证件、限制从业）等。

在医疗保障领域，处罚主体是医疗保障行政部门，处罚对象是医保经办机构、定点医药机构和参保人等。行政处罚中使用较多的种类为行政罚款，行政拘留这一种类尚未被使用。医疗保障行政部门进行行政处罚的法律依据主要有《中华人民共和国社会保险法》《基本医疗卫生与健康促进法》《医疗保障基金使用监督管理条例》等。综合这些法律条文，医保行政处罚的针对事项主要是：用人单位不办理或逾期办理社会保险登记；医保经办机构以及医疗机构、药品经营单位等医保服务机构以欺诈、伪造证明材料或者其他手段骗取医保基金支出；以欺诈、伪造证明材料或者其他手段骗取医保待遇；参加药品采购投标的投标人以低于成本的报价竞标，或者以欺诈、串通投标、滥用市场支配地位等方式竞标、中标；采取虚报、隐瞒、伪造等手段，骗取社会救助资金、物资或者服务等。为方便区分并明确不同的违法行为所涉及的行政处罚，以下将以不同主体的不同违法行为涉及的不同行政处罚进行详细介绍。

（一）定点医药机构的违法行为及行政处罚

定点医药机构是医保行政监管的重要对象，其涉及的行政处罚主要为财产罚和资格罚，具体为约谈有关负责人、罚款、责令暂停涉及医疗保障基金使用的医药服务、没收违法所得、吊销执业资格、从业禁止等（表11-1）。

表11-1　定点医药机构的违法行为及行政处罚文献

<table>
<tr><th>主体</th><th colspan="2">具体违法行为</th><th>处罚</th><th>依据</th></tr>
<tr><td rowspan="8">定点医药机构</td><td colspan="2">以欺诈、伪造证明材料或者其他手段骗取社会保险基金支出</td><td>责令退回，处骗取金额2倍以上5倍以下的罚款，解除服务协议</td><td>《中华人民共和国社会保险法》第八十七条</td></tr>
<tr><td rowspan="7">造成医保基金损失</td><td>分解住院、挂床住院</td><td rowspan="7">责令改正，可以约谈有关负责人；造成损失责令退回，处造成损失金额1倍以上2倍以下的罚款；拒不改正或者造成严重后果，责令暂停6个月以上1年以下医疗保障基金使用</td><td rowspan="7">《医疗保障基金使用监督管理条例》第三十八条</td></tr>
<tr><td>违反诊疗规范过度诊疗、过度检查、分解处方、超量开药、重复开药或者提供其他不必要的医药服务</td></tr>
<tr><td>重复收费、超标准收费、分解项目收费</td></tr>
<tr><td>串换药品、医用耗材、诊疗项目和服务设施</td></tr>
<tr><td>为参保人员利用其享受医疗保障待遇的机会转卖药品，接受返还现金、实物或者获得其他非法利益提供便利</td></tr>
<tr><td>将不属于医疗保障基金支付范围的医药费用纳入医疗保障基金结算</td></tr>
<tr><td>造成医疗保障基金损失的其他违法行为</td></tr>
</table>

续　表

<table>
<tr><th>主体</th><th colspan="2">具体违法行为</th><th>处罚</th><th>依据</th></tr>
<tr><td rowspan="14">定点医药机构</td><td colspan="2">未建立医疗保障基金使用内部管理制度，或者没有专门机构或者人员负责医疗保障基金使用管理工作</td><td rowspan="7">责令改正，可以约谈有关负责人；拒不改正，处1万元以上5万元以下的罚款</td><td rowspan="7">《医疗保障基金使用监督管理条例》第三十九条</td></tr>
<tr><td colspan="2">未按照规定保管财务账目、会计凭证、处方、病历、治疗检查记录、费用明细、药品和医用耗材出入库记录等资料</td></tr>
<tr><td colspan="2">未按照规定通过医疗保障信息系统传送医疗保障基金使用有关数据</td></tr>
<tr><td colspan="2">未按照规定向医疗保障行政部门报告医疗保障基金使用监督管理所需信息</td></tr>
<tr><td colspan="2">未按照规定向社会公开医药费用、费用结构等信息</td></tr>
<tr><td colspan="2">除急诊、抢救等特殊情形外，未经参保人员或者其近亲属、监护人同意提供医疗保障基金支付范围以外的医药服务</td></tr>
<tr><td colspan="2">拒绝医疗保障等行政部门监督检查或者提供虚假情况</td></tr>
<tr><td rowspan="5">骗取医保基金支出</td><td>诱导、协助他人冒名或者虚假就医、购药，提供虚假证明材料，或者串通他人虚开费用单据</td><td rowspan="5">责令退回，处骗取金额2倍以上5倍以下的罚款；暂停相关责任部门6个月以上1年以下医疗保障基金使用，直至由医疗保障经办机构解除服务协议</td><td rowspan="5">《医疗保障基金使用监督管理条例》第四十条</td></tr>
<tr><td>伪造、变造、隐匿、涂改、销毁医学文书、医学证明、会计凭证、电子信息等有关资料</td></tr>
<tr><td>虚构医药服务项目</td></tr>
<tr><td>其他骗取医疗保障基金支出的行为</td></tr>
<tr><td>定点医药机构以骗取医疗保障基金为目的，实施了《医疗保障基金使用监督管理条例》第三十八条规定行为之一，造成医疗保障基金损失的，按照本条规定处理</td></tr>
<tr><td colspan="2">侵占、挪用医疗保障基金的</td><td>责令追回，有违法所得的，没收违法所得</td><td>《医疗保障基金使用监督管理条例》第四十四条</td></tr>
<tr><td colspan="2">造成医疗保障基金重大损失或者其他严重不良社会影响的</td><td>法定代表人或者主要负责人5年内禁止从事定点医药机构管理活动</td><td>《医疗保障基金使用监督管理条例》第四十五条</td></tr>
</table>

（二）相关责任人的违法行为及行政处罚

对于相关责任人的行政处罚主要有暂停联网结算、罚款，并且两种处罚方式可以并处（表11-2）。

表11-2　相关责任人的违法行为及行政处罚文献

主体	具体违法行为	处罚	依据
相关责任人	①将本人的医疗保障凭证交由他人冒名使用 ②重复享受医疗保障待遇 ③利用享受医疗保障待遇的机会转卖药品，接受返还现金、实物或者获得其他非法利益	责令改正；造成医疗保障基金损失的，责令退回；属于参保人员的，暂停联网结算3~12个月	《医疗保障基金使用监督管理条例》第四十一条
	以欺诈、伪造证明材料或者其他手段骗取社会保险待遇的	责令退回，处骗取金额2倍以上5倍以下的罚款	《社会保险法》第八十八条
	①个人以骗取医疗保障基金为目的，实施了《医疗保障基金使用监督管理条例》第四十一条规定行为之一，造成医疗保障基金损失的；使用他人医疗保障凭证冒名就医、购药的 ②通过伪造、变造、隐匿、涂改、销毁医学文书、医学证明、会计凭证、电子信息等有关资料或者虚构医药服务项目等方式，骗取医疗保障基金支出的	责令改正；造成医疗保障基金损失的，责令退回；属于参保人员的，暂停联网结算3~12个月；并处骗取金额2倍以上5倍以下的罚款	《医疗保障基金使用监督管理条例》第四十一条

（三）医保经办机构违法行为及行政处罚

对医保经办机构的行政处罚主要以罚款和没收违法所得为主（表11-3）。

表11-3　医保经办机构违法行为及行政处罚文献

主体	具体违法行为	处罚	依据
医保经办机构	以欺诈、伪造证明材料或者其他手段骗取社会保险基金支出	责令退回，处骗取金额2倍以上5倍以下的罚款，解除服务协议	《中华人民共和国社会保险法》第八十七条
	通过伪造、变造、隐匿、涂改、销毁医学文书、医学证明、会计凭证、电子信息等有关资料或者虚构医药服务项目等方式，骗取医疗保障基金支出	责令退回，处骗取金额2倍以上5倍以下的罚款	《医疗保障基金使用监督管理条例》第三十七条
	违反本条例规定，侵占、挪用医疗保障基金的	责令追回，有违法所得的，没收违法所得	《医疗保障基金使用监督管理条例》第四十四条

医保经办机构的违法行为是单位违法，也有可能同时处罚单位和相关责任人。如《医疗保障基金使用监督管理条例》第37条规定，医疗保障经办机构通过伪造、变造、隐匿、涂改、销毁医学文书、医学证明、会计凭证、电子信息等有关资料或者虚构医药服务项目等方式，骗取医疗保障基金支出的，由医疗保障行政部门责令退回，处骗取金额2倍以上5倍以下的罚款，对直接负责的主管人员和其他直接责任人员依法给予处分。

（四）其他主体的违法行为及行政处罚

本节内容主要指参保人、定点医药机构及医保经办机构之外的主体，包括用人单位及药品采购投标的投标人。对此类主体的行政处罚主要是罚款、没收违法所得以及取消投标资格（表11-4）。

表11-4 其他主体的违法行为及行政处罚

主体	具体违法行为	处罚	依据
用人单位	用人单位不办理社会保险登记的	行政部门责令限期改正；逾期不改正的，处应缴社会保险费数额1倍以上3倍以下的罚款	《中华人民共和国社会保险法》第八十四条
	用人单位未按时足额缴纳社会保险费的	征收机构责令限期缴纳或者补足，并日加收万分之五的滞纳金	《中华人民共和国社会保险法》第八十六条
参加药品采购投标的投标人	参加药品采购投标的投标人以低于成本的报价竞标，或者以欺诈、串通投标、滥用市场支配地位等方式竞标的	责令改正，没收违法所得	《基本医疗卫生与健康促进法》第一百零三条
	参加药品采购投标的投标人以低于成本的报价竞标，或者以欺诈、串通投标、滥用市场支配地位等方式竞标的，且中标的	中标无效，处中标项目金额5‰以上10‰以下的罚款。情节严重的，取消其2~5年参加药品采购投标的资格并予以公告	

医保监管领域的行政处罚主要是以财产罚为主，辅以资格罚。具体行政处罚的适用存在如下情况。

1. 主体不同，同责不同罚 尽管行政处罚的相对人具有多样性，但是其违法行为是一体多面的，尤其是在参保人、定点医药机构之间，违法行为不仅具有关联性甚至存在同一性，但是不同主体产生了不同的行政处罚。例如，《医疗保障基金使用监督管理条例》第三十八条规定的定点医药机构“为参保人员利用其享受医疗保障待遇的机会转卖药品，接受返还现金、实物或者获得其他非法利益提供便利”与第四十一条规定的参保人员“利用享受医疗保障待遇的机会转卖药品，接受返还现金、实物或者获得其他非法利益”的行为存在相互对合的情况，但其对应的处罚为对定点医药机构“处损失金额1倍以上2倍以下的罚款”和“责令暂停6个月以上1年以下医疗保障基金使用”以及对参保人员“暂停联网结算3个月至12个月”。第四十条规定的定点医药机构“伪造、变造、隐匿、涂改、销毁医学文书、医学证明、会计凭证、电子信息等有关资料”的行为与第四十一条规定的参保人员“通过伪造、变造、隐匿、涂改、销毁医学文书、医学证明、会计凭证、电子信息等有关资料或者虚构医药服务项目等方式，骗取医疗保障基金支出的”行为相似，但对应的处罚为对定点医药机构“处骗取金额2倍以上5倍以下的罚款”“暂停相关责任部门6个月以上1年以下医疗保障基金使用”甚至是“解除服务协议”，对参保人员的处罚则为“暂停联网结算3个月至12个月”及“并处骗取金额2倍以上5倍以下的罚款”。

2. 同一主体，多种处罚并存 在行政处罚与协议的违约责任相似的情况下，医保行政执法实践中如何协调使用违约处理和行政处罚的问题？如前所述《条例》列举了分解住院、挂床住院、串换药品等违法行为，并规定由医保行政部门“责令改正”，并“可以约谈有关负责人”；如造成医保基金损失的，还应“责令退回”，处以“罚款”；拒不改正或者造成严重后果的，责令“定点医药机构暂停相关责任部门6个月以上1年以下涉及医疗保障基金使用的医药服务”。上述这些行政处罚种类大部分与协议的违约责任相类似，如行政罚款与违约金，责令暂停服务与合同中止，责令解除服务协议。以ZJ省WZ市LC区人民法院公开审理YJ县人力资源和社会保障局做出行政处理，冻结了应付YJ县JN医院的379万余元医保基金案为例，存在多种罚处关系并存的问题。

《中华人民共和国行政处罚法》第八条规定：公民、法人或者其他组织因违法行为受到行政处罚，其违法行为对他人造成损害的，应当依法承担民事责任。这意味着在对违法行为施加行政处罚时可以追究民事违约责任。《中华人民共和国行政处罚法》第二十九条也规定：“对当事人的同一个违法行为，不得给予两次以上罚款的行政处罚。同一个违法行为违反多个法律规范应当给予罚款处罚的，按照罚款数额高的规定处罚。”在实践中，经常会遇到追缴违约金后是否还要进行行政罚款的问题，或进行行政罚款的同时是否还要追缴违约金的问题。国家医疗保障局制定了《医疗保障行政处罚程序暂行规定》，以确保医疗保障行政部门依法实施行政处罚。此外，国家医疗保障局还制定了《医疗保障系统全面推行行政执法公示制度执法全过程记录制度重大执法决定法制审核制度实施办法（试行）》，对行政执法检查提出了三项重要的程序要求。

第四节　刑事责任与处罚

一、刑事责任

刑事责任是行为人实施刑事法律禁止的行为所必须承担的法律后果。刑事责任是所有法律责任中最为严苛的法律责任形式，不仅有上述医保行政处罚中的财产罚，更明显的是刑事责任中较于普通行政拘留更为长期的人身自由罚（通常为监禁刑）。医保监管领域的刑事责任，主要以《中华人民共和国刑法》的相关规定为主（表11-5）。

表11-5　医保监管领域刑事责任文献

层级	规范名称	具体内容
法律	《中华人民共和国刑法》	第二百六十六条　诈骗公私财物，数额较大的，处三年以下有期徒刑、拘役或者管制，并处或者单处罚金；数额巨大或者有其他严重情节的，处三年以上十年以下有期徒刑，并处罚金；数额特别巨大或者有其他特别严重情节的，处十年以上有期徒刑或者无期徒刑，并处罚金或者没收财产。本法另有规定的，依照规定
法律	《中华人民共和国社会保险法》	第九十四条　违反本法规定，构成犯罪的，依法追究刑事责任
立法解释	《全国人民代表大会常务委员会关于〈中华人民共和国刑法〉第二百六十六条的解释》	以欺诈、伪造证明材料或者其他手段骗取养老、医疗、工伤、失业、生育等社会保险金或者其他社会保障待遇的，属于刑法第二百六十六条规定的诈骗公私财物的行为
行政法规	《医疗保障基金使用监督管理条例》	第四十八条　违反本条例规定，构成违反治安管理行为的，依法给予治安管理处罚；构成犯罪的，依法追究刑事责任。违反本条例规定，给有关单位或者个人造成损失的，依法承担赔偿责任

二、诈骗罪及其构成

根据《刑法》第266条的规定及其立法解释，医保领域涉及的刑事责任主要是诈骗罪（表11-6）。医保涉及的诈骗罪根据数额大小及刑罚轻重分为三个档次：①属于“数额较大的”，适用的刑罚为“三年以下有期徒刑、拘役或者管制，并处或者单处罚金”；②属于“数额巨大”或者“有其他严重情节的”，适用的刑罚为“三年以上十年以下有期徒刑，并处罚金；③属于“数额特别巨大”或者“其他特别严重情节”，适用的刑罚为“十年以上有期徒刑或者无期徒刑，并处罚金或者没收财产”。同时，最高人民法院、最高人民检察院《关于办理诈骗刑事案件具体应用法律若干问题的解释》还对具体数额进行规定，具体为第一条规定：“诈骗公私财物价值三千元至一万元以上、三万元至十万元以上、五十万元以上的，应当分别认定为刑法第二百六十六条规定的‘数额较大’‘数额巨大’‘数额特别巨大’。”

表11-6 医保涉及的诈骗罪的文献

档次	具体情节	适用刑罚	备注：数额标准
第一档（普通）	数额较大的：三千元至一万元以上	主刑：三年以下有期徒刑、拘役或者管制 附加刑：并处或者单处罚金	各省、自治区、直辖市高级人民法院、人民检察院可以结合本地区经济社会发展状况，在前款规定的数额幅度内，共同研究确定本地区执行的具体数额标准，报最高人民法院、最高人民检察院备案
第二档（严重）	①数额巨大：三万元至十万元以上 ②有其他严重情节	主刑：三年以上十年以下有期徒刑 附加刑：并处罚金	
第三档（特别严重）	①数额特别巨大：五十万元以上 ②其他特别严重情节	主刑：十年以上有期徒刑或者无期徒刑 附加刑：并处罚金或者没收财产	

《中华人民共和国刑法》之外其他的法律规范采用准用性规则，采取“构成犯罪的，依法追究刑事责任”的条文表述。这并不意味着除了《中华人民共和国刑法》以外的法律规范对于诈骗罪并无作用。根据最高人民法院、最高人民检察院《关于办理诈骗刑事案件具体应用法律若干问题的解释》第一条第二款的规定：“各省、自治区、直辖市高级人民法院、人民检察院可以结合本地区经济社会发展状况，在前款规定的数额幅度内，共同研究确定本地区执行的具体数额标准，报最高人民法院、最高人民检察院备案。”该条文充分说明，有关诈骗罪入罪的具体数额以及量刑的标准，各省、自治区、直辖市的高级人民法院、人民检察院可以在上述司法解释规定的幅度范围内自行调整，而仅需要经过最高人民法院、最高人民检察院的备案程序。

根据目前地方性规定，如上海市高级人民法院、上海市人民检察院、上海市公安局、上海市司法局《关于本市认定诈骗犯罪案件具体数额标准的意见》规定：“个人诈骗公私财物在4千元以上的，属于‘数额较大’；个人诈骗公私财物在5万元以上的，属于‘数额巨大’。”重庆市高级人民法院、重庆市人民检察院发布的《关于办理诈骗刑事案件数额标准的规定》中规定：“一、诈骗公私财物价值人民币五千元以上的，为数额较大；二、诈骗公私财物价值人民币七万元以上的，为数额巨大；三、诈骗公私财物价值人民币五十万元以上的，为数额特别巨大。”由于医保基金欺诈骗保行为依法需要追究刑事责任所需的欺诈骗保数额较低（3000~6000元不等），所以在许多省份，骗取医保基金达3000元以上即可由公安机关立案追究刑事责任。由于在定点医药机构涉嫌欺诈骗保案件中，骗保金额绝大部分处于3000~6000元，国务院关于《行政执法机关移送涉嫌犯罪案件的规定》要求行政执法机关在依法查处违法行为过程中，发现违法事实涉及的金额、违法事实的情节、违法事实造成的后果等，涉嫌构成犯罪，依法需要追究刑事责任的，必须向公安机关移送，故绝大多数案件依现行法律需移交给公安机关。

三、行政责任与刑事责任的衔接适用

诸多法律规范对于医保诈骗案件移送标准和立案标准并不明确，仅规定了“构成犯罪的，依法追究刑事责任”，移送时间节点也并不明确。同时，现行立法对医保基金欺诈骗保案的行刑衔接点的设置也可能不合理，即未能充分发挥行政处罚和刑事处罚手段各自的优点，导致许多本应使用行政处罚即能产生有效震慑的违法行为被安排进入刑事司法程序，造成执法资源浪费等社会损失。医保行政机关适用《医疗保障基金使用监督管理条例》第四十条进行行政处罚的机会较小。下一节将具体论述在违约责任、行政责任以及刑事责任之间，多种追责方式如何协调使用。

第五节　多种追责方式的协调使用

执法部门想要潜在的执法对象更加配合执法并进而遵守法律，不能仅依靠一种震慑力强的严厉处罚或执法手段，而是需要采用由多种处罚或处分手段组成的多层级“金字塔型执法”手段。“执法金字塔理论”认为，执法部门对于执法工具的选择应依循“金字塔自下而上的次序拾级而上。“金字塔”由下到上的标准主要为所采取的执法行为对应的需要的行政成本以及对相对人的影响程度。根据经典的“执法金字塔理论”，首先应选择金字塔底部强制力最弱、成本最低的说服机制，只有在该机制不足以震慑违法行为时，才依次逐级上升，不断提高执法手段的震慑程度。这样的安排将能以最小的社会成本来形成有效震慑，促进最大程度的法律遵守。

上述安排具体还应区分不同的执法对象，针对自然人违法犯罪行为，绝大部分执法活动首先应采用说服的办法，如说服不行就采用警告，再不行就采用震慑力更强的民事追责乃至刑事处罚。对于公司法人而言，暂扣乃至吊销许可证的震慑力是最强的，因为这意味着限制和剥夺公司法人的行为能力直至使其死亡，就像有期徒刑和死刑剥夺自然人的自由和相应行为能力一样。在金字塔中（图11-1），每层所占空间面积占金字塔总面积的大小比例相当于该层空间所代表的手段在执法中被使用的比例，这意味着吊销许可证被使用的机会最小，仅用于极少的情况。

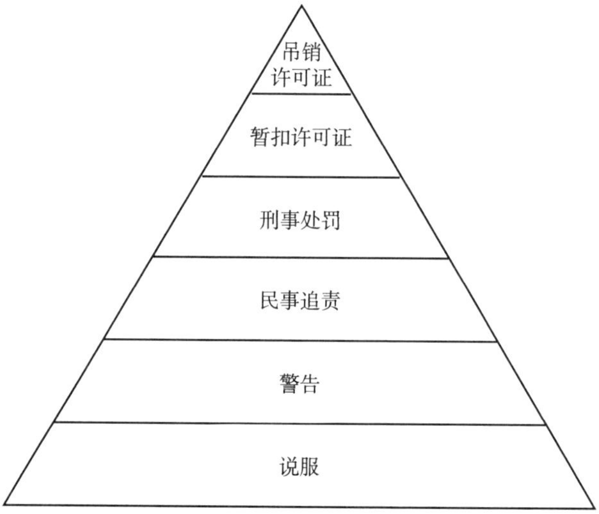

图11-1　违法医保协议行为的处理机制

综上所述，在医保领域实施监管，违约责任、行政责任（违约责任）、刑事责任（违规责任）的协调使用如下。

一、行政责任与违约责任的协调使用

相较于行政处罚机制，医保服务协议违约追责机制的执法程序要求相对较少，执法成本相对较低但却能在一定程度上更好保障全体参保人的利益。此外，由于行政处罚机制整体上比违约追责机制对违约（法）方的不利处分（包括减损权益和增加义务）程度更高，在同等条件下所能形成的震慑程度也更高。按照“执法金字塔理论”，违约追责机制应比行政处罚机制得到优先使用。

二、行政责任与刑事责任的协调使用

充分认识行政处罚相对于刑事处罚手段的优点，特别是行政处罚机制比刑事处罚机制所需的程序要求更少、证据要求较低、处罚实施成本较低等导致执法成本明显较低这一优点；而震慑力相对较强的刑事处罚应在仅行政处罚无法形成有效震慑的情况下使用。

在行政处罚机制下，行政机关通常负责对违法行为的启动调查直至做出处罚决定的全过程。除法律、法规、规章另有规定外，行政机关在一般情况下都应当自行政处罚案件立案之日起九十日内作出行政处罚决定。而采用刑事处罚机制时，至少要经过侦查机关的侦查阶段、检察院审查起诉阶段和法院的审判阶段才能对违法犯罪行为做出刑事处罚决定，程序较多，耗时较长（一般为6个月左右，特殊情况下法定最长时限为18个月零7天）且执法成本较高。除了上述调查（侦查）、审查和决定程序外，行政处罚机制和刑事处罚机制均有相应的监督程序和处罚实施程序。不同于医疗保障行政处罚机制主要使用罚款这一处罚种类，用于打击医保基金欺诈骗保行为的刑事处罚机制往往使用有期徒刑这个刑事处罚种类；而实施有期徒刑这一处罚又要求付出建监狱、配备狱警等高昂的执法成本。此外，刑事处罚机制中证据必须达到“排除一切合理怀疑”的标准，证据要求比行政处罚机制更高，从而也导致更高的执法成本。相较于刑事处罚，行政处罚由于在单个案件上所需执法时长较短、执法人力较少而节省大量执法资源，可以用来对更多违法行为的查处。

目前我国各省级法院和检察院确定的，对医保基金欺诈骗保行为构成犯罪要求的骗保金额最低限为3000~6000元。只要潜在的医保基金欺诈骗保行为人预计的被查处可能性大于20%，这些骗取金额较低的欺诈骗保行为完全可以通过成本较低的行政处罚手段如处骗取金额5倍的行政罚款、解除服务协议或吊销执业资格来对违法分子形成有效震慑。

国家医疗保障局发布的《2020年医疗保障事业发展统计快报》数据显示，“2020年全年共检查定点医药机构62.74万家，占定点机构总数的99.84%，处理违法违规医药机构40.07万家，占被检查机构的63.87%，其中暂停医保协议19 108家、解除医保协议6008家、行政罚款5457家、移交司法机关286家；处理参保人员26 098人，其中约谈14 262人、暂停医保卡结算3162人、移交司法机关2062人。全年共追回资金223.11亿元”。上述数据显示，除非骗保金额巨大导致该金额的5倍已使被处罚人达到无法或无需支付的情况（因有限财产和有限责任破产豁免的限制）外，目前已有行政处罚手段应能对理性的潜在医保基金欺诈骗保人形成有效震慑。前述3000~6000元的起刑点过低。

本章小结

本章详细介绍了法律责任的基本原理和违约责任、违规责任与违法责任的区别。通过本章学习，希望学生熟悉我国医疗保障法律责任的主要内容和违约责任、违规责任、违法责任的相关规定和处理措施，以及协调处理机制。同时，能够分析医保协议的外部公益性和适度强化医保协议行政管理话语权的意义。

（杨燕绥）

第十二章　医疗保障国际案例

学习目标

1. 掌握　全球医疗保障制度发展与改革的社会背景、主要经验和发展趋势。

2. 熟悉　典型国家医疗保障制度改革的策略、方案、行动计划和绩效评估。

3. 了解　20世纪70年代以后医疗保障改革与发展的核心问题和主要策略。

第一节　全球医疗保障改革与发展

一、健康长寿时代的卫生支出

（一）健康长寿的定义和大数据

1. **健康长寿定义**　健康长寿指因拥有健康而延长了寿命。1965—1970年，全球人口的增长率达到顶峰，平均每年增长2.1%，发达国家的国民平均寿命达到75岁。此后全球人口增长速度减缓了一半，在2015—2020年间降至每年1.1%以下，预计到本世纪末将继续放缓。

2. **健康长寿大数据**　联合国在《世界人口老龄化报告（2009）》中提出以老龄人口占比的指标来衡量社会的老龄化水平。国际上按照联合国的报告，开始以65岁及以上人口占总人口比重来界定人口老龄化的进程（表12-1）：初级人口老龄化社会的标准为7%；中度人口老龄化社会的标准为14%，高度人口老龄化社会的标准为20%。以初级人口老龄化社会为例，65岁以上人口占比为7%，在总和生育率（15~49岁育龄妇女平均生育孩子数）1.8的条件下，15~64岁劳动年龄人口对老年人口的抚养比（赡养比）

为10∶1，这对劳动市场规模、医疗保障税收和医疗保险基金收支平衡有直接影响。

表12-1　全球及其主要国家人口老龄化时间表和相关数据比较（2020版）

大数据均值	美国	德国	日本	中国	世界
初级老龄社会（65+，7%）；人均GDP（2010年基期价格）≥1万美元；总和生育率均值2.76（2.2~3.7）；国民平均预期寿命期初≥70岁；卫生支出占GDP比例6%，其中预防康复占3.5%、医疗占2%、长期照护占0.5%；医疗保险费率（没有平均值），个人负担占比10%	1950	1950	1971	2000年，人均GDP（2010年基期价格）0.17万美元；总和生育率1.6；国民平均预期寿命期初≥71岁；卫生支出占GDP比例≥4.5%	2005
过渡期，年	64	22	24	22	35
深度老龄社会（65+，14%）；人均GDP（2010年基期价格）≥2万美元；总和生育率均值1.76（1.4~1.9）；国民平均预期寿命期初≥75岁；卫生支出占GDP比例8%，其中预防康复占4%、医疗占3%、长期照护占1%；医疗保险费率（没有平均值），个人负担占比15%	2014	1972	1995	2022年，人均GDP（2010年基期价格）1.1万美元；总和生育率1.3；国民平均预期寿命期初≥77岁；卫生支出占GDP比例≥7%	2040
过渡期，年	15	36	11	13	40
高度老龄社会（65+，20%）；人均GDP（2010年基期价）≥4万美元；总和生育率均值1.59（1.32~1.88）；国民平均预期寿命初≥80；卫生支出占GDP比例10%，其中预防康复占4.5%、医疗占4%、照护占1.5%；医疗保险费率（没有平均值），个人负担占比20%	2030	2008	2006	2035年以前	2080

注：预测人口比例数据来自United Nations，Department of Economic and Social Affairs，World Population Prospects 2019；过往年份人口比例数据来自世界银行数据库；出生时预期寿命数据：1950年数据为1950-1955年均值，来自United Nations Databases，http：//data.un.org/；其余年份数据为当年数值，见World Bank Open Databases，http：// data. worldbank. org/。

（二）健康长寿时代的主要特征

进入人口老龄化社会以后，三组数据引起人们的关注，从中发现了健康长寿时代的主要特征和新的社会发展常态。

1. 三个数据具有相关性　人均GDP水平、卫生总支出增长与占人均GDP的比例、国民平均预期寿命同步增长，从1万~4万美元、从GDP占比6%到10%、从70岁到80岁以上。可见，人口老龄化并非社会老化，是人类经过农业经济解决了温饱问题、进入工业经济解决发展问题，针对环境污染和分配不公两大社会问题，按照世界卫生组织“投资健康，构建安全未来”的号召，进入了大健康时代。大健康包括人的身心、道德和社会的良好状态，可谓人类社会发展的第三个阶段。

2．卫生支出结构具有新趋势 卫生支出结构呈现出“预防保健优先、医疗占比下降、长期照护增长”的发展趋势。1968年，美国学者Andersen提出了医护服务的可及性。1977年，世界卫生组织和联合国儿童基金会在阿拉木图联合国际会议上提出新的基本保健概念，即“依靠切实可行的、学术上可靠又受社会欢迎的方法和技术，通过社区和家庭的积极参与，本着自我全程参与和国家负担得起的原则，建立和完善基本保健体系”，即《阿拉木图宣言》。美国医学研究所委员会进一步诠释初级保健为“临床医生提供综合的、可及的卫生保健服务，负责处理大量的个人医疗需求，与患者建立持续的伙伴关系，并在家庭和社区的环境中执业”。升级版的初级保健呈现出医护资源下沉、构建医护体系、维护健康的特征。有数据显示，75%~85%的人在年内只需要初级保健，10%~12%的人需要短期二级专科医护，5%~10%的人需要三级医疗专家的干预。

3．生育率下降引起福利变革 总和生育率从2.76降至1.59，随之65岁以上老龄人口占总人口比重从7%增长到20%。联合国《2019年世界人口展望》数据显示（图12-1），2020年，全球人口预计为77.95亿，到2030年增长到85.48亿，2050年增长为97.35亿，到本世纪末增长到108.75亿。全球人口增速呈现持续下降的趋势。2021年预计人口增速为1.03%，2022年降为1%，之后的人口增速均在1%以下，且逐年下降。2030年，全球人口增速预计为0.84%，2050年为0.50%，2100年为0.03%。为了促进人口结构合理增长，发达国家纷纷开始增加生育福利，包括生育假期、生育津贴、养育补贴、就业保护、住房保障、入学保障等。

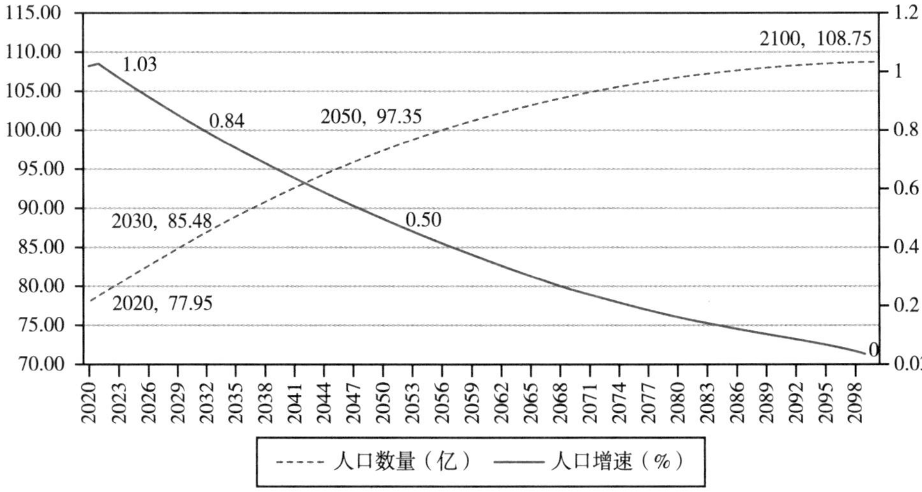

图12-1　全球人口总量预测2020—2100

二、全球医疗保障改革的发展趋势

医疗保障作为第三方付费具有两大功能。一是分担参保患者的医疗费用，将基本保健从奢侈品转化为必需品；二是补偿医药机构，带动医药卫生事业和产业的发展。20世纪70年代以后，医疗卫生费用的快速增长是各国面临的共性问题。在发达国家，医疗保障基本实现了全覆盖，并将个人医疗支出的自付比例控制在20%左右，几乎完成了医疗保障的第一个使命，进入第二个使命的发展时期。通过医保支付方式改革引导优化卫生资源配置与合理控制成本，引导医疗行为和医护机构向医护服务可及性和健康促进发展。

第二节　典型案例

第三方付费主要有4种筹资和运营模式，即社会互济、财政预算、混合计划、家庭储蓄。1883年，德国颁布了《雇员医疗保险法》，创立了社会互济的典型案例。1947年，英国建立国民医疗服务体系，创立了财政预算的典型案例，1964年美国在联邦社会保障计划内嵌入老渔船医疗保险项目。同时规范雇主雇员商业健康保险和政府补贴的特殊人群项目构建了典型的混合计划典型案例。20世纪90年代，新加坡在公积金计划中嵌入了家庭医疗储蓄项目和社会救助项目，创立了自储公助的典型案例。

一、德国社会医疗保险的改革与发展

1883年，德国颁布了《雇员医疗保险法》，次年开始实施。目前基本医疗保险费率是工资总额的14.6%，雇主和雇员各自承担50%。覆盖率占总人口的92%，以家庭为单位参保，即一个雇员参保后全家受益。2020年，国民平均预期寿命超过81岁。基本医疗保险的国民满意度很好。

（一）卫生支出结构

WHO官方统计数据（表12-2）显示2009—2018年间：①德国卫生总支出占GDP比重在10.78%~11.34%，缓慢增长、略高于OECD国家的平均水平。2018年卫生总支出达到4531亿美元。②政府卫生支出占卫生总支出的比例为75.41%~77.71%，政府卫生支出占政府总支出的比重为17.45%~19.99%，呈现缓慢增加的趋势。③个人卫生支出占卫生总支出的比重为24.34%降至23.32%。④个人现金卫生支出占卫生总支出比重为12.65%~14.18%。其中，2018年个人现金支付占个人卫生支出的56.68%，商业健康保险占个人卫生支出的38.82%，约占总卫生支出的5%。见表12-2。

表12-2　德国年卫生支出结构（2009—2018，%，2018不变价百万美元）

项目	2009	2010	2011	2012	2013	2014	2015	2016	2017	2018
卫生总支出占GDP比重	11.24	11.10	10.78	10.85	10.99	11.02	11.18	11.23	11.32	11.43
政府卫生支出占卫生总支出比重	75.66	75.70	75.41	75.43	76.42	77.01	76.95	77.26	77.71	77.68
个人卫生支出占卫生总支出比重	24.34	24.30	24.59	24.57	23.58	22.99	23.05	22.74	22.29	22.32
政府卫生支出占政府总支出比重	17.64	17.45	17.96	18.22	18.69	19.15	19.51	19.59	19.90	19.99
个人现金卫生支出占医疗总支出比重	13.89	13.96	14.01	14.18	13.32	13.01	13.09	13.00	12.78	12.65
个人现金卫生支出占个人卫生总支出比重	57.08	57.44	56.96	57.70	56.47	56.59	56.80	57.17	57.36	56.68
商业健康保险占个人卫生支出比重	38.60	38.49	38.67	38.11	39.65	39.22	39.15	38.72	38.47	38.82
卫生总支出	383 343	377 256	404 037	382 589	410 415	428 416	375 311	389 679	416 954	453 056
政府卫生支出	290 030	285 580	304 673	288 585	313 624	329 937	288 818	301 066	324 022	351 952
个人卫生支出	93 312	91 675	99 363	94 004	96 790	98 479	86 493	88 613	92 932	101 103

资料来源：WHO，http：//apps.who.int/nha/database。

（二）卫生医护管理体制

联邦卫生部的职责：维护和发展法定医疗保险、长期护理保险的绩效，提高卫生系统的质量，维护患者的利益，开展健康保护、疾病管理和生物医学，并依法进行监督管理。联邦卫生部在医保方面的职责主要有3项：①向联邦议会和参议院提出立法建议，拟订法律草案；②制定和完善相关政策；③实施行业监管。联邦卫生部“掌舵而不划桨”，具体的专业性、审批性及经办性工作由相应机构承担。

联邦社会保障局的职责：对医疗保险、养老金、意外伤害保险及长期护理保险进行法律监管。联邦社会保障局对医保的主要职责：①医保基金的归集与再分配；②负责医保基金的风险调节和运行监管。

联邦联合委员会的核心职能：负责制定指导原则和行动指南，以保障参保者获得有效、适宜和成本效益高的服务。职责范畴从制定法定医疗保险报销目录，确定医疗服务、药品报销范围，慢病管理，医疗服务质量保障措施，确定非专利药的固定报销价格，逐步拓展到批准检验和治疗新方式的准入、评价专利药的附加药效等。联邦联合委员会由4个大型自治组织组成，即全国法定医疗保险基金协会（Gerner Kronick Valcarcel，GKV）、德国医院协会（Deutsche KränKenhaus Gesellschaft，DKG）、德国联邦医保医师协会（Kässenrztliche Bundes Vereinigung，KBV）和联邦牙医协会（Kassen Zahnärztliche Bundes Vereinigung，KZBV）。四大协会属于私立非营利性组织，不具有法人地位。

GKV的主要职责：①代表医保经办机构参与联合委员会的政策制定，并在联邦法律制定层面争取最大利益；②代表医保经办机构与医院协会、医师协会、牙医协会等进行谈判，明确医保支付；③负责跨国、跨州人员流动时的医保结算和协调工作。覆盖130多家法定医疗保险经办机构。医疗保险基金支付在医疗卫生体制中处于枢纽地位，带动了医院、医生、医药等各方面的改革与完善。

DKG代表28家成员协会：16家州医院协会和12家类别医院协会。医院协会与其他合作伙伴共同决定所有与医院相关的重要问题。医院协会与全国法定医疗保险基金协会共同负责研究制定针对住院的疾病诊断相关组（diagnosis related groups，DRG）支付标准，为会员单位提供性价比高的医疗服务。在欧洲和国际层面，医院协会在国际医院联合会（Intenational Hospital Federation，IHF）和欧洲医院协会（Hospitals for Europe，HOPE）中代表德国医院。DKG经费由各医院协会分摊。德国实现住院和门诊分开，除急诊外，医院原则上不提供门诊服务。德国医院主要分为3种：一是公立医院，由政府、社会团体提供资金开办500张床位以上的大型综合性医院；二是私立非营利性医院，由教会、慈善团体或各种基金会捐助建立200~500张床位的医院；三是私立营利性医院，床位规模一般不超过100张。

KBV由17家州医师协会（其中萨克森州有2家）组成。主要职责为：①在联邦层面代表医保签约医生利益，参与立法过程以及联邦联合委员会的政策制定；②与全国法定医疗保险基金协会等谈判，确定医生总体收入水平，以及门诊的医保支付方式；③负责管理医师的注册登记，规划区域卫生人力资源；④负责制定处方药的说明书和限制措施。KBV决策机构是医师代表大会，由60人组成，包括24名专家、24名全科医生、6名心理治疗师、6名其他成员（既不是医生也不是心理治疗师）。KBV经费由各医师协会分摊。州医师协会还负责医生与各医保经办机构之间的资金支付结算工作。KBV不仅是医生的代言人、医疗行为的规范者，还是医保费用支出的控制者。德国有17.2万名医保签约医师，医保医师协会负责对医师的注册、登记、规范化培训及继续教育等方面的工作。2020年，德国职场平台stepstone.de发布的收入报告显示，医师薪酬平均每年为9.2万欧元。

技术支持。①医院支付系统研究所（Institut für das Entgeltsystem im Krankenhaus，InEK）由德国医院协会和全国法定医疗保险基金协会共同出资成立，核心职能主要包括DRG定义、分组器认证、数据采集与分析、分组与编码规则的制定与更新、权重测算等。②门诊支付系统由联邦医保医师协会和全国法定医疗保险基金协会共同出资成立评估委员会研究所。研究内容主要包括两个方面：①制定门诊医师结算项目与评估标准、计算联邦层面向医保医师协会划拨的费用、确定医师总体收入等，提供技术支持；②对医师数量、收入等数据进行分析，编制年度报告，提供给联邦卫生部和议会。

全国法定医疗保险基金协会设立专门的医疗保险医学服务机构（Der Medizinische Dienst der Krankenversicherung，MDK），全国共有15家，提供专业化的监管服务。主要职责如下：①医学专业鉴定。当医保经办机构涉及丧失工作能力、住院治疗、超过4周的家庭医疗护理、国外治疗、预防性服务或者医疗康复服务等时，会委托MDK进行医学必要性检验，征求专业意见。②技术性服务咨询。MDK提供预防、治疗、康复服务有效性等方面的咨询，主要是对个案进行审核咨询，如某项医疗服务针对患者是否有效等。③医院医保费用结算服务。MDK为医院DRG服务的收费结算提供技术服务，进行专业审核。④消费者保护。通过MDK的专业审核，避免医疗提供方出现不足服务、错误服务和过度服务，以提高医疗质量。MDK为独立机构，其经费来自各经办机构按参保人数交纳的会费。

（三）医护机构合理定位

1972年《医院筹资法案》规定，医院通过两种不同的途径筹措资金。一是各州负责医院基础设施的投入。所有医院（公立医院、私立非营利性医院、私立营利性医院）均可申请州政府财政拨款。医院房屋建设、维修及设备购置、维护都属于州财政投入的范围。二是医保基金、商业健康保险和个人自付费用共同支持医院的运行成本。医院的机构设置、设备购置和运行成本只有符合州政府的医院规划，才能获得政府财政补偿和法定医疗保险的支付。当医疗机构违反规划要求，超出床位控制标准或服务范围时，获得的资金数量会被扣减作为惩罚。德国的私立医院可以贷款建设，公立医院只有得到州政府同意后才可以贷款，同时必须接受政府的严格监管。实行DRG付费之后，医院和床位数量曾呈现下降趋势。在2005年至2017年间，从2139家医院、52万张床位降到1942家医院、50万张床位。

（四）支付方式改革

1. 总额预算管理　1993年，德国开始强制推行总额预付制度，通过预先设定基于医疗费用合理增长的支出上限和增长率上限，强力控制医疗费用增长；1996年，德国引入自由选择疾病基金的激励机制和基于年龄和性别平均支出的风险结构补偿（risk structure compensation，RSC）机制。为提升慢性病患者获得医疗服务的连续性，德国政府采取了两项措施：①2002年引入疾病管理计划，将被保险人视为一个单独的RSC类别，以促进疾病基金为其提供更全面的服务。②颁布《改革风险调整计划法》，确保疾病基金不会因将资源用于照顾慢性病患者而受到财政上的惩罚。该法旨在改善对疾病结构差异的补偿，并鼓励疾病基金照顾长期患病的投保人。

2. 急诊住院支付改革 1996年，德国再次针对住院患者推进支付制度改革，实行按床日付费和按病种付费相结合的支付制度；1998年，德国开始探索按疾病诊断相关分组付费；2000年，德国在对澳大利亚的DRG（Australian diagnosis related group，AR-DRG）进行深入研究之后，正式建立了德国DRG制度（German diagnosis related group，G-DRG）。由按项目付费过渡到总额预付费制度，再到DRG付费制度的转变，使得医疗保险基金掌握了更大话语权，医疗总花费得到了很好地控制。德国推行DRG付费制度改革分为3个阶段：2000—2002年为准备阶段，构建了患者分类系统，对澳大利亚版本的诊断、程序编码进行德国化改造，然后进行数据搜集和费用标准制定。2005—2009年16个州实现同疾病基准费率统一。2010年在全国医院的住院服务中实际运行DRG。

3. 门诊总额预付和点数支付 在德国，住院和门诊分设，门诊服务主要由自由开业的医生（包括全科医师和专科医师）提供，参保人可以自由选择医生。医院不接受一般门诊，由开业医生负责向医院进行转诊，个人可以自行选择医院。门诊实行按人头付费，在结算时折算成“点数”。门诊补偿分两个环节：①医保经办协会与各州医师协会之间，按参保人数加权计算，根据地域人口结构、疾病谱特点等设定医保支付总额。以上一年的人头费为基数，考虑常见病、多发病率的人群分布和变化情况，参考消费价格指数（consumer price index，CPI）、工资收入变化等因素，由医保经办机构与各州医师协会谈判确定当年的人头费支付标准，再乘以实际参保人数，即按人头制定总额预付。另外增加心理咨询费用及不可预见费用。②各州医保医师协会按全科医师或专科医师提供的RLV，联邦统一制定的门诊服务项目和相对成本权重标准，计算每一个门诊服务项目的相对成本权重（点数）。各州医师协会与医保经办机构谈判确定当地基准点数价格。各州医师协会根据上一季度的服务情况确定每个门诊项目的常规服务量计算RLV（即各项目基于常规服务量的点数总和乘以基准价格），并按季度进行总额预付。如果医师提供的服务数量超过常规服务量，每点数的单价就会降低，反之则增加，但是医生总体收入不变。

2002年，德国实施了疾病管理计划（disease management project，DMP），目的是通过提供综合的医疗服务和第三方的健康指导，提高慢性病患者的健康管理水平，从长期水平上降低医疗成本。德国联邦联合委员会负责确定疾病管理计划的慢性病种类，制定各病种的临床循证指南。从2003年起，乳腺癌、糖尿病、冠心病、哮喘和慢性阻塞性肺病等慢性病先后被纳入疾病管理计划。患者加入疾病管理计划需选择一位初级保健医师作为慢性病管理协调医师，负责确诊患者的慢性病，并为其制定慢性病管理计划。在医保支付方面，主要通过风险结构补偿计划对参与疾病管理计划的机构和医生进行补偿。风险结构补偿计划以按人头付费的方式向地方医师协会进行支付，地方医师协会则根据区域内的注册患者数向医生进行支付。疾病管理计划为患者与医生的参与提供了激励：对医生来说，每增加一名参与疾病管理计划的患者，医生会得到额外的经济收益，同时德国联邦卫生部每年从财政预算中抽出1%用于奖励参与疾病管理计划的医生；此外，为吸引更多慢性病患者加入，参与疾病管理计划的患者会比未参与的患者获得更高的医疗保险补偿比例，部分地区的社会医疗保险机构会对参与疾病管理计划的患者给予一定优惠。有研究表明，参与疾病管理计划可以对乳腺癌患者的就医依从性产生积极影响，进而获得更好的治疗效果。

二、英国国民基本保健服务体系改革与发展

1948年，英国建立了国民基本保健服务体系，并宣布进入了福利国家。NHS资金来自政府预算。2018年，雇员每周收入高于157英镑但低于（含）866英镑或者每月收入高于680英镑但低于（含）3750英镑的，个人社会保险税率为12%；每周收入高于866英镑或每月收入高于3750英镑的，超过的部分个人社会保险税率为2%。2018年，雇主税率为13.8%。2020年NHS预算约为10 070亿英镑，国民平均预期寿命超约80岁。基本保健服务的国民满意度较好，对住院等待期过长不满意。

（一）卫生支出结构

WHO官方统计数据（表12-3）显示2009—2018年：①英国卫生总支出占GDP比重在9.83%~10.05%，基本稳定。2018年卫生总支出达到285 999亿美元。②政府卫生支出占卫生总支出的比例从82.85%降至78.60%，政府卫生支出占政府总支出的比重为17.35%~19.20%，呈现缓慢增加的趋势。③个人卫生支出占卫生总支出的比重为17.14%~21.38%，呈现较快增长趋势。④个人现金卫生支出占卫生总支出比重为12.38%~16.71%。其中，个人现金支付占比为71.65%~78.14%，呈现较快增长趋势。商业健康保险占比为13.73%~21.15%，呈现较快下降趋势，约占总卫生支出的3.5%。

（二）管理体制

1919年，英国成立卫生部，主要负责整合医疗保险计划、公共卫生资源，以及监管各地方医疗机构所提供的医疗服务。1946年英国议会通过《国民医疗服务法案》，

1948年7月5日实施。此后对国民基本保健服务体系进行了3次改革。

表12-3　英国卫生支出结构（2009—2018年，%，2018年不变价百万美元）

项目	2009	2010	2011	2012	2013	2014	2015	2016	2017	2018
卫生总支出占GDP比重	10.02	9.99	9.97	10.05	9.98	9.96	9.90	9.87	9.83	10.00
政府卫生支出占卫生总支出比重	82.85	82.28	81.98	81.29	79.80	80.03	80.14	80.38	79.48	78.60
个人卫生支出占卫生总支出比重	17.14	17.72	18.01	18.70	20.19	19.96	19.85	19.61	20.51	21.38
政府卫生支出占政府总支出比重	17.58	17.35	17.87	17.92	18.15	18.50	18.76	19.10	18.99	19.20
个人现金卫生支出占卫生总支出比重	12.28	12.88	13.12	13.82	15.28	15.13	15.10	15.25	15.88	16.71
个人现金卫生支出占个人卫生支出比重	71.65	72.73	72.83	73.91	75.70	75.83	76.06	77.77	77.43	78.14
商业健康保险占个人卫生支出比重	21.15	19.84	19.48	18.50	16.97	17.01	16.41	14.20	14.35	13.73
卫生总支出	241 619	245 669	249 061	254 729	258 284	264 462	269 244	273 366	277 364	285 999
政府卫生支出	200 193	202 130	204 184	207 079	206 114	211 657	215 779	219 734	220 452	224 806
个人卫生支出	41 408	43 521	44 856	47 627	52 145	52 779	53 437	53 600	56 876	61 156

资料来源：WHO，http：//apps.who.int/nha/database。

1948—1980年，政府在医疗领域扮演两种角色：①筹资者与购买者，即政府直接从税收中为医疗筹资并负责购买医疗服务，国民在纳税后可以享受免费住院服务和家庭医生服务，个人仅支付看诊费和部分药费；②提供者，即政府直接举办和运营医护机构（政府医院），为国民提供医疗服务。

卫生资源配置的高度计划性导致整个医护体系欠缺活力，服务供给效率较低，无法满足人们的基本保健需求。患者通过全科医师转诊后，通常要等待很长的时间才能得到专科医师的治疗，英国政府甚至为此专门制定了候诊时间不超过18周的最低要求。20世纪80年代中后期，英国建立医疗信托基金（一种代人理财的法人治理模式），如全科医师基金持有者（GP Fundholders）和后来更名的初级卫生保健信托，代表民众负责向医护人员和医疗机构购买服务，扮演付费者（payers）的角色。1990年，撒切尔政府颁发《NHS与社区医疗法案》实行支付方与服务提供方分离，推行基本保健服务内部市场化竞争，卫生部及所属机构成为医疗服务的购买方。1991年，英国构建了NHS公益性基本保健信托机构（Primary Care Trust，PCT），与医护机构签约、执行绩效考评和支付费用。政府医疗机构法人化、实体化（信托医院），通过NHS系统内部竞争获得医护付费。

2013年，英国斯特福德医院被爆出，2005—2009年，因过分强调成本控制、减少护理服务，一些病床甚至堆满粪便、无人打扫。同年英国实施了《健康与社会保障法》。英国卫生费用预算中10%支付疾控体系；30%支付家庭医生、军人、服刑人员、戒毒人员、残疾人的服务项目；60%用于支持地区临床诊断服务，包括内设全科的社区医院、专科医院、精神医院、医疗康复等。2013年，英国批准212家临床委托服务组织（Clinical Commissioning Groups，CCGs），取代了基本保健信托机构，掌握60%~80%卫生预算，根据国家优化医疗服务的标准向购买服务，包括急诊、诊疗、康复、社区服务、精神健康和学习障碍等。2013年以后，卫生医护管理部门及其职责见表12-4。

表12-4　英国NHS系统主管部门及其职责

部门	职责	预算份额
卫生大臣	全面对卫生部的工作负责，领导全国公共健康、NHS和社会性护理事务	
卫生部	指导并组织开展全国基本保健和医疗及社会性护理事务，对财政专项预算负全责	
临床委托服务组织	独立的社会组织，实现社区医护和部分二级医护信托管理	60%
公共健康署	负责公共健康事业，会同地方政府和NHS处理突发事件	10%
国民基本保健服务体系	初级保健：全科医生负责所在社区居民的健康 二级保健：急诊、转诊服务；三级、四级保健：专科服务 特殊群体：军人、缉毒所戒毒人员等 社区康复护理：患者出院后康复护理，精神健康	20%

2009年，英国成立医疗质量保障委员会（Care Quality Commission，CQC）。主要职责如下：①管制NHS、地方管理局、私人公司或志愿者组织提供的健康和成人社会保障服务，制定医疗保健服务制定基本的质量和安全标准，并对提供者进行监督和检查，以确保标准得到遵守。②根据《精神健康法案》保护患者的权利，确保卫生和社会护理服务为人们提供安全、有效、富有同情心和高质量的护理，鼓励改善护理

服务。所有NHS服务提供者必须向CQC注册，并满足医疗保健服务的质量和安全基本标准。2016年，CQC完成了对NHS基金会信托的第一轮全面检查，发布了2016—2021年的五年战略。CQC依法定程序对服务供方的服务安全性、意见响应度、关心消费者、工作有效、良好的领导力进行评估。每项评级为优秀、良好、需要改进、不足。供应方被要求在他们提供服务的所有网站上显示总体评级。CQC会提供特定行业的供应商手册，概述其如何监管和检查其监管的每个行业的服务，主要包括如下服务类型：救护车（Ambulance）、护理中心（Care home）、儿童服务（Children services）、诊所（Clinics）、社区（community）、牙医（Dentists）、全科医生和医生（GPs and doctors）、济贫院（Hospices）、医院（Hospitals）、心理健康（Mental health）、安全设置（Secure settings）、居家服务（Services in your home）。

英国卫生部下设国家卫生与临床优化研究院（National Institute for Health and Care Excellence，NICE），主要负责评估和发布NHS标准，提供诊疗、药物临床以及全国公共卫生指导等。NICE主要通过三个渠道实现上述功能：①对广泛、复杂证据进行独立评估，以帮助行业专员、一线从业人员、患者、护理人员和公民做出更明智的决定，可能涉及医护方案的安全性、资源使用；②与科技创新专家和团队合作，基于NICE的分析技能、知识和专长来识别、评估和制定及时的、有创新性的建议；③与卫生和基本保健系统的合作伙伴合作，推动采用有效且具有低成本高效益的新疗法和干预措施，改善和确保所有社会成员获得基本保健机会的公平性。

（三）医护机构合理定位

1946年，执行《国民医疗服务法案》，政府几乎买下境内所有医院，基本保健和住院治疗免费，部分处方药、植牙等自费。英国NHS的管理体制和医院管理体制经过三级跳，最终形成了一个以NHS为基础，强化后疫情时代的疾控体系建设，夯实社区医护的优质高效的卫生医护体系。政府医院先改为信托医院，再改为信托基金医院，基于公共契约形成的专科医院之间、社区医院之间的内部市场的竞争关系，专科医院与社区内部的合作关系。

2014年，英国NHS系统前瞻性地提出整合式卫生服务体系的新方式，精神卫生、家庭护理和老年人保健等被进一步整合到NHS系统中。专科医院和社区医院改为“基金信托医院”，允许其平等竞争NHS基金补偿、慈善基金甚至其他第三方医疗基金（实行理事会领导下的董事会制）。这是政府筹资、基金信托医院竞争的内部市场制，即公共部门整体组织架构不变，在其内部模拟市场机制，通过政府购买服务建立医护服务提供者之间的竞争机制。

知识链接 / 英国卫生资源配置与整合型医护社区

2014年10月，英格兰发布了5年展望和可持续性改革方案。该方案在英国选取了44个先行先试的地点。主要内容如下：①转变医院定位。将服务集中在约定的地点和地区，重新配置专科服务，减少医院和床位数量。以多赛特为例，重新设计了医院服务提供方式，在社区增加全专融合服务。在2013—2014财年1810张床位的基础上，2020—2021财年减少到1570张床位，非计划住院和手术减少20%~25%。②重新设计初级保健和社区服务。整合NHS和当地政府协同的综合服务。以全科医师为核心，组成包括基层公卫医师、医务社工、药剂师等，必要时加入专科医师的团队，开展医防融合、全专融合的社区医疗、精神卫生、公共卫生等服务，联合构建整合型医护社区（integrated care community，ICC），降低患者对医院服务的需求。筛选重点人群，指定个案管理师，打通院前检查和院后回家康复管理的无障碍通道。③支付方式改革，即基于人口结构、健康评估的总额预算、人头包干和结余留用。④管理模式创新，即指电子病案、资源共享、互通互认和信息共享平台。

OECD统计数据显示，截至2018年底，英国医院数量为1910个，总床位数为165 844个。截至2020年底，NHS全英工作人员1 453 387名，包括医生300 000多名（男性160 000名，女性140 000名），全科医生61 500名（男性27 000名，女性35 000名），专科医生80 000名（男性50 000名，女性30 000名）；英国每千人拥有医生2.8名；每千人拥有护士7.8名；每千人拥有牙医0.5名；每千人拥有床位2.5张；平均住院日为5.9天；全科医生（general practitioners）占比26%，专科医生（specialists）占比74%。

全英境内共分为10个卫生与医疗服务战略区（Strategic Health Authority，SHA）。2013年以前，全英共有152家初级卫生保健信托机构（Primary Care Trusts，PCT，大部分是家庭诊所和社区诊所），2013年PCTs由212家CCGs取代，主要为国民提供及时的初级诊疗和在必要情况下的转诊服务。急救服务（Acute Trusts，AT）体系有173个急救中心、11个救护车医疗机构。还有60多个精神健康医疗机构。三级医疗负责重病和手术治疗。

（四）支付方式改革

NHS控制预算的20%左右用于建设疾控体系、支付军人医疗费用、缉毒所戒毒人员和购买家庭医生公共卫生服务费用。公共健康署控制预算的10%。各地CCGs卫生费用占总预算的60%。卫生部门根据地方的财政水平、人口结构、整体健康水平等指标通过总额预付方式拨付给CCGs。CCGs对基本保健主要按人头预算和总额付费，辅之以服务质量和健康结果评估奖励。评估指标为地方的疾病谱、患病率、签约人数、解约人数、年龄结构、性别比例等。全科医师与居民人数的比例为1 ∶ 1400，家庭医生团队改善服务态度、提高诊疗技术、减少疾病发生，才能维系签约居民数量，获得更多的资金结余和奖励。

二级以上医护机构主要采取按结果定额付费（Payment by Result，PbR），也称英国式DRG。2003年，依据ICD-10和外科手术操作分类对患者形成疾病临床服务编码，根据相关资源消耗相近的原则将数量庞大的疾病临床服务编码整合成医护资源服务组（healthcare resource groups，HRGs）。卫生行政部门基于HRGs形成专科服务单元，基于既往数据确定全国统一的服务单元标准价格。2016/17版英国NHS国家价格和收费手册中，共1366种HRGs和56种专科服务单元，涵盖60%以上的医院服务。

三、美国混合型医疗保障的改革与发展

1964年，美国建立了联邦老遗残医疗保险计划（Medicare）和州政府医疗救助计划（Medicaid），与1935年建立的老遗残收入保障计划共同构成美国联邦社会保障制度。此后不断规范雇主雇员商业医疗保险计划、鼓励家庭购买平价商业医疗保险，还有现役军人和退役军人免费医疗计划、贫困人口急诊和社区基本保健免费服务计划，以及学生和公务员医疗补贴计划。美国医疗保障是个混合型计划（图12-2）。雇主逃避购买商业保险责任的现象始终存在。失业雇员及全家没有任何医疗保险的情况也普遍存在。2010年，美国出台《患者保护与平价医疗法案》，激励和强制家庭购买商业医疗保险。2019年底，美国雇主商业健康保险覆盖人数为1.58亿人，占美国总人口的49.6%，个人或家庭商业健康保险覆盖人数为1873万人，占美国总人口的5.9%。2020年，国民平均预期寿命约78岁。

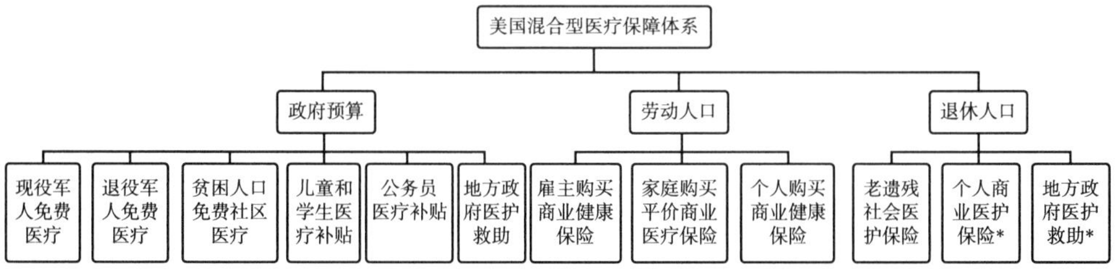

图12-2　美国混合型医疗保障制度体系

带*部分与劳动人口相关制度是重复的

（一）卫生支出结构

WHO官方统计数据（表12-5）显示2009—2018年：①美国卫生总支出占GDP比重在16.21%~17.00%，呈现缓慢增长趋势，远远高于OECD成员国家的平均水平。2018年卫生总支出达到3 475 021亿美元。②卫生总支出结构。一是政府卫生支出占卫生总支出的比例为48.31%~50.41%，政府卫生支出占政府总支出的比重为18.21%~22.50%，呈现缓慢增加的趋势。二是雇主雇员商业健康保险支出占比39.11%降至38.78%。③个人卫生支出占卫生总支出的比重为49.30%~51.61%，略有增长。④个人现金卫生支出占卫生总支出比重为10.81%~12.50%。其中，个人现金支付占比从24.22%降至21.80%，或者老遗残社会医疗保险支出占比为22.74%~22.96%，十分稳定。商业健康保险占比为67.90%~72.14%，呈现增长趋势。综上所述，以2018年为例，雇主雇员商业健康保险约占总卫生支出的39%，个人商业健康保险约占卫生总支出的8%，合计约为47%。

表12-5　美国2009—2018年卫生支出结构（%，2018不变价百万美元）

项目	2009	2010	2011	2012	2013	2014	2015	2016	2017	2018
卫生总支出占GDP比重	16.28	16.35	16.30	16.29	16.21	16.41	16.71	17.05	17.00	16.89
政府卫生支出占卫生总支出比重	48.39	48.64	48.67	48.55	48.97	50.21	50.70	50.39	50.25	50.41
个人卫生支出占卫生总支出比重	51.61	51.36	51.33	51.45	51.03	49.79	49.30	49.61	49.75	49.59
政府卫生支出占政府总支出比重	18.21	18.42	18.87	19.65	20.35	21.48	22.33	22.45	22.49	22.50
个人现金卫生支出占卫生总支出比重	12.50	12.25	12.25	12.10	12.01	11.54	11.22	11.20	11.00	10.81
个人现金卫生支出占个人卫生支出比重	24.22	23.85	23.87	23.52	23.54	23.17	22.76	22.57	22.12	21.80
社会医疗保险占卫生支出比重	22.74	22.70	23.07	23.16	23.31	23.17	22.89	22.74	22.69	22.96
商业健康保险占个人卫生支出比重	67.90	67.90	68.21	67.72	67.51	69.43	70.66	70.75	71.17	72.14
卫生总支出	2 734 610	2 815 339	2 851 053	2 912 581	2 952 594	3 063 761	3 211 346	3 330 009	3 399 851	3 475 021
政府卫生支出	1 323 153	1 369 324	1 387 741	1 414 119	1 445 765	1 538 172	1 628 127	1 677 901	1 708 568	1 751 858
个人卫生支出	1 411 457	1 446 015	1 463 312	1 498 462	1 506 829	1 525 589	1 583 218	1 652 108	1 691 283	1 723 163

资料来源：根据世界卫生组织官方数据库，https：//apps.who.int/nha/database/ViewData/Indicators/en。

（二）管理体制

美国医疗机构主要由各州、市（县）具体进行管理，州具备医疗卫生立法权、政策制定权、机构审批权等。全美医疗服务行业组织是美国医疗机构评审联合委员会（Joint Commission on Accreditation of Healthcare Organizations，JCAHO），由各医疗机构选举产生，属于非官方组织。聘请各方面专家对各类医疗机构的标准进行规范和认证。全美各级医疗卫生机构需要得到JCAHO认证和州卫生行政部门认可，才能取得联邦政府和州政府的财政拨款和加入联邦政府老遗残医疗保险计划和各州、市（县）政府医疗救助计划，取得商业健康保险公司费用支付的资质。

美国医师协会（American College of Physicians，ACP）及各州医师协会，均属于非官方组织。美国的医学专业学生在取得医学相关学位后不能直接在医疗机构行医，而是需要参加医师协会考试，在通过考试并申请取得医师协会颁发的执业资格证后方可正式上岗行医；美国执业医师的执业信息还需要在协会登记且有效期为两年，在注册登记期间，医师本人是否接受教育，是否有发生重大医疗事故，是否有违执业道德等信息都会成为其日后是否能得到执业资质的前提条件；美国执业医师在各州获得的执业资质会限制其在本州内的医疗卫生机构行医：其中有5个州规定必须要在本州获得执业资质，在其他45个州行医则要向该州医师协会申请，并且需要通过该州医学相关法律法规考试，才可申请在多个医院执业。ACP官网显示，ACP当前服务的会员人数约为 161 000名，其中包括医学生，成员是一般内科和相关亚专科的医生，包括心脏病学、胃肠病学、肾脏病学、内分泌学、血液学、风湿病学、神经病学、肺病学、肿瘤学、传染病、过敏和免疫学以及老年病学等。

美国联邦老遗残社会医疗保险和州医疗救助服务中心（Centers for Medicare & Medicaid Services，CMS），采取问责制、信息披露、质量评价工具等确保参保患者获得有效、安全和公平、及时的基本保健服务。

人类与发展部设立医疗保健研究和质量监督局（Agency for Healthcare Research and Quality，AHRQ），主要负责开发有利于提升美国医疗服务质量所需的知识、工具和数据，以帮助美国居民、医疗行业专家、政策制定者做出明智的医疗服务决策，以改善医疗服务质量和提高资源利用效率，改善居民健康状况。

（三）医护机构合理定位

美国拥有政府公立医院，社会公益医院，私人营利医院。政府公立医院包括现役军人医院和退役军人医院，以及为贫困家庭提供免费服务的社区医院。社会公益医院主要为老遗残保险计划和医疗救助计划患者提供服务。私人营利医院主要为商业健康保险客户提供服务。

美国卫生医护体系分为基本保健和专科医疗两个层级。基本保健包括家庭医生和常见病社区医院，覆盖儿科、内科、妇科、精神科、康复科、老年科。专科医疗针对复杂疾病分类服务，还有专病研究型医学中心，含疑难重症手术，还有检验检测类医疗资源服务。2019年，美国医院协会（American Hospital Association，AHA）调查数据显示，全美医院共计6090家，其中社区医院5141家，占比84%；非联邦精神病医院625家，占比10%；联邦政府公立医院208家，占比3%；其他类医院116家，占比2%。在社区医院中，民营非营利性社区医院2946家，占比57%；民营营利性社区医院1233家，占比24%；州和地方政府社区医院962家，占比19%；医疗服务组织所属的社区医院3453家，占比67%；完全独立运行的社区医院1688家，占比33%；位于城市的社区医院3336家，占比65%；位于农村的社区医院1805家，占比35%。总床位数为919 559个，社区医院配备的病床数为787 995个。美国所有医院的总住院人数为36 241 815人次，社区医院的住院人数为34 078 100人次。2019年OECD统计数据显示，2017年美国平均每千人拥有的医生数为2.6名，每千人拥有床位数为2.9张，平均住院日为7.2天。

（四）支付方式改革

1. 联邦社会医疗保险支付 1983年，美国Medicare和Medicaid两个计划引入疾病诊断与收费标准（diagnosis related groups，DRG）付费制度，以老年患者而为主。此后65岁以上老年人的住院率每年下降2.5%，平均住院天数从1982年的平均10.2天缩短为1987年的8.9天，在各种控制价格政策的联合作用下，1995年平均住院天数已缩短到6.7天。目前美国已经使用第六代DRG。美国最大的为卫生机构提供高等软件和信息服务的3m公司系统研制出国际化的单病种分组系统。世界卫生组织的国际疾病分类系统（WHO ICD － 101）建立在第三代DRG和第五代DRG的基础上，包括330个基础分组，每个基础DRG分组包括三个严重性程度次级分组，附加两个误差型国际单病种分组共计992个DRG分组。

2013年，美国启动基于价值付费改革（Hospital Value -Based Purchasing Program，HVBP）。以Medicare急性住院为例，HVBP项目有一套医疗质量评价体系（表12-6），用于衡量医院绩效和奖金额度。

表12-6 价值付费绩效评估指标

领域	指标代码（Measure ID）	指标描述
临床医疗服务过程	AMI-7a（急性心肌梗死）	患者到院后30分钟内接受纤维蛋白溶解疗法
	IMM-2（免疫接种）	流感免疫接种
	PC- 01（围产期护理）	妊娠39周前的择期分娩

续　表

领域	指标代码（Measure ID）	指标描述
临床医疗结果	MORT-30-AMI	急性心肌梗死30天死亡率
	MORT-30-PN	肺炎30天死亡率
	MORT-30-HF	心力衰竭30天死亡率
医疗安全	AHRQ Composite（PSI-90）	并发症/选定指标的患者安全
	CAUTI	导尿管相关性尿路感染
	CLABSI	中心线相关血流感染
	CDI	艰难梭菌感染
	MRSA	耐甲氧西林金黄色葡萄球菌感染
	SSI	手术部位感染：结肠手术；腹式全子宫切除术
患者体验	HCAHPS Survey	患者与医生护士的沟通交流情况
		医院环境的干净整洁程度
		医院行政人员对患者的积极性
费用控制	MSPB	Medicare参保患者医疗费用

2. 商业健康保险支付　商业健康保险主要有三种操作模式。

（1）健康维护组织（Health Maintenance Organization，HMO），主要采用按人头付费。被保险人需要选择与HMO签约的医师和医院，且必须选择一名基础保健医师（primary care physician），被保险人在日常就医时，必须首先选择基础保健医师就诊，如果病情相对严重需要转诊至专科医生，则必须有基础保健医师的转诊证明，并在HMO组织内签约的医疗机构向上转诊，病情好转后则可转回社会医疗机构康复。被保险人在组织外部就医的费用保险机构不予支付，除重特大治疗和特殊服务项目之外，保险机构无需额外付费。

（2）特约医疗组织（Preferred Provider Organization，PPO），在该种模式下，被保险人可以在网络内部自选医疗机构及医师，也可以自选基础保健医师，被保险人向上级医疗机构转诊就诊时，无需经过基础保健医师的转诊说明，商保付费采取按照服务内容和服务时间长短的方式，与PPO签约的医疗机构和医生的收费都会有一定优惠折扣，被保险人也可以选择网络外的医疗服务机构，但个人自费的比例会更高，且不能享受优惠折扣价格。

（3）点名服务（Point of Service，POS），该种模式融合了HMO和PPO的优势，允许签约被保险人自由选择网络内外的医生就医。选择网络内医生需要基础保健医师的转诊说明。选择网络外的医生无需经过转诊。从被保险人付费的角度来看，PPO的费用最高、POS的费用次之，HMO的费用最低。

以PPO和专有提供者组织（Exclusive Provider Organization，EPO）为例对患者医

药费用的分担比例进行分析（表12-7）。美国商业健康保险显著融合了管理式医疗服务模式，将商业健康保险与医疗服务机构连接成利益共同体，有效实现了提高医疗服务质量和控制医疗服务花费的双重目标，成为世界典型代表。

表12-7 美国某企业员工EPO和PPO计划2015年的补偿标准表

医保项目	EPO计划（网络内）	PPO计划	
		网络内	网络外
自付费用（美元）	20	20	免赔额+40%共同保险
共同保险	10%	10%	40%
一般化验/X线检查	共同保险10%	共同保险10%	免赔额+40%共同保险
MRI/CAT扫描	免赔额+10%共同保险	免赔额+10%共同保险	免赔额+40%共同保险
住院护理/手术治疗	免赔额+10%共同保险	免赔额+10%共同保险	免赔额+40%共同保险
处方药	自付10/25/50	自付10/25/50	只限网络内
免赔额	个人500美元，家庭1250美元	个人500美元，家庭1250美元	个人2000美元，家庭5000美元
共同保险上限	个人1500美元，家庭3750美元	个人1500美元，家庭3750美元	个人6000美元，家庭15 000美元
总自付额上限	个人2000美元，家庭5000美元	个人2000美元，家庭5000美元	个人8000美元，家庭20 000美元

资料来源：黄国武.美国医保制度演进中大病风险化解机制研究［J］.社会保障研究（京），2015（2）：143-153.

四、新加坡自储公助型医疗保障制度改革与创新

新加坡中央公积金制度起源于1953年的《中央公积金法令》，建立了个人养老金储蓄账户（表12-8）。1965—1984年，新加坡中央公积金制度的保障范围逐渐扩展至住房保障，居者有其屋的组屋计划在新加坡建立起来。1984年，强制约束雇主和雇员将工资总额的40%存入保健储蓄账户（Medisave），用于支付雇员个人及其直系亲属的门诊、住院等医疗服务花费。1990年推出了终身健保计划（健保双全计划，Medishield），国民自动加入，除非要求退出。1990年成立了保健基金委员会，设立新加坡医疗救助基金（Medifund）。2002年，推出了乐龄健保计划（Elder Shield），参加新加坡中央公积金制度的居民或永久居民年满40周岁后可以选择加入该计划。2021年，推出终身健保计划（Medishield Life），上调幅度介于11%~35%，增加金额为每年15~525新元不等，为所有新加坡公民和永久居民提供终身保障，无须自己申请，替代了原有的健保

双全计划，帮助国人支付高值医疗费用和门诊治疗费用，帮助居民支付B2级、C级病房费用及公共医院享受津贴的治疗的费用。2021年4月，政府为公积金会员投保小额寿险（此前仅为21~60岁人提供），死亡和终生残疾可以从商业保险公司获得46 000新元理赔额。2019年，新加坡人国民平均预期寿命达到84.8岁。

表12-8 新加坡公积金缴款比率及各账户分配率（占工资总额百分比，%）

雇员年龄	缴费率（月工资≥S$750）			分配比例（月工资≥S$750）		
	雇主费率	雇员费率	总费率	普通账户	特殊账户	保健储蓄账户
35岁以下	17	20	37	23	6	8
35~45岁	17	20	37	21	7	9
45~50岁	17	20	37	19	8	10
50~55岁	17	20	37	15	11.5	10.5
55~60岁	13	13	26	12	3.5	10.5
60~65岁	9	7.5	16.5	3.5	2.5	10.5
65岁以上	7.5	5	12.5	1	1	10.5

资料来源：根据新加坡卫生部、新加坡中央公积金局公开数据整理。

（一）卫生支出结构

WHO最新统计数据显示2009—2018年的卫生总支出结构（表12-9）。

表12-9 新加坡2009—2018年卫生支出结构（%，百万美元）

项目	2009	2010	2011	2012	2013	2014	2015	2016	2017	2018
卫生总支出占GDP比重	3.40	3.20	3.16	3.33	3.69	3.87	4.18	4.40	4.42	4.46
政府卫生支出占卫生总支出比重	34.88	35.88	37.12	39.30	41.70	45.04	47.08	47.34	48.20	50.35
个人卫生支出占卫生总支出比重	65.12	64.12	62.88	60.70	58.30	54.96	52.92	52.66	51.80	49.65
政府卫生支出占政府总支出比重	7.15	10.94	11.97	13.21	13.96	13.66	13.54	13.40	15.28	15.28
个人现金卫生支出占卫生总支出比重	43.29	41.46	39.51	37.65	36.17	33.30	33.09	32.66	32.13	31.04
个人现金卫生支出占个人卫生支出比重	66.47	64.66	62.83	62.03	62.04	60.58	62.52	62.03	62.02	62.50
商业健康保险占个人卫生支出比重	3.72	4.25	4.80	5.18	4.16	3.96	3.46	5.49	5.97	3.94
卫生总支出	7890	8515	8922	9820	11 400	12 442	13 824	14 986	15 598	16 257
政府卫生支出	2752	3055	3312	3860	4754	5604	6508	7095	7519	8185
个人卫生支出	5138	5460	5610	5961	6646	6839	7316	7891	8079	8072

（1）新加坡卫生总支出占GDP的比例为3.4%~4.46%，呈现缓慢增长的趋势，远远低于OECD成员国家的平均水平。

（2）政府卫生支出占卫生总支出的比例为34.88%-50.35%，政府卫生支出占政府总支出的比重为7.15%~15.28%，2018年达到16 257亿美元，呈现较快增长趋势。

（3）个人卫生支出占卫生总支出占比从65.12%降至49.65%，呈现较快下降趋势。

（4）个人现金卫生支出占卫生总支出比重从43.29%降至31.04%，占家庭月支出的均值为5.5%（表12-10）。其中，个人现金支付占比为66.47%降至60.25%，呈现下降趋势。商业健康保险占比为3.72%~3.59%，约占总卫生支出的10%。

表12-10　家庭每月医疗支出占收入的比例（%）

	2002—2003年	2007—2008年	2012—2013年	2017—2018年
所有家庭	4.7	5.3	4.5	5.5
最低20%	5.7	6	5.6	7.8
次低五分位	4.8	5.5	4.4	5.7
中间五分位	4.8	5.5	4.9	5.7
次高五分位	4.8	5.3	4.6	5.0
最高20%	4.1	4.8	4	4.8

数据来源：新加坡卫生部www.moh.gov.sg。

（二）管理体制

1955年，新加坡中央公积金局正式成立。中央公积金要求雇主雇员缴费，建立了养老金储蓄账户。1965年，新加坡卫生部及其法定机构开始对公立和私立部门进行监管。卫生科学管理局（Health Sciences Authority）的责任是监督并确保与健康相关产品的安全性，健康促进委员会（Health Promotion Board）承担国家健康推广疾病预防工作的责任。所有在新加坡的医院、诊所、临床实验室、疗养院和其他医疗机构都必须得到卫生部的许可执照。所有医务人员都在卫生部下属的法定委员会——新加坡医药理事会（Singapore Medical Council）登记记录。该理事会职权范围还包括对注册医师职业行为、职业道德的管理和规范。此外，还有新加坡牙科协会（Singapore Dental Council）、新加坡护理委员会（Singapore Nursing Board）和新加坡药学委员会（Singapore Pharmacy Council）等，分别实施专业监管。新加坡接受国际公认的JCI认证。

新加坡公立医院实行PPP模式（Public-Private Partnership，即政府和社会资本合作，是公共基础设施中的一种项目运作模式）运营。医院重资产属于政府产权，政府支付年度维修维护费用。轻资产运营委托医院管理专业机构，实行商业会计制度，自主决定医生薪酬。政府介入医疗服务价格的确定。

（三）医护机构合理定位

新加坡有三级医护体系，包括10家急症医院、1家精神病院、5家社区医院和20多家综合诊所。拥有8家公立医院，包括6家综合医院、1家妇幼医院及1家精神病院。综合医院提供多学科住院和专科门诊服务，以及24小时急诊科，6个国家专科中心提供癌症、心脏、眼科、皮肤、神经科学和牙科保健。

基本保健是新加坡医疗系统的基础，为不同年龄组提供全面、个性化的护理方案，除了治疗急性疾病，还承担预防作用，并且帮助患者转诊。20多家综合诊所和约1700多家全科医师诊所满足了约80%的基本保健需求。从2013年起，家庭医学诊所（Family Medical Clinic，FMC）也被作为一种新的私人全科医生模式，为慢性病管理提供一站式的医疗服务支持服务。最近，新加坡卫生部还启动基本保健网络（Personal Communication Network，PCN）计划，帮助患者享受更好的医疗服务，同时全科医师将获得更多的资金支持，截至2018年1月，新加坡共有10个PCN，目前在初级医疗保健PCN的诊所共584所。综合诊所作为“一站式”医疗中心遍布全国，服务包括预防保健和健康教育，基本保健包括门诊、院后医疗随访、妇幼保健、疫苗、健康检查与分子、诊断和药事服务等。

新加坡卫生部数据显示：2021年6月平均占床率（beds occupancy rate，BOR）约为81%，病房入院平均等待时间为2.5小时。2020年，新加坡入院门诊量（admission）中急性医院住院人数为556 511人，其中65岁以上人数占比33.7%，15~64岁人数占比为54%，15岁以下人数占比为12.3%。精神病医院住院人数为8426人，其中65岁以上人数占比12.8%，15~64岁人数占比为85.9%，15岁以下人数占比为1.3%。社区医院住院人数为20 848人，其中65岁以上人数占比71.6%，15~64岁人数占比为28.4%。2019年，新加坡的床位数有所上升，住院机构中急性医院、精神病医院、社区医院床位数分别为11 321床、1950床、1986床，居家和长期护理院床位、临终关怀住院床位分别为16 059床、179床（表12-11）。

表12-11　新加坡2014—2019年住院床位数

机构	2014	2015	2016	2017	2018	2019
急症医院	9262	9844	10 318	10 340	10 826	11 321
政府医院	7652	8128	8561	8623	9071	9404
非营利医院	283	316	316	271	273	288

续 表

机构	2014	2015	2016	2017	2018	2019
营利医院	1327	1400	1441	1446	1482	1629
精神病医院	1950	1950	1950	1950	1950	1950
政府医院	1950	1950	1950	1950	1950	1950
非营利医院	0	0	0	0	0	0
营利医院	0	0	0	0	0	0
社区医院	1065	1464	1663	1663	1778	1986
政府医院	142	503	690	690	799	974
非营利医院	905	961	961	969	979	1012
营利医院	18	0	12	4	0	0
护理院	10 968	12 185	13 022	14 918	15 205	16 059
政府护理院	1372	2488	3110	5281	5581	6238
非营利护理院	6021	5802	6058	5872	5953	5963
营利护理院	3575	3895	3854	3765	3671	3858
临终关怀医院	141	141	173	179	179	179
政府医院	40	40	24	24	24	24
非营利医院	101	101	149	155	155	155
营利医院	0	0	0	0	0	0

数据来源：新加坡卫生部www.moh.gov.sg。

2019年，新加坡拥有注册医生14 279人，其中公立医疗机构的医生有9030人（占比63%）；注册护士/助产士42 777人，其中公立医疗机构26 079人（占比61%），每千人口护士为7.5人；牙医2475人；口腔健康理疗师429人；药剂师3408人；验光师2636人；职业理疗师1227人；心理治疗师2020人；言语治疗师686人；中医师3045人；针灸师259人。

（四）支付方式改革

1. 家庭储蓄账户支付 支付门诊费用、日间治疗费用、住院费用。政府通过补贴降低医护机构运营成本，同时规定住院费用每日最高限额，由家庭储蓄账户和个人现金支付分担，以防止过早用尽家庭储蓄账户资金。

2. 私人综合健保计划 属于商业保险，用于补充家庭储蓄账户支付不足部分。该计划中终身健保部分可以使用Medisave进行全额支付。但是私人保险部分规定了其使用Medisave支付的限额。具体如下：①40岁及以下的人每年最高300新币；②41~70岁的人每年600新币；③71岁及以上的人每年900新币；④超过限额部分使用现金支付。私人综合健保计划保障内容是涵盖住院或者手术期间的费用。2021年4月1日起，2018年3月8日至2019年3月31日期间入保的人要实施新规，自付比例为5%。此前比例根据医护费用情况确定并受价格调整的影响。2021年3月1日至2021年6月30日，为自己和家人购买上述医保，可以享受20%的折扣。

本章小结

本章介绍了20世纪70年代以后全球医疗保障制度改革从分担费用到支付改革的社会背景和发展趋势。重点从4个典型案例（德国、英国、美国、新加坡）分析4种不同模式的社会背景、主要措施、保障水平和发展趋势。同时学习全球医疗保障制度发展与改革的社会背景、主要经验和发展趋势。

（张　强）

References
参考文献

［1］雷璐倩，张伶俐，颜建周，等．德国医疗保险支付方式改革及对我国的启示［J］．中国卫生资源，2020，23（2）：176-181.

［2］娄宇．论医疗服务协议对骗保行为的规制方法——惩罚性赔偿的法理与制度设计［J］．中国医疗保险，2018,（10）：17-20.

［3］卢梭．社会契约论［M］．李平沤，译．北京：商务印书局，2017.

［4］罗伯特．D. 利伯塔尔．简明健康保险经济学：健康保险的好处是什么？［M］．王文，范娟娟，译．北京：中国金融出版社，2018.

［5］王绍光．学习机制与适应能力：中国农村合作医疗体制变迁的启示［J］．中国社会科学，2008,（6）：111-133，207.

［6］王思敏，徐伟，崔子丹，等．价值医疗导向的医保支付方式初探——以中美典型按价值付费项目为例［J］．卫生经济研究，2019，36（2）：9-12.

［7］俞炳匡．医疗改革的经济学［M］．赵银华，译．北京：中信出版社，2008.

［8］张光杰．中国法律概论［M］．上海：复旦大学出版社，2005.

［9］张卿．医疗保障基金监管中违约追责和行政处罚机制的协调完善［J］．浙江学刊，2021,（6）：47-57.

［10］中国医疗保险研究会，国际劳动保障研究所．世界主要国家和地区近10年医疗保障改革研究［M］．北京：经济科学出版社，2013.

［11］Bishop W. A Theory of Administrative Law. J Legal Studies，1990，19（2）：489-530.

［12］Jeremy Lim. Sustainable Health Care Financing: The Singapore Experience［J］. Global Policy，2017，8（Supp 2）：103-109. doi: 10.1111/1758-5899.12247.

［13］Monitor. 2016/17 National Tariff Payment System［EB/OL］.（2016-03）［2018-06-10］. https:// www. gov. uk/ government/uploads/system/uploads/attachment_data/file/509697/2016-17_National_ Tariff_Payment_System.pdf.